AF459175

CATALOGUE

DE LA

BIBLIOTHÉQUE

ET DU

CABINET DE MÉDAILLES,

ANTIQUES ET MODERNES,

AINSI QUE DE QUELQUES

PIERRES GRAVÉES, ANTIQUITÉS &c.

DÉLAISSÉS PAR

M. PIERRE VAN DAMME,

Directeur de l'Académie littéraire de Zélande, Membre de celle de Gottingue, de la haute Lusace &c.

Dont la Vente publique se fera, le 21 Mars 1808 et jours suivants, au *Schoolstraat*, Section W. N°. 245. à LA HAYE.

PAR

l'Auctionaire J. KONING,
et les Libraires THIERRY-MENSING
et P. VAN DAALEN WETTERS.

À LA HAYE, chez THIERRY-MENSING et P. VAN DAALEN WETTERS } Libraires
et à AMSTERDAM, chez J. KONING, Auctionaire.

MDCCCVII.

Ce Catalogue se trouve chez les principaux libraires des Villes du Royaume, et à

Anvers chez M. M. Grangé et J. J. Heyligers.
Berlin chez M. M. de la Garde et Mettra.
Berne chez M. M. Gessner et E. Haller.
Breslau chez M. Korn l'ainé.
Bruxelles chez M. M. Le Franc et Weissembruck.
Clèves chez M. J. W. Hannesmann.
Cologne chez la Veuve Metternich.
Copenhague chez M. Prost.
Florence chez M. Molini.
Francfort sur le main chez M. M. Dom. Artaria et Herman.
Genève chez M. M. Paschoud et Manget.
Gotha chez M. C. W. Ettinger.
Gottingue chez M. Dietrich.
Hambourg chez M. F. Perthes.
Leipsich chez M. G. Fritsch.
Liège chez M. M. La Four et la Marié.
Lille chez M. M. van Ackere et Castiaux.
Lisbonne chez la veuve Bertrand et Fils.
Lyon chez M. M. Le Maire et Bruysset.
Madrid chez M. Sancha.
Manheim chez M. C. Fontaine.
Mayence chez M. A. Le Roux.
Moscou chez M. M. Riss et Saucet.
Naples chez M. M. les frères Porceli.
Nuremberg chez M. M. Riegel et Wiesner.
Paris chez M. M. de Bure et fils et la Veuve Tilliard et fils.
Parme chez M. P. Carmibnani.
St. Petersbourg chez M. M. Klosterman et J. Bouvat.
Rome chez M. M. Bouchard et Gravier.
Stokholm chez M. M. Utter et Comp.
Strasbourg chez M. M. Treuttel et Wurtz, Levrault et A. Koenig.
Turin chez M. M. les frères Reycends.
Venise chez M. M. les frères Beltinelli et Geisler.
Vienne chez M. M. Binz et Artaria et Comp.

AVIS PRÉLIMINAIRE.

Les collections, dont je présente le Catalogue au public, ont été rassemblées, dans l'espace d'un demi siècle, par M. *Pierre van Damme*, natif de Gand, et décédé à Amsterdam, le 13 Janvier 1806, à l'âge de 78 ans; après avoir occupé une place distinguée parmi les littérateurs; en 1771 l'académie littéraire de Zélande le mit au rang de ses directeurs; l'année suivante les Sociétés littéraires de Gottingue et de la haute Lusace l'agrégerent au nombre de leurs membres, et, en 1784, il remporta le prix de la médaille d'or, sur la question proposée, par la Societé de Teiler, touchant l'origine des armoiries (a).

Comme jeune amateur (n'ayant alors que 16 ans) d'une science qui faisait son objet chéri, j'eus l'avantage de faire sa connaissance six années avant sa mort; depuis cette époque j'ai toujours cultivé son amitié, et peu de mois avant sont décès, il me confia, par sa dernière volonté, la direction de sa bibliothéque et de son cabinet de médailles etc.

Pour satisfaire à ses désirs, j'entrepris une tâche de beaucoup supérieure à mes forces; qui exigait des recherches continuelles; et qui, pour ainsi dire, présentait à chaque pas de nouvelles difficultés; surtout par le désordre total, que le transport de cette bibliothéque et de ce cabinet, *d'Amsterdam à la Haye*, avait occasioné, ainsi que par la nécessité de marcher sans guide, dans un sentier aussi pénible; n'ayant trouvé non seulement aucun inventaire complet, mais aussi nulle autre notice, que celles que j'avais formé, pendant les dernières années de la vie du défunt (b).

Il serait inutile de faire l'éloge d'une collection, dont la célébrité est généralement reconnue, que des achats considérables, le zèle infatigable du propriétaire et ses correspon-

(a) Voyez le N°. 187. du Catalogue de cette Bibliothéque.

(b) Placées dans ce Catalogue, sous le N°. 468.

dances étendues ont contribué à élever au rang d'un des plus beaux cabinets de particuliers en Europe; que les personnes les plus distinguées ont honoré de leurs visites, et dont des écrivains érudits ont rendu un temoignagne favorable (c).

Mais comme l'arrangement de quelques suites, pourrait faire naître des remarques, chez l'observateur rigoureux des loix de la numismatie, je crois qu'il est nécessaire de prévenir mes lecteurs, que je me suis cru obligé de m'éloigner quelquefois des préceptes rigides de cette science, pour suivre, après la mort du possesseur, à l'égard de son cabinet, les mêmes systèmes qu'il avait adopté pendant sa vie.

Le tems borné de 15 mois, dans le quel j'ai du faire le catalogue de cette bibliothéque et de ce cabinet, m'a forcé de ménager les remarques bibliographiques sur quelques ouvrages, et m'a contraint d'abréger la description des suites en argent et en bronze; mais je n'ai pu m'empêcher d'en donner une plus étendue des superbes séries en or, et à l'égard des médailles impériales en ce métal, j'ai même suivi l'ordre chronologique des consulats, des généralats et des événements marquants, en plaçant toujours les médailles vagues à la fin de celles de chaque Prince.

Les dégrés de rareté, joints à quelques articles, pour faire connaître leur mérite, sont, pour la plupart, d'après le système de l'abbé *Eckhel*, dans son encyclopédie numismatique, intitulée *Doctrina numorum veterum;* mais lorsque cet auteur s'écartait trop de l'opinion vulgaire, j'ai modifié ou altéré ses évaluations par celles d'autres écrivains accrédités, et quelquefois j'ai hasardé d'assigner moi-même, à l'un ou l'autre objet, le grade qui me paraissait le plus convenable aux circonstances des lieux et des tems.

(c) Tel que *Biornstahl*, au 5ème *Vol. de ses voyages*, *p.* 424 *et* 489. *Saxa*, *onomasticon litterarium*, *t.* 8. *p.* 446. et l'abbé *Sestini*, dans le 5ème *vol.* de ses *Lettere e dissertazione numismatiche*, en publiant la médaille d'Æropus III, de ce Cabinet.

La précipitation, avec laquelle cet ouvrage a été exécuté, et la distance où je me suis trouvé du lieu de l'impression, ont multiplié les fautes typographiques, dont à regrêt, je n'ai pu relever, par les *Errata*, que les plus grossières.

LA HAYE,
le 1 Octobre 1807.

W. H. J. VAN WESTREENEN,
Historiographe de l'ordre Royal de Hollande, Archiviste adjoint du Royaume, Directeur de l'Académie litteraire de Zélande et membre de celle de Leyden.

CONDITIONS.

Des raisons valables empêchant l'exposition publique de cette bibliothéque et de ce cabinet, on ne pourra les voir, pendant les 2 semaines qui précéderont la vente, depuis 10 heures du matin jusqu'à 2 heures de relevée, que muni d'un billet d'entrée, signé par l'auctionaire ou par un des libraires, et que l'on pourra se procurer chez eux.

On aura toute facilité pour examiner les livres, médailles etc. mais une fois vendus, on ne les reprendra plus sous quelque prétexte que ce soit.

La suite des médailles antiques en or ayant été vendue en détail, on proposera de la vendre en masse, à l'exception des médailles doubles (*), dont les acquéreurs resteront propriétaires.

Les acheteurs seront obligés de retirer, ce qu'ils auront acquis, pendant l'espace de 15 jours, après la fin de la vente, contre le payement comptant; sans quoi on sera en droit de revendre, le 15ème jour, au compte du premier acheteur, les objets abandonnés.

Le droit de la ville est de 6 dutes, par florin, à l'égard des livres, et de 14 pour les médailles etc.

Les amateurs qui n'ont point de correspondance spéciale à la Haye, pourront adresser leurs commissions à l'auctionaire ou aux libraires, en indiquant, pour le payement, une adresse assurée à Amsterdam ou à la Haye, agréée par eux.

On vendra, tous les jours, depuis 11 heures du matin jusqu'à 2 heures de relevée, selon l'ordre suivi dans le Catalogue; en commençant par la bibliothéque, et procédant ensuite aux différentes collections de médailles etc.

(*) N°. 2 — 11 — 12 — 13 — 14 — 15 — 18 — 22 — 25 — 27 — 30 — 37 — 41* — 44 — 51 — 62 — 87 — 89 — 92 — 101 — 103 — 104 — 105 — 115 — 116 — 120 — 131 — 133 — 134 — 135 — 137 — 143 — 146 — 147 — 148 — 150 — 151 — 152 — 153 — 154 — 155 — 166 — 172 — 173 — 174 — 187 — 189 — 212 — 239 — 259 — 277 — 282 — 292 — 306 — 308 — 316 — 322 — 334 — 340 — 348 — 413 — 423 — 427 — 429 — 480 — 495 — 622 — 646 — 670 — 671 — 685 — 687 — 688 — 704 — 716 — 722 — 724 — 727 — 728 — 729 — 760 — 761 — 762 — 768 — 774 — 781 — 788 — 789 — 798 — 800 — 815 — 816 — 822 — 826 — 829 — 833 — 848 — 900 — 905 — 907.

CATALOGUE

DE LA

BIBLIOTHÉQUE.

CATALOGUE
DE LA BIBLIOTHÉQUE
DE FEU
M. P. VAN DAMME.

THEOLOGIE.

1. P. Zornii, bibliotheca antiquaria et exegetica in universam scripturam S. vet: et novi testamenti. *Francof. et Lipsiae C. G. Nicolai* 1724 *et* 1725. 12 *part.* 2 *vol. in* 8. *fig. vel.*

2. P. Zornii, opuscula sacra, hoc est programmatum, dissertationum, orationum, epistolarum et schediasmastum, in quibus praeter selectissima historiae capita etiam plusquam sexcentas S. scripturae loca illustrantur et vindicantur. *Alton J. Korte* 1731 2 *vol. in* 8. *fig. vel.*

3. Explications de plusieurs textes de l'ecriture, par Dom. ***, Religieux Benedictin de la congregation de Saint Maur. *Paris Emery*, 1730. 2 *part.* 1 *Vol. in* 4. *fig. vél.*

4. D. Diodati, exercitatio de Christo graece loquenti. *Neap. J. Raymundus* 1767. *in* 8. *br.*

5. Godvruchtige uitspanningen, bestaande in meditatien en voorbereidingen tot het H. avondmaal, lyden en sterven Jesu Christi,

door M. V. Machwits, *'s Gravenhaghe M. van Heyningen* 1678. *in* 4. *vél.*

Exemplaire reglé, et auquel on a ajouté quelques poësies manuscrites.

IURISPRUDENCE.

6. G. C. in de Betouw, de ordine procedendi coram Neomagensium tribunalibus et vetustissimis quibusdam civitatis Neomagensis consuetudinibus. *Lugd. Bat. C. Delfos et fil.* 1786. *in* 4. *br.*

7. Ordonnantie, statut en edict der K. M. op 't stuck van den ambachte van den gaudsmeden, ghepubliceert in 't Jaer XVcLI. *ghedrucktte Ghend by J. Lambrecht* (1551) *in* 4. *br.*

Fort rare.

SCIENCES ET ARTS.

PHILOSOPHIE ET HISTOIRE NATURELLE.

8. F. Zabarellae de felicitate, libri tres. *Patavii P. Frambotti* 1655. — Poggii Florentini, oratio in funere P. Zabarellae. *ibid* 1655. — Gli Valerii overo origine et nobilta della gente Valeria di Roma, di Padoua et di Venezia, del Co. G. Zabarella cav. *Padoua P. Frambotti* 1666. — Gli Arronzii, overo di marmi antichi del Co. J. Zabarella. *ibid* 1655. — Il Corelio del Co. G. Zabarella. *ibid* 1664. — Il Pileo overo nobilta heroica et origine gloriosissima dell' excellentis. famiglia Capello, dell Co. G. Zabarella. *ibid P. M. Frambotti* 1670. *in* 4. *vél. cordé.*

9. Caii Plinii secundi historiae naturalis, librii XXXVII. interpretatione et notis illustravit J. Harduinus in usum Delphini. *Paris A. V. Coustelier* 1723. 3. *vol. in fol. fig. v.*

Edition estimée, plus ample que celle de 1685.

10. Histoire naturelle de l'or et de l'argent, trad. de Pline par D. Durand. *Londres G. Bowyer* 1729. *in fol. v.*

Ouvrage recherché et peu commun.

11. N. E. Pereboom, materia vegetabilis, systemati plantarum, presertim philosophiae botanicae inserviens. *Lugd. Bat. S. et J. Luchtmans* 1787. *in 4. fig. br.*

12. T. Bartholini, de unicornu, 2da edit. edita a Filio C. Bartholino. *Amst. H. Wetstein* 1678. *in 12. v. écail.*

13. Recreatione dell' occhio e della mente, del Filippo Buonanni. *Romae Varese* 1681. *in 4. fig. vel.*

Les exemplaires de cet ouvrage sont difficiles à trouver.

14. Martinus Lister, de cochleis, tam terrestribus, quam fluviatilibus exoticis. *Londini Aere incisis, sumptibus authoris* 1685. *in 8. v.*

Il paraît par une note à la tête de ce volume, que ce recueil est le *Synopsis conchyliorum* de Lister, et que cet exemplaire est un présent de l'auteur au docteur Plot.

15. Opera Kiliani Stobaei, in quibus petrefactorum, numismatum et antiquitatum historia illustratur. *Dantisci C. M. Knoch* 1753. *in 4. fig. v.*

16. Musaeum Tradescantianum: or a collection of rarities preserved at South-Lambeth near London by J. Tradescant. *London J. Grismond* 1656. *in 8. avec les armes et le portrait de Jean Tradescant le père, gravé par W. Hollar v.*

17. Brittisches museum des Ritters Hans Sloane, aus dem englischen. *Berlin F. W. Birnstiel* 1744. *in 8. br.*

18. Catalogue of the Portland museum. (*Lond.* 1786) *in 4. demi v.*

19. Müseum Regium seu catalogus rèrum tam naturalium quam artificialium, quae in basilica bibliothecae, August. Daniae Norvegiaeque Monarchae Christiani V. Hafniae asservantur, descriptus ab oligero Jacobaeo. *Hafniae J. Schmetgen* 1696. *in fol. fig. vél. cordé.*

20. Le même livre. *vél.*

21. Indice du cabinet de Veyrel à Xaintes. *Bourdeaux P. de la Court* 1635. *in* 4. *v.*

22. Catalogus musei, J. J. Swammerdammi. (*Amst.*) 1679. *in* 8. *vél.*

23. Catalogus insignium naturalium, artificialiumque rerum, collectis a H. d'Acquet. *Delfis A. Beman* 1708. *in* 8. *demi v.*

24. J. J. Leibnitz, memorabilia bibliothecae Norembergensis, accedit C. Arnoldi, de hydriotaphia. *Norimb. W. M. Endter* 1674. *fig.* -- S. Faesch, J. C. de nummo Pylaemenis Evergetae regis Paphlagoniae epistola. *Basil J. L. König* 1680. --- J. D. Majoris de nummis graece inscriptis epistola. *Kiliae Holsatorum J. S. Richel* 1685. --- De uummismatibus quibusdam Imp. Neronis disquisitio inter C. Patinum et J H. Eggelingium. *Bremae H. Brauer* 1681. --- J. H. Eggelingii, de orbe stagneo Antinoi epistola. *ibid* 1691. -- P. Tenzeli, selecta numismata aurea, argentea et aerea maximi moduli ex nummophylacio A. Guntheri. *Jenae J. Bielck* 1693. *fig.* -- Pinacotheca seu notitia rarissimae supellectilis antiquariae, J. Smethii P. M. collecta. *Nov. Bat. R. Smetius* (*sans date*) *in* 4. *vél.*

25. Beschreibung des Moversschen cabinet zu Hamburg (durch E. C. Schultz). *Hamburg J. C. Piscator* (1770). *in* 8. *encartonné.*

26. Museo ó galeria, del M. Settala. *Tortona Figl. del E. Viola* 1666. *in* 4. *vél.*

27. Le même livre. *vél.*

28 J. Munnicks, de urinis, castigatus à J. Schmidio. *Traj. ad Rhenum P. Lobé* 1697. -- Lettre à monseigneur le comte de Kniphuizen, sur une piece d'or trouvée dans ses terres. *(sans lieu d'impression et Date.)* -- Lettre de Monsieur du Cros à mylord **** afin de servir de reponse aux impostures de M^r le chevalier Temple. *Cologne* 1693. *in* 8. *v.*

A R T S.

29. Der geöfnete ritter-Platz, wor innen die vornehmsten ritterliche wissenschaften ünd ubungen. *Hamb. B. Schillern* 1702. *in* 8. 2 *vol. v.*

30. J. B. Doni, lyra barberina ἀμφίχορδης. accedunt eiusdem opera pleraque nondum edita; ad veterem musicam illustrandam pertinentia, cura A. F. Gori et J. B. Passeri. *Florentiae Typis Caesareis* 1763. 2 *vol. in fol. fig. br.*

31 A Description of the curiosities at the earl of Pembroke's house at Wilton, by R. Cowdry 2nd Edit. *Lond. the author* 1752. *in* 8. *mar. rouge d'oré sur tr. et pl.*

32 A New Description of the curiosities at the earl of Pembroke's house at Wilton, by J. Kennedy. *Salisbury B. Collins* 1758. *in* 8. *br.*

33. Le même ouvrage. *Salisbury E. Easton* 1768. *in* 8. *avec une gravure br.*

34. Lettre sur la sculpture à Mr T. de Smeth (par Hemsterhuis le fils). *Amst. M. M. Rey*, 1769. *in* 4. *fig. v.*

35. Le même livre --- et Lettre sur une pierre antique de Mr T. de Smeth (par le même).

(sans lieu d'impression et date) in 4. avec la gravure de l'amethyste demi v.

Exemplaire de la bibliothéque de M. Ploos van Amstel, intercallé de feuillets blancs, entre chaque page, et au quel on a joint une traduction Hollandaise de la seconde pièce, manuscrit sur papier.

36. Lettre sur la sculpture à Mr T. de Smeth (par Hemsterhuis le fils). *Amst. M. M. Rey* 1769. -- Due dissertatione de Guis. Bartoli, la prima si da notitia del muzeo d'inscrizioni eretto in Verona : La seconda si demonstra la belezza d'una greca inedita iscrizione. *In Verona D. Ramanzini* 1745. *fig.* Dissertatio glyptographica sive gemmae duae vetustissimae, quae exstant Romae in museo victorio, explicatae et illustratae. *Romae Zempel* 1739. *fig.* -- Ex gemmis et cameis antiquorum aliquot monumenta (in 37 tab.) ab Aeneae Vico, Parmensis, *Romae G. G. Rossi (sans date) in 4. vél.*

37. Cabinet de l'art de sculpture, par F. van Bossuit (en 103 pl. grav. d'après les desseins de B. Graat, par M. Pool, *Amst. M. Pool*, 1727. *in* 4. *demi rél.*

38. Ornemens de peinture et de sculpture au chasteau du Louvre et au palais des Tuilleries, dessinez et gravez par Berain, Chàuveau et le Moine (1710 *en* 40 *pl.*) -- Medailles, jettons et monnoyes de France (par le Clerc, *en* 11 *pl.* -- Medaillons antiques du cabinet du Roi (par la Boissiere, *en* 41 *pl.*) -- Medailles du bas empire (dess. et grav. par Giffart, *en* 37 *pl.*) *forme atlantique v.*

Tous ces ouvrages sont rares et forment ensemble le 3ème et le 4ème tome du Recueil d'estampes, connu sous le nom de *Cabinet du Roi.*

39. Iconarii universalis tentamen, seu rerum omnium imagines in aere elegantius incisae.

Romae A. Casaletti 1776, 4. *vol. in 4. oblongo encartonné.*

40. Anfang, ursprung und herkomen des thurniers in teutscher nation, *et à la fin; --- Dis buoch ist gedruckt in verlegung Hieronymi Rodlers, Furstlichen Secretarien zu Siemern, und volend uff den dritten tag Augusti, nach Cristi geburt. Funff zehen hundert im zwey und dreissigsten jare* (1532) fig. gravées en bois. -- Etliche underricht zu befestigung der stett, schlosz, und flecken (durch Albrecht Durer) *et à la fin; Gedruckt zu Nurenberg nach der gepurt Christi, Anno MCCCCCXXVII* (1527) *in dem monat October.* — Perspectiva eyn schön nutzlich buchlin und underweisung der kunst des messens, mit dem zirckel, richtscheidt oder linial (durch Albrecht Dürer) *zu Franckfort truckts, Siriacus Jacob, zum Bart.* 1546. *fig. en bois.* -- Thournier, kampff und ritterspiel, in eroberunge eines gefährlichenn thurnus, und zauberer schlosz, auch den abentheurlichen insell, und guldin schwerdts, zu ehren dem hochgebornen durchleuchtigen Fürsten und Hernn hernn Philipsen, Princen ausz Hispanien etc. zu Bints und Marienberg, ritterlich gehalten, *et à la fin; Franck. Chr. Engen An. MDL* (1550) *fig. en bois.* -- Barbarossa, ein schöne und wharhaffte beschreibung des lebens und derr geschichten Keyser Fredericha des ersten, genant Barbarossa, durch Johannem Adelphum statt artzer zu Schafhauzen, erstmals in latin versamlet, und aber yetz und in teutsche Sprach verdolmetscht und von newen wider getruckt und mit fleissz corrigierd. *Avec cette souscription à la fin; getruckt im der Loblichen Statt Straszburg durch Bartholomeum Gruninger in dem jar nach der geburt des*

Hernn unsers Seligmachers MDXXXV. (1535) und vollendet auff Sanc Thomans des Heiligen zwelffbotten abendt. fig. en bois. in fol. relieure ancienne de peau de truie.

Je me contenterai d'observer à l'égard des différentes pièces qui composent ce volume, et qui se rencontrent rarement; que la 1ère est la seconde édition de ces anciens livres de Tournois, recherchés à cause du grand nombre de fig. et d'armoiries; que la 2de est l'originale du traité d'Albert Durer sur l'architecture militaire; que la 3ème est une réimpression d'un autre du même auteur sur la Perspective; que la 4ème offre la relation d'une fête chevaleresque, donnée à Bintz et Marienbourg, pendant le séjour de Philippe infant d'Espagne, en 1550; et enfin que la 5ème contient le roman du célébre empereur Frederic Barberousse. Voyez *Vogt Cat. Libr. rar. art. Thurnier-buch et Alb. Durer.*

41. Thurnier-buch von anfang, ursachen, ursprung und herkommen der thurnier im heyligen römischen reich teutscher nation, *getruckt zu Franckfurt am Main (bey Sigmund Feyerabend* 1566. *fig. grav. en bois.* --- Thurnierbuch, warhafftige beschreibunge aller kurtzweil und ritterspiel so der Furst und Herr, Herr Maximilian etc. den Fursten und Hernn, Hernn Ferdinand etc. zu gehorzamsten wolgefallen und zu frölicher ankunfft desz Fursten und Herrn, Herrn Albrecht Hertzogen in Beyern etc. bey und in der statt Wienn lassen halten. *Getruckt zu Franckfurt am Main (by Georg. Raben) im Jar* 1566. *in fol. fig. grav. en bois. vél.*

Exemplaire de P. Schriverius.

BELLES LETTRES.

GRAMMAIRE ET RHETORIQUE.

42. S. Haverkamp, sylloge scriptorum de pronuntiatione linguae graecae. *Lugd. Bat. S. Potvliet*, 1736—1740. 2 *vol. in* 8. *fig. vél.*

43. Glos-

43. Glossarium ad scriptores mediae et infimae latinitatis, auctore C. du Fresne, domino du Cange, edit. nova, opera et studio monachorum ordinis S. Benedicti, e congregatione S. Mauri. *Paris, C. Osmont*, 1733—1736. 6 *vol. in fol. demi v. non rogné.*

Le cahier avec les figures des monnoyes de différents Princes, à l'art. *Moneta*, qui manque quelque fois, se trouve dans cet exemplaire.

44. Panegyricae orationes oratorum, notis ac numismatibus illustravit et Italicam interpretationem adjecit L. Patarol. Edit. 2da *Venet. N. Pezzana* 1719. *in 8. br.*

45. Ludovico Magno panegyricus Imper. Romanorum nummis contextus, a J. A. Mediobarbo C. R. S. in Gallicum a C. C. Baudelot de Dairval, in Italicum ab ipsi auctori translatus. *Paris sumptibus auctoris. S. Langlois* 1703. Dissertations de E. Chamillart, sur plusieurs médailles, pierres gravées et autres monuments d'antiquité. *Paris, P. Pat.* 1711. *fig. in 4. vél.*

46. Oratio anniversaria Harveiana adjecta est dissertatio de nummis quibusdam a Smyrneïs in medicorum honorem percussis, (auctore R. Plead.) *Lond. S. Buckley*, 1724 *in 4. fig. gr. pap. vél.*

47. Le même ouvrage, *ex officina Boutesteiniana. In 8. fig. br.*

48. P. Burmanni jun. oratio in obitum J. P. d'Orville, *Amst. S. Lamsveld* 1751. — P. Burmans lykrede over het afsterven van J. F. d'Orville, *Amst. H. Vieroot (sans date) In 4. demi v.*

Poëtes et Romans.

49. Pub. Terentii comoediae nunc primum

Italicis versibus redditae, cum personarum figuris, aeri accurate incisis, ex MS. codice bibliothecae Vaticanae. *Urbini*, *H. Mainardi*, 1736. *in Fol. fig. vél. cordé.*

Édition recherchée, par rapport aux figures dont elle est ornée.

50. P. Virgilii Maronis opera, ex recensione H. Heinsii Dan. F. *Amst. ex officina Elzeviriana*, 1676. *In* 12. *avec la carte, gr. pap. vel. doré sur tr. et pl.*

Ces exemplaires sur grand papier sont rares et chers, celui du Duc de la Valiere, N°. 2449, fut vendu 60 Livres, en 1784.

51. Pub. Virgilii Maronis opera, ex cod. Mediceo-Laurentiano descripta, ab Ant. Ambrogi Italico versa reddita, adnotationibus atque variantibus lectionibus et antiquissimi codicis vaticani picturis, pluribusque aliis veterum monumentis, aere incisis cl. virorum dissertationibus illustrata. *Romae*, *J. Zempel*, 1763. 3 *vol. in fol. fig. v.*

52. H. Hamelow imperatores romani, carmine perpetuo descripti. *Traj. ad Rhen. F. Halma*, 1696. *In Fol. br.*

53. G. Vionnet, museum nummarum carmen. *Helmaestadii*, 1744. *in* 4. *vél.*

54. Description (en vers) du medaillon d'or antique d'Alexandre le grand, pris du latin de Rimon, par N. le Digne. *Paris*, *J. Perrier*, 1601. -- Recueil des premières oeuvres chrestiennes (en vers) de N. le Digne, rassemblées par A. de la Forest. *Paris*, *J. Perrier*, 1600. — Le tombeau de J: L. de Rochefoucauld, (en vers,) par N. le Digne. *Paris*, *J. Perrier*, 1600. *in* 12. *vél.*

55. Die geverlicheiten und einsteils der geschichten des loblichen streytparen und hochberumpten helds und Ritters herr Tewrdannctiis,

et à la fin; gedruckt in der Kayserlichen Stat Nurnberg durch den eltern Hannsen Schonsperger burger zu Augspurg (1517) *in fol. fig. gravées en bois. v.*

Melchior Pfintzing, chapelain de l'empereur Maximilien, ou bien, selon d'autres, l'empereur lui même est l'auteur de ce fameux roman de chevalerie, qui contient, sous un recit allegorique, l'histoire du mariage de ce Prince avec Marie héritière de Bourgogne. Les bibliographes en connaissent la rareté et le prix, sur tout de la 1ère edition, qui est celle que je viens d'indiquer, et il suffira de citer comme garants les témoignages de *Vogt, Cat. libr. rar., art. Tewrdanck*, de *de Bure, bibliographie N°.* 3552, *et Cat. de Gaignat N°.* 2107—2109 et enfin de l'auteur du *Dictionaire bibliographique art. Pfintzing.*

Les 118 fig., gravées par Hans Sibalde ou Hans Schelffelein, sont coloriées dans cet exemplaire, que je me crois obligé d'avertir, d'être defectueux en quelques endroits.

56. Schimpff und ernst durch alle welthändel mit vil schönen und warhafften historien, kurtzweiligen exemplen, gleichnussen und merklichen geschichten furgestellet; *getruckt in der L. Stat Bernn, durch M. Apiarium auff den* 26 *tag Augusti Anno MDXLII in fol. fig. grav. en bois. vél.*

Ouvrage fort rare.

Philologie et Polygraphie.

57. Miscellaneae observationes criticae novae in auctores veteres et recentiores. *Amst., Jansonio-Waesberg*, 1732—1739. 30. *tom.* 10 *vol. in* 8. *vél.*

58. Miscellaneae observationes criticae novae in auctores veteres et recentiores. *Amst., Jansonio-Waesberg*, 1740—1751. 12 *tom.* 4 *vol. in* 8. *vél.*

59. Emblemata et aliquot nummi antiqui operis J. Sambuci, altera editio. *Antv., ex officina C. Plantin* 1566. *in* 8. *fig. gravées en bois v.*

Exemplaire précieux, parce qu'il a servi comme *Album* à S. van Varsum, et qu'il est enrichi des écussons d'armoiries de plusieurs familles distinguées du 16ème Siècle, peints en couleur.

63. Traité du lis symbole divin de l'esperance; par J. Tristan. *Paris, J. Piot,* 1656. *in* 4. *fig. v. marbré à filet d'or.*

61. Zinnebeeldige gedenkteekenen op de geboorte en overlyden van Vorsten en voorname personagien, voorgevallen van A°. 1701 tot 1722 inkluys, met deszelfs naemen etc *in* 8. *br.*

Recueil de 22 gravures de différentes formes, montées sur des feuillets de grandeur égale et précedées d'un titre manuscrit.

62. Justi Lipsi opera omnia. *Vesal., A. Hogenhuysen*, 1675. 4 *vol. in* 8. *fig. vél.*

63. J. Harduini, opera selecta. *Amst., J. L. de Lorme*, 1709. *in fol. fig. v.*

64. Le même livre. *v.*

65. J. Harduini opera varia (posthuma) *Amst., H. Dusauzet,* 1733. *in fol. fig. v.*

66. Otium Hanoverianum sive miscellanea G. G. Leibnitii notata et descripta. J. P. Fellero *Lips., J. G Martinus,* 1718. *avec le portrait de Leibnitz.* -- Historia de origine et progressu controversiae sacramentariae de coena domini, authore L. Lavathero, Editio secunda, *Tiguri, D. Gessner*, 1572. — Prodromi reformationis pia memoria recolendae, sive nummi Ludovici XII. regis Gallorum epigraphe perdam Babylonis nomen vel perdam Babylonem insignes illustrati, et contra J. Harduinum defensi a C. S. Liebe. *Lips., J. C. Martinus*, 1717. *fig. in* 8. *vél.*

67. S. H. a Seelen miscellanae, quibus commentationes varii argumenti continentur. *Lubecae, J. Schmidius*; 1734. *in* 8. *fig. br.*

68. L. Patarol, opera omnia. *Venet.*, *J. B. Pasquali*, 1743. 2 *vol. in* 4. *fig. v.*

69. Oeuvres de V. J. Duval, précédées des mémoires sur sa vie, (éditées par Koch.) *S. Petersbourg*, (*Basle*, *J. J. Thourneys et fils*) 1784. 2. *vol. in* 8. *avec le portrait de Mr. Duval et quelques Vignettes v.*

70. Oeuvres diverses de J. J. Barthelemi. *Paris*, *H. J. Jansen*, *An* 6. 2 *part*, *in* 8. *br.*

71. Miscellanea Italica erudita, collegit Gaudentius Robertus. *Parmae*, *J. ab Oleo*, *H. et F. H. de Rosatis*, 1690--1692. 4 *vol. in* 4. *v.*

72. Dialogo pio et speculativo con diverse sentenze latine et volgari di M. G. Symeoni. *In Lione*, *G. Roviglio*, 1560. *in* 4. *fig. grav. en bois encart.*

Les ouvrages de G. Simeon sont très difficiles à trouver. Voyez *Vogt Cat. Libr. rar. art. G. Simeon.*

73. Mag. Stephani, ab S. Genovefae Parisiensis, tum epicopi (*sic*) Tornacensis, epistolae, studio, C. du Molinet. *Lut. Par.*, *L. Billaire*, 1679. *in* 8. *fig. vél.*

74. Lettres de critique, d'histoire et de littérature, écrites à divers savans de l'Europe; par G. Cuper, et publiées sur les M. S. S. originaux par M. de B** (de Beyer), *Amst.*, *H. du Sauzet*, 1742. *in* 4. *br.*

75. Correspondance de Mr. G. Cuper avec H. Copesius, A. van Dale, le Pere Banduri, le Comte Passionei, J. J. Scheuzer, C. Iselius et Dom. Bernard de Montfaucon.

M. S. sur pap. Fol. et 4.

76. G. Cuperi, epistolae ad J. G. Graevium, ab anno 1668. usque ad annum 1687. 2 *tom.* 1 *vol. in* 4. *demi vel.*

Manuscrit sur papier.

Les lettres que renferment ces deux articles, ne sont point comprises dans celles que Mr. de Beyer a publiés, et sont par consequent inédites.

77. Oorspronklijke brieven van H. Cannegieter aan G. van Loon, geschreven van 1730 tot 1748,

Manuscrit autographe, sur des feuillets détachés de pap. in Fol. et in 4.

78. Brieven en andere Schriften van G. van Loon, meestal door hem zelven eigenhandig geschreven,

Manuscrit sur papier, dans un vol. in fol. encartoné, et sur quelques feuilles détachées.

79. Lettres familieres de Mr. Winkelman. *Amst. et Paris, Couturier fils*, 1781. 2 *part. in* 8. *avec son portrait. demi v.*

HISTOIRE.

Geographie.

80. Pomponii Melae, libri tres, de situ orbis, a J. Gronovio, acced. J. Honorii oratoris excerpta cosmographiae. Item cosmographia falso aethicum auctorum praeferens et Ravennas geographus. *Lugd. Bat.*, *J. Luchtmans*, 1696. *in* 8. *fig. br.*

Voyages.

81. Nouveau voyage de Grece, d'Egypte, de Palestine, d'Italie, de Suisse, d'Alsace et des Pais-bas (par C. D. S. M.) *Haye*, *P. Gosse*, 1724. *in* 12. *br.*

82. Voyage du Sr. A. de la Motraye en Europe, Asie et Afrique. *La Haye*, *F. Johnson*, *J. van Duren et A. Moetjens*, 1727—1732. 3 *vol. in fol. cartes*, *plans et fig. v.*

Le troisième tome manque souvent.

83. Travels through different cities of Germany, Italy, Greece and several parts of Asia, by A. Drummond. *London, W. Strahan*, 1754. *in fol. fig. v.*

84. Le second volume du manuscrit original de l'ouvrage précédent, contenant la derniere partie de ce voyage, ou la 10ème Lettre jusqu'à la 13ème inclusivement, écrit sur pap. et orné de quelques cartes et desseins à la plume. *in fol. v.*

85. Quatre relations historiques par C. Patin. *Basle*, 1673. *in 12. fig. v.*

86. Relations historiques et curieuses de voyages par C. Patin. *Amst. P. Mortier* 1995. *in 12. fig. mar. rouge doré sur pl.*

87. Voyage d'Italie, de Dalmatie, de Grece et du Levant, par J. Spon en G. Wheler. *Amst., H. et T. Boom*, 1769. *in 12. fig. v. doré sur pl.*

88. Le même Livre. *vél.*

89. Voyagie door Italien, Dalmatien, Griekenland en de Levant, door J. Spon en G. Wheler. *Amst., J. ten Hoorn*, 1689. *in 4. fig. vél.*

90. Lettres écrites sur une dissertation d'un voyage de Grece, publié par M. Spon. *Paris, E. Michalet*, 1679. *in 12. v.*

91. Voyage de Dalmatie, de Grece et du Levant, par G. Wheler, traduit de l'Anglois. *Amst., J. Wolters*, 1689. 2 *vol. in 12. fig. v.*

92. Remarks on several parts of Europe, relating chiefly to the history, antiquities and geography of those countries throughwhich the author has traveld, as France, the low countries, Lorrain, Alsatie, Germany, Savoy, Tirol, Switzerland, Italy and Spain, by J.

Breval. *Lond.; B. et H. Lintot*, 1726--1728. 4 *vol. in fol. cartes, plans et fig. vél. cord.*

93. Amoenitates litterariae, in itinere per Belgium, Galliam, Germaniam, (collectae, auctore Richi Hamburgénsis.) *in* 4. *br.*

94. Itinerarium septentrionale, or a journey thro most of the counties of Scotland and those in the north of England, by A. Gordon. *Lond., printed for the author*, 1726: 2. *part.* 1 *vol. in fol. cartes, plans et fig. v.*

95. Iter Gallicum, (1643.) *in* 4. *vél.*

Manuscrit sur papier de la Bibliothéque de Gronovius. C'est le N°. 531. in 4. du Cat. de Vosmaer.

96. Voyage d'un Francois en Italie. *Paris, Dessaint*, 1769. 8 *vol. in* 12. *v. avec un atlas des figures, plans et cartes in* 4. *en demi v.*

97. Voyage en Italie de M. l'abbé Barthelemy. *Paris, F. Buisson, An X.* (1801.) *in* 8. *br.*

98. Itinerarium, 1688, Venetia Romam cum inscriptionibus monumentis delineatis ex MSS. Hesselianis *in fol. br.*

Manuscrit sur pap. de la bibliothéque de P. van der Schelling.

99. Voyage en Sicile et en Malthe, traduit de l'Anglois de M. Brydone, par M. Demeunier. *Paris, Pissot*, 1776. 2. *vol. in* 8. *broché.*

100. Relation d'un voyage du Levant, par Pitton de Tournefort. *Lyon, Anisson*, 1717. 3 *vol. in* 8. *plans et fig. vél. cordé.*

101. Le même voyage. *Amst., aux depens de la Compagnie*, 1718. 2 *tom. vol. in* 4. *plans et fig. vél.*

102. Beschryving van een reize naar de Levant door Pitton de Tournefort, uit het Fransch vertaald door P. le Clercq. *Amst., Janssoons*

soons van Waesbergen, 1737. 2 *tom.* 1 *vol. in* 4. *plans et fig. vél.*

103. Voyage du P. Lucas au Levant. *La Haye, G. de Voys*, 1705. 2 *tom.* 1 *vol. in* 12. *cart. et fig. v.*

104. Voyage de P. Lucas dans la Grece, l'Asie mineure, la Macedoine et l'Afrique. *Amst., aux depens de la Compagnie*, 1714. 2 *vol. in* 12. *cart. et fig. vél.*

105. Voyage de P. Lucas dans la Turquie, l'Asie, Sourie, Palestine, Haute et Basse Egypte etc. *Amst.*, *Steenhouwer*, 1720. 2 *vol. in* 12. *cart. et fig. v.*

106. Le même livre. *v.*

107. Viaggio da Constantinopoli a Bukoresti, (per l'Abato D. Sestini.) *Roma*, *A. Fulgoni*, 1794. *in* 8. *br.*

108. Voyage dans la Palestine, par M. de la Roque. *Amst.*, *Steenhouwer*, 1718. 2 *vol. in* 12. *cart. et fig. broché.*

109 A. Bógaarts, historische reizen door de oostersche deelen van Asia. *Amst.*, *N. ten Hoorn*, 1711. *in* 4. *fig. v.*

110. Voyages de Mr Shaw, dans plusieurs provinces de la Barbarie et du Levant, traduits de l'anglois. *La Haye, J. Neaulme*, 1743. 2. *tom.* 1 *vol. cart. et fig. v.*

111. Voyage litteraire de deux Religieux Benedictins de la congregation de Saint Maur. *Paris*, *F. Delaulne*, 1717. 2 *part.* 1 *vol. v.*

CHRONOLOGIE.

112. J. Harduini, Chronologiae ex nummis an-

tiquis restitutae. *Paris, J. Anisson*, 1693. *in* 4. *vél.*

113. J. Harduini, Chronologia veteris testamenti, ad vulgatam versionem exacta, et nummis antiquis illustrata. *Paris, J. Boudat*, 1700. *in* 4. *vél.*

114. Recueil des dissertations de E. Souciet, contenant un abregé de Chronologie. Cinq dissertations contre la Chronologie de M. Newton. Une dissertation sur une médaille singuliere d'Auguste. *Paris, Rollin*, 1726. *in* 4. *br.*

115. Dissertations de E. Souciet. contenant; l'Histoire Chronologique des Rois du Bosphôre Cimmérien. *Paris, Rollin*, 1737. -- La manière de discerner les médailles antiques de celles qui sont contrefaites, par M. Beauvais. *Paris, Briasson*, 1739. *in* 4. *vél.*

116. De Kalendario et Cyclo Caesaris, ac de Paschali canone sancti Hippolyti, Mart. dissertationes duae, auct. Franc Bianchino. *Romae, A. et F. de Comitibus*, 1703. *in fol. fig. vél. cordé.*

117. Le même livre. *vél.*

118. Problema de anno nativitatis Christi, auctore P. D. Magnan. *Romae, A. Casaletti*, 1772. *in* 8. *gr. pap. broché.*

119. Jani Templum Christo nascente reseratum, seu tractatus Chronologico-historicus, auctore J. Masson. *Rott., B. Bosch*, 1700. *in* 8. *fig. vél.*

120. De M. Aurelii Antonini Elagabali tribunitia potestate V., dissertatio historico-chronologica, auctore V. Valsechii. *Flor., Typis Regiae*, 1711. --- De annis imperii M. Aurelii

Antonini Elegabali, et de initio imperii, ac duobus consulatibus Justini junioris, dissertatio apologetica ad nummum Anniae Faustinae, (auctore P. A., Turre.) *Patavii*, *J. Manfré*, 1713. *fig.* -- De initio Imperii Severi Alexandri Aug., dissertatio. *Florent.*, *Typis Regiae*, 1715. *in* 4. *v.*

121. J. Vignolii, dissertatio de anno primo imperii Severi Alexandri aug. addita epistola ad A. Gallandum, de nummo quodam imp. Antonini Pii. *Roma*, *F. Gonzaga*, 1712. -- Idem, dissertatio II. apologetica de anno primo imperii Severii Alexandri aug. *ibid*, 1714. *in* 4. *vél.*

Histoire Universelle.

122. Pauli Orosii historiarum libri septem, ex recensione S. Havercamp. *Lugd. Bat.*, *G. Potvliet*, 1738. *in* 4. *fig. vél. cord.*

Edition fort estimée, exemplaire chargé de beaucoup de notes manuscrites de Abr. Gronovius.

123. Chronicorum mundi epitome, in singulos annos curiose digesta, ex probatissimis quibusque authoribus. *Franc.*, *Chri. Egenolphüs. et à la fin. Anno MDXXXIIII. Mense Octobri*, *fig. en bois.* -- Romanorum Pontificum omnium, a S. Petro, ad Clementem VII. usque, vita et mores, a Menrado Molthero, distichis perq. elegantissimis descripti. *(sans année, nom de lieu, ni d'imprimeur.) in* 12. *vel.*

124. La Istoria universale, provata con monumenti, e figurata con simboli de gli antichi, da Fr. Bianchini. *Roma*, *A. Rossi*, 1697. *in* 4. *fig. vél. cordé.*

Livre rare et d'un prix assez considerable selon *Clement bibl. cur. t.* 3. *p.* 302. et le *Cat. bibl saxianae* N°. 632. *in* 4.

HISTOIRE ECCLÉSIASTIQUE.

125. De SS. Martyrum cruciatibus, A. Gallonii liber, quo potissimus instrumenta et modi quibus iidem Christi Martyres olim torquebantur, accuratissimé tabellis expressa, describuntur. *Romae, ex Typographia congregationis oratorii*, 1594. *in* 4. *fig. grav. en bois v. fauve d'oré sur tr.*

Première édition de la traduction latine, la plus recherchée et peu commune : les figures quoique gravées en bois, sont fort belles, et fort estimées des connaisseurs. Voyez *de Bure bibliographie*, *N°*. 4603., et *Clement bibl. cur. t.* 9. *p.* 51. dans la note.

126. Levensbeschryving der bisschoppen en aartsbisschoppen van Keulen, door A. Schoemaker. — Levensbeschryving der bisschoppen van Utrecht, door denzelfden. *in* 4. *demi mi rel.*

Manuscrit autographe sur pap.

HISTOIRE ANCIENNE.

127. Reflexions sur l'origine des anciens peuples, par Fourmont l'Ainé. *Paris, de Bure l'Ainé*, 1747. 2 *vol. in* 4. *br.*

128. Flavii Josephi opera omnia, gr. et lat., cum notis et nova versione J. Hudsoni et variorum, ex recensione S. Havercampi. *Amst.*, *R. et G. Wetstein*, 1726. 2 *vol. in fol. vél. cordé doré sur plat.*

Meilleure édition, fort recherchée.

129. J. C. Raht, de captivitate Babilonica. *Hal. Magd.*, *C. Henckel*, 1711. -- C. Cellarii, exercitatio in gentis Samaritanae historiam et caeremonias. *Hal. Magd.*, *C. A. Zeitler*, 1707. — G. Beiche, dissertatio de magis ex oriente stella duce Bethlemum profectis. *Hal.*

Magd., *C. Henckel*, 1709. -- J. Reiche, dissertatio gemina de Joanne Baptista ejusq. carcere et supplicio. *Ibid*, 1703. -- C. Cellarii, itinerarium apostolorum. *Ibid*, *C. A. Zeitler*, 1700. -- J. F. Hollenhagen, dissertatio de septem ecclesiis asiae in divina apocalypse memoratis. (*Ibid*) *C. Henckel*, 1711. -- C. Cellarius Fil. dissertatio de imperio Palmyreno. *Ibid*, 1708. -- C. F. Bodenburg, lucubratiuncula de vigiliis et lucubrationibus veterum. *Ibid*, 1706. -- C. G. Barthius, de studiis romanorum litterariis in urbe et provinciis. *Ibid*, *C. A. Zeitler*, (1698.) -- J. H. Reussen, diatribe C. Julii Caesar adversus Areovistum regem aliorumque germanos gesta bella explicandum. *Ibid*, *C. Henckel*, 1710. -- A. J. Dornmeyer, diatribe de Claudii Drusi expeditionibus. *Ibid*, 1711. -- A. C. Breithaupt, quod felix faustumque sit initia cultioris Germaniae. *Ibid*, 1709. -- F. A. Petersen, dissertatio de Cimbris et Teutonis. *Ibid*, *C. A. Zeitler*, (1701.) -- C. Cellarii, de principio regnorum et historiarum dissertatio. *Ibid*, 1697. -- A. Antonius, de Pathmo Lutheri in arce Warteburg. *Ibid*, *C. Henckel*, 1697. *in* 4. *vél.*

130. G. Sichterman, disputatio academica de rebus Assyriorum. *Gron.*, *J. Velsen*, 1705. -- D. T. Janus, diatribe historica de regno Lydorum. *Hal. Magd.*, *C. Henckel*, 1703. -- A. W. Zwergius, dissertatio de pygmaeis Aethiopiae populis, accedit de statura corporum beatorum. *Kilonii*, *Haeredes B. Rutheri*, (*sans date*). -- G. J. ten Oever, disputatio academica de regno Pergameno. *Gron.*, *G. Spandau*, 1706. -- J. J. Mauritius, dissertatio philologica de gallorum germanorumque origine. *Lugd. Bat.*, *A. Elsevier*,

1708. — W. J. Forstner, regna gentesque in Europa principes ex suevis. *Tubing.*, *H. Reizius*, 1634. -- F. de Danckelman, dissertatio histor. politica de rebus atque incrementis Prussorum. *Lugd. Bat.*, *A. Elsevier*, 1708. -- W. W. de Riesman, dissertatio historica de hodiernorum principum Palatinorum origine eorumque erga litteras favore. *Ibid*, 1708. *in* 4. *vél.*

131. Dissertation sur Menes ou Mercure, premier Roi d'Egypte. *Paris*, *J. Meusier*, 1709. *in* 12. *br*,

132. Bellum excidium Trojanum, ex antiquitatum reliquis à L. Begero. *Berolini*, *M. Rudigerus*, 1699. *fig.* -- Meleagrides et Aetolia, ex numismata κυρίεων apud Goltzium : in lucem vindicatae à L. Begero. *Col. Brandenburg*, *U. Liebpertus*, 1696. *fig. in* 4. *v.*

Le petit ouvrage de Begerus sur la guerre de Troye est curieux et peu commun. selon *de Bure bibl.* *N°*. 4730 et le *Dict. bibl. art. L. Begerus.*

133. Bellum et excidium Trojanum ex antiquitatum reliquiis à L. Begero. *Berolini*, *M. Rudigerus*, 1699. *fig.* -- C. Schraderi, epistola interpres nummi Judaici. *Helmstadii*, *H. Muller*, 1654. — De re monetali veterum romanornm, Dissertatio P. J. Reicharti. *(Altorf. Noric.)* *H. Meyer*, 1691. -- A. Morelli de nummis consularibus epistola ad J. Perisonium. (*sans nom de lieu ni d'imprimeur, mais datée de l'an* 1701.) -- Speculum mali principis Nerva Trajanus C. J. Cleeweini. *Altorf*, *Typis Scherfianis*, (1645.) — J. Ruttgersii, de orbe stagnia Antinoi, ad J. H. Eggelingium epistola. *Francof.*, 1699. — C. D. Kochii, Programma de Aristotele in nummo aureo. *Helmstadii*, *G. W. Hamm*, 1703. -- Δγας historia Martis Assyriaci et Ae-

gyptiaci eruens E. W. Agricolae. *Batisp.*, *P. Dalnnsteiner*, 1680. -- Historia marmoria Ancyrani, dissertatio J. F. Musaei. *Jenae, Typis Mullerianis*, (1703.) — Collecteanorum naturae artis et antiquitatis nuper extra urbem Moguntinam erutae descriptio. *Mogunt.*, *J. Mayr*, 1697.) *fig.* — (E. G. Rink, de veteris numismatis potentia et qualitate lucubratio, accessit dissertatio de nummo unico. *Lipsiae*, *J. W. Kohlesius*, 1701. *fig.* -- Sylloge numismatum J. M. Dilherri. *(sans date, nom de lieu, ni d'imprimeur.)* — De argento Runis seu literis Gothicis insignito, sententia, N. Kederi. *Lips.*, *J. F. Gleditsch*, 1703. *fig.* — T. Broderi Bircherod Jac. F., specimen antiquae rei monetariae Danorum. *Hafniae*, *J. J. Erytrophilus*, 1701. *fig.* — J. A. Mellen, sylloge nummorum quos vulgo Imperiales seu Thaleros appellant, *Lubec*, *C. G. Venator*, 1697. *fig.* — Idem, historia urnae sepulcralis Sarmaticae. *Jenae*, *S. Krebsius*, 1679. *fig. in 4. demi v.*

134. Historicarum commemorationum rerum graecarum, libri duo, authore W. Lazio. *Hanov.*, *Typis Wechelianus*, 1605. *in fol. fig. grav. en bois d. rel.*

Les écrits de Lazius sont pour la plupart fort rares. Voyez *Vogt Cat. libr. rar. art. W. Lazius.*

135. Histoire de Philippe et d'Alexandre le grand, rois de Macedoine, par le Sieur de Bury. *Paris*, *d'Houry*, 1760. *in 4. v.*

136. Histoire des successeurs d'Alexandre le grand, tirée de Diodore de Sicile et mise autre fois en François, par le sieur de Seyssel, trad. nouv. *Luxemb.*, *A. Chevalier*, 1705. *in 12. v.*

137. Scriptores historiae romanae latini, vete-

res, notis variis illustrati. Stud. Ben. Casp. Haurisii. *Heidelbergae, J. J. Haener*, 1743--1748. 3 *vol. in fol. fig. v.*

138. La conjuracion de Catilina y la guerra de Jugurta por Cayo Salustio Crispo, en Espanol. *En Madrid, par J. Ibarra*, 1772. *in fol. fig. mar. r. doré sur tr. et pl.*

Cette traduction faite par son Altesse royale, l'infant Don Gabriel, et imprimée par ses ordres et à ses depens, est extrêmement rare, parce que ce Prince s'en est réservé tous les exemplaires, pour en faire des présens; elle est accompagnée du texte latin, de notes, d'une belle carte géographique, du portrait de Saluste, de superbes estampes, vignettes, fleurons et culs de lampes; inventées et dessinées par Maella et gravées par Montfort, les Carmona's et d'autres habiles artistes: d'ailleurs l'execution typographique est de la plus grande beauté, et le redacteur du Catalogue de la bibliothéque du duc de la Vaillière, ne craignait point d'avancer (N°. 4904.) que ce livre était le plus parfait qui avait paru, jusqu'alors, pour l'égalité du tirage. Vendu 491 livres à cette vente en 1784., 550 l. à l'hotel de Ballon en 1786. et 215 fl. chez Crevenna en 1793.

139. C. Julii Caesaris, quae exstant cum interprete graeco vetere et diversorum commentariis, opera et studio G. Jungermani. *Francof., C. Marnium*, 1606. *in 4. vél.*

Exemplaire unique, enrichi de 239 médailles et de 249 inscriptions antiques, dessinées à la plume par l'antiquaire H. van der Borcht: c'est le même qui fut autre fois dans la bibliothéque de Mr. Uffenbach, à Francfort, dont *Fabricius, Bibl. num. p. 177. et Lipsius bibl. num. p. 64.* font mention.

140. La guerre des Suisses, traduite du I. livre des commentaires de Jule Cesar par Louis XIV. Dieu donné, roi de France et de Navarre. *Paris, de l'imprimerie royale*, 1651. *in fol. fig. mar. rouge d. s. tr. et pl.*

Édition peu commune, à cause qu'elle n'a pas été vendue publiquement, mais que le Prince se l'est réservé entièrement pour gratifier ceux qu'il vouloit en honorer.

Exemplaire réglé, décoré des figures, qui manquent souvent,

vent, et qui ont servi de modèle à celles de la fameuse édition du Cesar de Clarke.

Voyez *l'Englet du Fresnoy, Cat. des historiens, dans la methode pour étudier l'histoire, p.* 434. *Goetzens merkwürdigkeiten der bibl. zu Dresden. 2. th. p.* 160. *Clem. bibl. cur. T.* 6. *p.* 38. *De Bure bibliographie No.* 4900. *Freitag analecta litteraria. — Vogt cat. libr. rar.* et le *Dictionaire bibliographique art. Jul. Caesar.*

141. Batavorum cum Romanis bellum, à C. Tacito lib. IV. et V. Hist. olim descriptum, figuris min. aeneis expressum, auctore Othone Vaenio — *ou* — de Batavische oft oude Hollandtsche oorloghe teghen de Romeynen. *Antv.*, *apud auctorem*, 1612. *in* 4. *obl. vél.*

Édition originale.

Exemplaire de C. van Alkemade, intercallé de feuillets blancs, avec des notes, quelques cartes et desseins à la plume, qui paraissent être de la main de ce savant.

142. Histoire de la guerre des Bataves et des Romains, d'après César, Tacite etc. avec les planches de Otto Vaenius, gravées par A. Tempesta; redigée par le Marq. de St. Simon; et accompagnée des plans et de cartes nouvelles. *Aux dépens de l'auteur, Amst., M. M. Rey*, 1770. *gr. in fol. fig. d. v. non rogné.*

143. Oorlog der Batavieren en Romeynen. *gr. in fol. mar. rouge d. s. tr. et pl.*

Manuscrit inédit sur papier impérial, contenant la traduction de l'ouvrage précédent et dans le quel on a inseré les cartes et planches de l'édition française.

144. Caii Suetoni Tranquilli opera quae exstant; C. Patinus notis et numismatibus illustravit, suisque sumptibus edidit. *Basil. (Typis Genathianis.)* 1675. *in* 4. *fig. vél.*

145. L. Annaei Flori rerum romanorum libri duo priores, ex criticorum observationibus correcti, cum textus ratione, notisque variorum historicis, politicis et antiquariis ador-

nati et editi à L. Begero. *Col. March., U. Liebpertus*, 1704. *in fol. cart. et fig. vél. cordé.*

Les commentaires qui accompagnent cette édition la font rechercher.

146. Les Césars de l'empereur Julien, traduits du grec, avec des remarques etc. (par E. de Spanheim.) *Paris, D. Thierry*, 1683. *in 4. fig. mar. rouge, doré sur tr. et pl.*

147. Le Césars de l'empereur Julien, traduits du grec, par (E.) de Spanheim, avec des remarques etc. *Amst., F. l'Honoré*, 1728. *in 4. fig. de B. Picart v.*

Meilleure édition.

148. Le même livre. *gr. pap. v.*

Un exemplaire de ce format fut vendu 72. l. chéz le Duc de la Valliere en 1784. sous le N°. 4948.

149. E. Puteani aenigma regium infantium populi r. complectens, imaginibus R. Sadeleri illustratum. *Monaci*, 1623. *in 12. fig. vél.*

150. Fasti et triumphi rom. sive epitome regum, consulum, dictatorum, magistror. equitum, tribunorum militum, consulari potestate, censorum, impp. aliorum magistratuum roman., O. Panvinio authore. *Venet., J. Strada*, 1577. *in fol. fig. v.*

151. Aula Heroum, sive fasti romanorum, auctore J. Zabarella. *Patav., P. M. Frambotti*, 1674. *in 4. vél. cordé.*

152. L. Smids, fasti consulares. *in 4. demi vél.*

Manuscrit sur papier.

153. (T. J. ab Almeloveen,) annales consulares rom. (1718.) 4. *demi vél.*

Manuscrit sur papier, de la main de L. Smids.

154. De romanorum gentibus et familiis scriptores duo praestantissimi, A. Augustinus et F.

Ursinus. *Lugd.*, *F. Faber*, 1592. *in* 4. *vél.*

Seconde édition, mais qui ne laisse pas d'être rare. Voyez *Clement Bibl. curieuse t.* 2. *p.* 260.

155. J. Bimardi de vita, rebus gestis, nummis T. Didii consulis et gente Didia παρεργον. *Genev.*, *M. M. Bousquet*, 1730. — N. Averani dissertatio de mensibus aegyptiorum, adjectis notis H. Noris curante A. F. Gorio. *Flor.*, *C. Albizinius*, 1737. — La religion de gentili vel moriri ricavata da un basso rilevo antico che si conserva in Parigi, (per S. Maffei.) *Par.*, *C. Osmont*, 1736. *fig.* — Spiegazione di alcune monumenti de gli antichi Pelasgi, transportata del Franceze, con alcuni osservazioni sovra i medesimi (de A. Olivieri) *in Pesaro, nella stamperia di H. Gavelli*, 1735. *fig.* — B. Oricellarii de bello Italico commentariis. *Lond.*, *G. Bowyer*, 1724. — Scholia seu glossae in genethliacon P. Virgilii Maronis. *Romae*, *S. Clavicator*, (*sans date*) — Reponse de P. Ambrun à l'histoire du vieux testament par Simon. *Rott.*, *R. Leers*, 1735. — Relatio historica ad epistolam syriacam a Mahathome ad Ignatium accurante C. Schaaf. (syriace et latine). *Lugd. Bat.*, *sumptibus editoris et authoris*, 1714. *in* 4. *demi vél.*

156. (L. Smids) de roomsche keyzers en keyzerinnen. *in fol. demi vél.*

Manuscrit autographe en latin sur papier, avec un titre, en lettres de tournure, de la main du calligraphe L. Bakhuizen.

157. Histoire de César Germanicus, par M. L. D. B. (de Beaufort) *Leide*, *J. et H. Verbeek*, 1741. *in* 12. *v.*

158. Res Trajani imperatoris ad danubium gestae, addita est dissertatio de Tabulae Peutingerianae aetate, auctore C. Mannert. *No-*

rimb., J. F. Frauenholz, 1793, in 8. cart. et fig. br.

159. M. Jacutii, syntagma de historia crucis Constantino Magno apparentis. *Romae, A. Rotilus*, 1755. *in* 4. *fig. br.*

160. Le même livre *br.*

161. Vie de l'empereur Julien, (par l'abbé de la Bleterie.) *Amst., F. l'Honoré*, 1735. 2 *tom.* 1. *vol. in* 12. *cart. v.*

162. Histoire de l'empereur Jovien; et traductions de quelques ouvrages de l'Empereur Julien, par M. l'abbé de la Bleterie. *Paris, Prault fils*, 1748. 2 2. *vol. in* 12. *v.*

163. Dissertatio de ortu et interitu imperii Romani, auctore G. van der Muelen. *Ultr., G. van de Water*, 1698. *in* 12. *vél. cordé.*

164. Historia Byzantina, duplici commentario illustrata, quorum prior complectitur familias, icones et numismata impp. et Augg. simul et familias Dalmaticas et Turcicas; alter continet descriptionem urbis Constantinopolitanae sub imperatoribus Christianis, auctore C. du Fresne Domino du Cange. *Lut. Paris. L. Billaine*, 1680. 2 *part.* 1 *vol. in fol. cart. et fig. vél. cordé.*

165. Histoire de l'empire de Constantinople sous les empereurs François, divisée en deux parties, dont la première contient la conquête de Constantinople par les François et les Venetiens (en l'an 1204) écrite par G. de Ville-Harduin, avec la suite de cette histoire jusqu'en 1240, tirée du M. S. de P. Mouskes et la seconde contient une histoire generale de ce que les François ont fait de plus memorable dans l'empire de Constantinople, depuis qu'ils s'en rendirent maîtres, jusques

à ceque les Turcs s'en sont emparez. (Le tout avec des observations faites par C. du Fresne sieur du Cange.) *Paris, de l'imprimerie royale*, 1657. *in fol. v. à filet d'or.*

Ces deux ouvrages font partie de la collections des écrivains de l'histoire Byzantine.

Histoire Moderne.

166. Beschryving van Nederland, (door A. Schoemaker, *in 8. vél.*

Manuscrit autographe et inédit sur papier, orné de plusieurs gravures plaquées et de 34 desseins coloriés de vues de villes, villages, chateaux etc. qui paraissent faits d'après nature.

167. De Nederlandsche blaffert, behelzende veel byzonderheden rakende de oudheden van Hoogh- en Neder-Duitsland, en het geene daaruit is voortgesproten, namelyk, Vriesland, Engeland, Nederland, (door A. Schoemaker 1704 en 1705) *in 8. vél.*

Manuscrit autographe et inédit, sur papier.

168. De aloude staat en geschiedenissen in de Vereenigde Nederlanden, door E. M. Engelberts. *Amst., J. Allart*, 1724—1799. 4 *vol. in 8. cart. et fig. br.*

169. Chronyck van Hollandt, Zeelandt en de Westvrieslandt door J. Veldenaar, uitgegeven en de met aanteyckeningen etc. verryckt door M. Z. van Boxhorn. *Leyden, W. van Rynnenburch*, 1650. -- Bediedinge van de tot noch toe onbekende afgodinne Nehalennia, door M. Z. van Boxhorn. *Leyden, W. C. van der Boxe*, 1647. *fig.* -- Vraagen voorghestelt ende opgedraaghen aan den Heer M. Z. van Boxhorn, over de bediedinge van de tot noch toe onbekende afgodinne Nehalennia. *Leyden, W. C. van der Boxe*, 1647. -- Ant-

woord van M. Z. van Boxhorn, gegeeven op de vraaghen, hem voorgestelt over de bediedinge van de afgodinne Nehalennia. *Leyden, W. C. van der Boxe*, 1647. *in* 4. *vél.*

170. L. Smids, annales Belgiae, (ab an 1555. usque ad 1694.) *in* 4. *demi vél.*

Manuscrit sur papier.

171. Annales noviomagi oppidi olim batavorum, hodie primariae gelrorum civitatis, (auctore J. in de Betouw.) *Noviom.*, 1790. *in* 8. *br.*

172. Chronyk van de stad der Batavieren, waarin, nevens de beschryving van Nymegen, de eerste oorsprong, de gryze oudheid dezer stad enz. kortelyk aangetoond worden, door J. Smetius, uit de eigenhandige aantekeningen verbeterd en vermeerderd, voorts vervolgd tot den Jare CIↃIↃCCLXXXIV (door J. in de Betouw.) *Nymegen, A. van Goor, (sans date) in* 8. *fig. demi v. non rogné.*

173. Natuurlyke historie van Holland, door J. le Francq van Berkhey, M. D. *Amst., Yntema*, 1769--1779 7 *part.* 4 *vol. in* 8. *fig. br.*

Les figures des 6 premières parties sont coloriées dans cet exemplaire, qui est un présent de l'auteur au défunt.

174. Historische en letterkundige avondstonden, ter opheldering van eenige zeden der Nederlanden, door H. van Wyn. *Amst., J. Allart*, 1800. *in* 8. *fig. br.*

175. Huiszittend leven, bevattende eenige mengélstoffen over onderwerpen, betrekkelyk tot de letter-, historie- en oudheidkunde van Nederland, door H. van Wyn. *Amst., J. Allart*, 1801--1804. 4 *part. in* 8. *fig. br.*

176. C. L. a Beyma tractatus de Grietmannis. *Franequerae, D. Romae*, 1780. *in* 8. *br.*

177. Alfredi magni anglorum regis vita tribus

libris comprehensa, a Do. J. Spelman Henr. Til. primum anglice conscripta, dein latine reddita et annotationibus illustrata. *Oxonii, e Theatro Scheldoniano*, 1678. *fig. in fol. v.*

178. A Short account of danegeld: with some further particular relating to will: the conqueror's survey, by a member of the society of antiquaries of London. *Lond.*, 1756. *in 4. br.*

179. Anales de la nacion Espanola, par Don L. J. Velasquez. *Malaga, F. Martinez de Aguilar*, 1759. *in 4. mar. rouge d'oré sur tr. et pl.*

Les livres imprimés en Espagne sont en général fort rares dans les pays étrangers. Voyez *Clement Bibl. curieuse t.* 1. *p.* XII. *de la préface*, et *Denys, einleitung in der Bucherkunde* (*Wien* 1795) 1er. *Th. p.* 253.

180. Histoire de la guerre des Alpes, ou Campagne de MDCCLIV. par les armées combinées d'espagne et de france, où l'on a joint l'histoire de Coni, par le Marquis de St. Simon. *aux dépens de l'auteur. Amst. M. M. Rey*, 1769. *gr. in fol. cart. col. br.*

181. Tractatus M. A. Surgentis, de vite regis aliorumque magistratuum civitatis Neapolis totiusque regni, praecellentia et auctoritate. *Neap.*, *J. B. Colosini*, 1605. *in fol. fig. v. fauve, doré sur tr. et à filet d'or.*

Livre peu commune, selon le Catalogue de van Goens. No. 11831.

182. C. du Fresne dom. du Cange, illyricum vetus et novum, sive historia regnorum Dalmatiae, Croatiae, Slavoniae, Bosniae, Serviae atque Bulgariae. *Pozonii, Typis haeredum Royerianorum*, 1746. *in fol. fig. v.*

183. Atene attica, descritta de suoi principii sino all' acquito fatto dall' armi Venete nel

1687, di F. Fanelli. *Venez.*, *A. Bortoli*, 1707. *in fig. br.*

184. Historia di Corfu, descritta da A. Marmora, libri otto. *Venet*, *curti*, 1672. *in 4. fig. vél.*

185. Description des Isles de l'Archipel, et de quelques autres adjacentes, trad. du flamand de O. Dapper. *Amst.*, *Gallet*, 1703, *in fol. cart. et fig. v.*

186. Histoire des Druses, peuple du liban, par Puget de S. Pierre. *Paris*, *Cailleau*, 1763. *in 12. cart. br.*

HERALDIE ET GENEALOGIE.

187. (P. van Damme) beantwoording op de vraage bij Teijlers tweede genootschap uitgeschreven (in 1784): welk is d'eerste oorsprong der wapenschilden van familien, vorsten, landen, en wanneer zyn dezelve allereerst gebragt op d'Europeesche munten etc. *in fol.*

Manuscrit sur papier et l'original de cette dissertation, qui a remporté le prix de la médaille d'or. décernée par les directeurs de la société.

* Comme ce volume a été legué par le défunt au redacteur de ce Catalogue, il ne sera pas vendu.

188. J. Schefferi de antiquis verisque regni sueciae insignibus. *Holm.*, *N. Wankiif*, 1678. *in 4. fig. demi rel.*

Cet ouvrage se rencontre très rarement, selon *Windler*, *diss. de libr. rar.* § 25.

189. Genealogia et series austriae ducum, archiducum, regum et imperatorum, auctore O. de Strada a Rosberg. *Francof.*, *C. Rötel*, 1629. *in fol. fig. v.*

190. Insignia Gentilitia Equitum ordinis velleris aurei, a Joan. Jac. Chiflctio Latine et Gallice

lice producta. *Antv. ex officina Palantiniana. na,* 1632. -- G. Wendelini, aries seu aurei velleris encomium (*ibid.* 1632.) — Breviarum historicum inclyte ordinis velleris aurei, auctore Jul. Chifletio. *Ibid.* 1652. — Vindiciae Hispanicae, auctore Joan. Jac. Chifletio. *Ibid.* 1645. — Le faux Childebrand relegué aux fables, (par J. J. Chiflet.) (*Ibid,* 1659.) *in* 4. *vél. cordé.*

Tous ces traités sont peu communs.

ANTIQUITÉS.

Rits et usages des differens peuples. Rits et usages des anciens en général.

191. Institutiones antiquariae, auctore E. Audrichio. *Flor., Typ. Caes.,* 1756. *in* 4 *fig. vél. cord.*

192. Introduction à l'étude des monumens antiques, par A. L. Millin. *Paris, impr. du magasin encyclopédique, An IV.,* 1796. *br.*

193. De l'utilité des voyages et de l'avantage que la recherche des antiquités procure aux sçavans, par Baudelot de Dairval. *Paris, P. Auboüen,* 1686. 2 *vol. in* 12 *fig. v.*

Prémière édition.

194. Le même ouvrage. *Paris, Auboüen,* 1693. 2 *tom.* 1 *vol. in* 12. *fig. vél.*

195. l'Antiquité expliquée et representée en figures, par Dom. Bern. de Montfaucon. *Paris, F. de Laulne,* 1722. 10 *vol. in fol. fig. gr. pap. v.*

196. Suplement au livre de l'antiquité expliquée et representée en figures, par Dom. Bern. de Montfaucon. *Paris, veuve de Laulne,* 1724. 5. *vol. in fol. fig. gr. pap. v.*

197. Thesaurus rei antiquariae uberrimus, par H. Goltzium. *Antv., ex officina C. Plantin*, 1579. *in* 4. *v. doré sur pl.*

Edition originale. Voyez *Foppens bibl. Belgica t.* 1. *p.* 487.
Exemplaire de la bibliothéque de Colbert.

198. Le même ouvrage. *Antv., G. a Tongris*, 1618. *in fol vél.*

199. Thesaurus graecarum antiquitatum, auctore Jac. Gronovio. *Lugd. Bat., P. et B. van der Aa*, 1697—1702. 13. *vol. in fol. fig. v. écail, doré sur tr. et pl.*

200. Thesaurus antiquitatum romanorum, congestus ab Joan. Georg. Graevio. *Traj. ad Rhen., F. Halma*, 1694—1699. 12 *vol. in fol. cart. et fig. v. écail, doré sur tr. et pl.*

201. Novae thesaurus antiquitatum romanorum, congestus ab Alb. Henr. de Salengre. *Hagae Com., H. du Sauzet*, 1716—1719. 3 *vol. in fol. fig. v. écail, doré sur tr. et pl.*

202. Thesaurus antiquitatum et historiarum italiae mari ligustico et alpibus vicinae, collectus curâ et studiis Joan. Georg. Graevii, et ad finem perductus à Petro Burmanno. *Lugd. Bat., P. van der Aa*, 1704—1723. 9 *tom.* 30 *vol. in fol. fig. v. écail, doré sur tr. et pl.*

203. Thesaurus antiquitatum historiarum Siciliae, Sardinae, Corsicae et adjacentium situm; digeri coeptus curâ et studio Joan Georg. Graevii cum praefationibus Petri Burmanni. *Lugd. Bat., P. van der Aa*, 1723—1725. 15 *vol. in fol. cart. et fig. v. écail, doré sur tr. et pl.*

Les Nros 197 à 203 forment en 70 vol, un superbe exemplaire du recueil des antiquités Grecques, Romaines, Italiennes et Siciliennes, publiées par M. M. Graevius, Gronovius et Salengre ; et pour cette raison, ils seront vendus ensemble.

204. Lexicon antiquitatum romanorum, in quo ritus et antiquitates cum Graecis ac Romanis communes etc. exponuntur, auctore Sam. Pitisco. *Leovard.*, *F. Halma*, 1713. 2 *vol. in fol. fig. v.*

Cet ouvrage fait suite à la collection précédente, et l'édition que j'indique est la première, et preferée à celle en 3 vol. Voyez *de Bure bibliograph.* N°. 5733.

205. Catalogus librorum, qui in utroque thesauro antiquitatum romanorum et graecorum Joan. Georg. Graevii et Jac. Grenovii reperiuntur. *Lugd. Bat.*, *P. van der Aa*, 1703. *in* 8. *br.*

206. Catalogus librorum, qui in thesauris Romano, Graeco, Italico et Siculo, continentur. *Leidae*, *P. van der Aa*, 1725 *in* 8. *br.*

207. Le imagini de gli dei de gli antichi, del signor Vincenzo Cartari nelle quali sono descritte la religione de gli antichi, li idoli riti et ceremonie loro. *Venet.*, *E. Deuchino*, 1609. *in* 4. *fig. demi rel.*

208. Les images des Dieux des anciens; contenans les idoles, coustumes, ceremonies et autres choses appartenans à la religion des payens, recueillies et exposées en Italien par V. Cartari, traduites en François et augmentées par A. du Verdier, seigneur de Vauprivas. *Lyon*, *B. Honorat*, 1581. *in* 4. *fig. vél.*

Première édition.

209. Deorum Dearumque capita, A. Ortelii collecta et historica narratione illustrata à F. Sweertio. *F. Argent*; *F. W. Schmuck*, 1680. *in* 12. *fig. vél.*

210. Mythologie ou l'histoire des Dieux; de demi-Dieux et des plus illustres heros de l'antiquité payenne, par Dupuy. *Paris, Stuart*, 1731. 2 *vol. in* 12 *v.*

211. Bediedinge van de tot noch toe onbekende afgodinne Nehalennia, door M. Z. van Boxhorn. *Leyden, W. C. van der Boxe*, 1647. *fig.* -- Antwoord van M. Z. van Boxhorn gegeven op de vraaghen hem voorgesteld over de bediedingen van de afgodinne Nehalennia. *Leyden, W. C. van der Boxe*, 1647. *in* 4. *v.*

212. Des Sibylles celebrées tant par l'antiquité payenne que par les saincts peres, par D. Blondel. *Paris, Veuve L. Perier*, 1649. *in* 4. *gr. pap. v. à filets d'or.*

Rare, selon *Clement bibl. cur. t.* 4. *p.* 297.

213. J. A. Antonii, dissertatio de dis cabiris. *Venet., A. Pavinus*, 1703. *in* 8. *fig. vél.*

214. Dissertation sur le Janus des anciens (par Gros de Boze). *Paris, P. Cot*, 1705. *in* 8. *fig. v.*

215. Le même livre. *v.*

216. Le même livre *v.*

217. Dissertation sur le culte que les anciens ont rendu à la déesse de la santé (par Gros de Boze). *Paris, P, Cot*, 1705. *in* 8. *fig. v.*

218. Le même livre. *v.*

219. Le même livre. -- st -- R. Mead, oratio anniversaria Harveiana: adjecta est dissertatio de nummis quibusdam a smyrnaeis in medicorum honorem percussis (*sans nom de lieu*) *H. Teering*, 1728. (*ex officina Boutesteiniana* 1725.) *fig. in* 8. *demi vél.*

220. Dissertation sur le Dieu Serapis (par C. Galliot). *Paris, Barbou*, 1760. *in* 8. *br.*

221. J. van Vliet, diatribe academica de dea Angerona. *Lugd. Bat.*, *J. Broedelet*, 1766. *gr. pap.* -- J. Winkelmans nachrichten von den neuesten Herculanischen entdeckungen. *Dresden*, *Walther*, 1764. --- Dissertation historique sur les monnoyes antiques d'Espagne, par M. Mahudel. *Paris*, *le Mercier père*, 1725. *fig.* -- Nouvelles recherches sur la science des médailles, inscriptions et hiéroglyphes antiques, par Poinsinet de Sivry. *Maestricht*, *J. E. Dufour*, 1778. *fig.* -- Dissertation de l'abbé Ghesquiere sur les differens genres des médailles antiques, ou examen critique des nouvelles recherches sur la science des médailles, par Poinsinet de Sivry. *Nivelles*, *E. H. J. Plon*, 1779. *in* 4. *demi v. non rogné.*

222. Dissertation sur les attributs de Venus, par l'abbé de la Chau. *Paris*, *Prault*, 1776. *in* 4. *fig. de St. Aubin*, *demi v.*

223. M. Brouërii de Niedek de populorum veterum ac recentiorum adorationibus dissertatio. *Amst.*, *J. Oosterwyk*, 1713. *in* 8. *fig. vél.*

224. Explication de divers monumens singuliers qui ont rapport à la religion des plus anciens peuples, par Dom. *** (Jacques Martin) *Paris*, *Lambert*, 1739. *in* 4. *fig. v.*

225. Funerailles et diverses manieres d'ensevelir des Romains, des Grecs et des autres nations, par Cl. Guichard. *Lyon*, *J. de Tournes*, 1581. *in* 4. *fig. mar. verd doré sur tr. et pl.*

Fort rare, selon *Clement bibl. curieuse t.* 9. *p.* 301.

226. Le même livre *v.*

227. Le même livre. *ancienne relieure.*

228. J. Gutherii J. C., de jure manium, seu de ritu, more et legibus, prisci funeris. libri III. *Paris, Buon*, 1615. *in* 4. *vél.*

229. Histoire de l'art chez les anciens, par J. Winckelman, traduit de l'Allemand. *Amst., E. van Harrevliet*, 1766. 2 *vol. in* 8. *avec vignet. demi v.*

230. Storia delle arti del disegno presso gli antichi di Giov. Winckelmann tradotta del tedesco. *Milan, Mònist. di S. Ambrogio Maggior*, 1779. 2 *vol. in* 4. *avec vignet. v. marbré.*

231. T. Bartholini de armillis veterum schedion, accessit O. Wormii de aureo cornu Danico, ad licitum responsio. *Amst., H. Wetstein*, 1676. *fig.* --- T. Bartholini antiquitatum veteris puerperii synopsis, a Filio C. Bartholino commentario illustrata, cum T. Bartholini ad Filium epistola. *Ibid*, 1676. *fig.* -- C. Bartholini T. F. de inauribus veterum syntagma, accedit Mantissa ex T. Bartholini Miscellaneis Medicis, de annulis narium. *Ibid*, 1676. *fig. in* 12. *vél.*

232. J. Kirchmanni de annulis liber singularis, accedunt G. Longi, H. Gorlaei et H. Kormanni de iisdem tractatus absolutissimi. *Lugd. Bat., Hack*, 1672. *in* 12. *vél. doré sur pl.*

233. De annulorum aureorum origine, vanitate usu, abusu, jure efficacia, recensente H. Kitschio. *Lips., H. Grossium*, 1614. *in* 4. *v. fauve à filet d'or.*

234. De annalis signatoris antiquorum; auctho re G. Longo. *Mediol., P. Pontii*, 1615. -- L. Pignorii symbolarum epistolicarum liber. *Patav., J. B. de Martinis*, 1618. *fig. in* 8. *v. fauve à filet d'or.*

235. B. Balduinus, de calceo antiquo et J. Ni-

gronus de Calliga veterum, accesserunt ex Q. Sept. Fl. Tertuliani, Cl. Salmasi et Alb. Rubeni scriptis plurima ejusdem argumenti. *Amst.*, *A. Fris*, 1667. *in* 12. *fig. vél.*

Rits etc. des Hebreux, Egyptiens et autres peuples orientaux.

236. Aaron purgatus, sive de vitula aureo libri duo aucthore F. Moncaejo. *Francof.*, *J. C. Merthens*, 1675. *in* 8. *fig. vél.*

237. J. H. Hottingeri, cippi Hebraei. *Heidelb.*, *S. Broun*, 1662. *fig.* -- Idem αρχαίολογία. orientalis. *Ibid*, 1662, *in* 8. *vél.*

238. P. Zornii, historia fisci Judaei sub imperio veterum Romanorum. *Alton. et Flensb.*, *Korte*, *fratres*, 1734. *in* 8. *fig. br.*

239. Sacrorum elaiochrismatoon myrothecia tria, in quibus exponuntur olea atque unguenta divinos in codices relata, auctore F. Scacchi. *Amst.*, *F. Halma*, 1701. *in fol. fig. vel. cord. doré sur pl.*

240. Reflexions sur l'alphabet et sur la langue dont on se servit autrefois à Palmyre, par l'abbé Barthelemy. (*Paris*, *H. L. Guerin*, 1754.) *grand in fol. fig. br.*

241. Lettres sur l'origine des anciens Dieux ou Rois d'Egypte. *Paris*, *P. Rebou*, 1712. *in* 12. *v.*

242. Caracteres Aegyptii, hoc est, sacrorum quibus Aegyptii utuntur, simulachrorum accurata delineatio et explicatio, autore L. Pignorio. *Francof.*, *M. Beckerus*, 1608 *in* 4. *fig. mar. rouge doré sur pl.*

243. N. Averani, dissertatio de mensibus aegyptiorum. *Florentiae*, *C. Albizinius*, 1737. *in* 4. *gr. pap. vél.*

244. Du culte des Dieux fétiches. (*sans nom de lieu et d'imprimeur.* 1760. *in* 12. *v.*

Rits etc. des Grecs et Romains.

245. Pandectae philologicae, sive totius antiquitatis Romanae et Graecae, promptuarium opera et studio L. Smids M. D. *Amst.*, 1692. *in fol. demi vél.*

Manuscrit autographe sur pap. avec un titre, en lettres de tournure, de la main du calligraphe J. Kluft.

246. L. Smids, messis aurea sive de rituum et antiquitatum priscorum Romanorum, subinde et graecorum lexicon. (*Inscripta cal. Dec.* 1695.) *in fol. dans un portefeuille de vél.*

Manuscrit autographe sur pap.

247. Archaeologia graeca, sive veterum graecorum praecipue vero atheniensium ritus civiles, religiosi, militares et domestici, fusius explicati par J. Potterum. *Lugd. Bat.*, *P. van der Aa*, 1702. *in fol. fig. v.*

248. Rituum qui olim apud Romanos, obtinuerunt succincta explicatio, conscripta à G. H. *Nieupoort. Traj. ad Rhen.*, *J. Broedelet*, 1734. *in* 8. *fig. v.*

249. Discours de la religion des anciens romains, de la castramentation et discipline militaire d'icieux, par G. du Choul. *Lyon*, *G. Rouille*, 1556. *in fol. fig. vél. cordé.*

Edition originale et très rare. Voyez *Clement bibl. cur. t.* 7. *p.* 181. et le *Cat. de la bibl. de van Goens. N°.* 8059.

250. Le même livre. *ancienne reliure.*

251. Le même ouvrage. *Lyon*, *G. Rouille*, 1567. *in* 4. *fig. v.*

Edition rare selon *Clement bibl. cur. t.* 7. *p.* 82. *dans la note.*

252. Le

252. Le même livre. *vél. doré sur tr.*

Exemplaire réglé.

253. Le même ouvrage. *Wesel, A. de Hoogenhuyze*, 1672. *in* 4. *fig v.*

254. Le même livre. *Dusseldorp, J. van der Smissen*, 1748. *in* 4.

255. Discorso della religione antica, della castrametatione disciplina militare etc. de romani, tradotta in toscano da M. G. Symeoni. *Lion, G. Rouillio*, 1558. *in fol. fig. rel. anc.*

Édition fort rare, dont *Clement* a disputé l'existence, *bibl. cur. t. 7. p.* 85. *dans la note*, et inconnue a *Banduri*, *Hirsch* et *Lipsius bibll. numm.*

256. Le même ouvrage. *Lyon, G. Rouillio*, 1571. *in* 4. *fig. vél. cord.*

Édition fort rare aussi bien que la suivante, selon *Clement bibl. cur. t. 7. p.* 84 *et* 85.

257. Discorso del G. Choul, sopra la castrametatione et bagni antichi dei greci et romani, (tradotta da M. G. Symeoni.) *(sans nom de lieu.) J. Olmo*, 1558. *fig. en cart.*

258. Los discursos de la religion, castrametacion etc. de los antiguos romanos y griegos, del G. de Choul, traduisido en Castellano de la lengua francesca por B. Perez del Castillo. *En Leon, G. Rouillio*, 1579. *in* 4. *fig. v. à filet d'or.*

Première édition très rare. Voyez *Lipsius bibl. num. t.* 1. *p.* 82. et *Clement bibl. curieuse t. 7. p.* 37. *dans la note.*

259. Verhandeling van den godsdienst, legerschikking etc. der oude romeinen, door W. du Choul, uit het fransch vertaald, door M. Smallegange. *Amst., J. en G. Janssonius van Waesberge*, 1684. *in* 4. *vél. cord.*

260. De eeuwspelen der oude romeinen, door

F. de Bruyn. *Amst.*, *G. Borstius*, 1703. *in* 8. *fig. v.*

261. Antiquitatum romanorum Pauli Manutii liber de legibus. *Venet.*, *Aldus*, 1557. *in fol. v.*

Le nom des Aldes seul, est une recommandation suffisante pour cette belle édition, qui réunit la rareté à la beauté typographique.

262. Dissertatio hypatica, seu de consulibus caesariis, in qua caesarum et augustorum consulatus ordinarii etc. declarantur, auctore A. Pagi. *Lugd.*, *Anisson*, 1682. *in* 4. *v.*

263. G. L. Hausfriz, de caesare designato successore. *Norimb.*, *J. Stein*, 1737. — J. F. Christius, origines longobardicae accessit. C. A. Liechtenau historia longobardorum. *Hal. Magd.*, *J. C. Krebs*, 1728. — P. Burger, dissertatio inauguralis de diis clavigeris. *Altorf. Noric.*, *J. G. Kohlesius*, (1728.) *fig.* — C. F. Ruhe, specimen philologiae numismatico latinae primum. *Francof.*, 1708. *fig.* — Idem, specimen philologiae etc. secundum. (*Ibid*) 1708. — N. Keder, nummi aliquot diversi ex argento praestantissimi. *Lips.*, *J. F. Gleditsch*, 1706. *fig.* — J. C. Oleari, isagoge ad numophylacium bracteatorum. *Jenae*, *J. Bielken*, 1694. *fig.* — Idem, specilegium antiquitatis nummos XXV. suggerens bracteatos. *ibid*, 1702. — Idem, anastasis Agnesae abbatissae Quedlinburgensis. *ibid*, 1699. *fig.* — J. D. Major, de nummis rudigerianis. *C. Kiliae. Holstat.*, *J. Reumann*, 1681. — A. Polito et U. Mignonio, orationes duae pro solenni instauratione studiorum. *Florentiae*, *J. Marini*, 1723. *in* 4. *vél.*

264. H. Cannegieter, de mutata romanorum nominum sub principibus ratione. Item Posthu-

mus bataviae adsertor, Hercules Magusanus et Deusoniensis aggerum bataviae auctor, ex nummis atque ex inscriptionibus demonstratus nec non Trebellii Pollionis negligentia castigata et monumentum Dodewerdensa expositum. *Traj ad Rhen.*, *G. et G. H. Kroon*, 1758. *in* 4. *fig. vél.*

265. De notis romanorum commentariis, in quo earum interpretationis quotquot reperire potuerunt collegit, litterarum ordine digessit, observationes adjecit Sert. Ursatus. *Patav.*, *P. M. Frambotti*, 1672. *in fol. v.*

266. P. Ciacconius, de triclinio sive de modo convivandi apud priscos romanos et de conviviorum apparatu. accedit F. Ursini appendix et H. Mercurialis de accubitus in una antiquorum origine dissertatio. *Amst.*, *A. Fris*, 1664. *in* 12. *fig. v. écail à dentelle.*

267. Dissertation sur les festins des anciens grecs et romains et sur les ceremonies qui s'y pratiquaient. P. M. (par Muret.) *Haye*, *C. van Lom*, 1715. *in* 8. *br.*

268. F. Ficoronii, dissertatio de larvis scenicis et figuris comicis antiquorum romanorum ex italica in latinam linguam versa: Editio secunda auctior et emendatior. *Romae*, *V. Monaldini*, 1754. *in* 4. *fig. br.*

Rits etc. des anciens Chretiens.

269. C. Curtii, de clavis dominicis liber. edit. novissima. *Lugd. Bat.*, *P. van der Aa*, 1695. — T. Bartholini Casp. F., de cruce Christi. *ibid*, 1695. *fig.* — J. Lipsii, de cruce, libri tres. *ibid*, 1695. *fig.* — Titulus Sanctae crucis, seu historia et mysterium tituli sanctae crucis domini nostri Jesu Christi, libri duo,

authore H. Nicqueto. *ibid*, 1695. *fig.* 2 *vol. in* 12. *v. doré sur tr. et pl.*

270. D. Georgii, de monogrammate Christi domini dissertatio. *Roma, Bernabus*, 1738. *in* 4. *v.*

271. J. Fontanini discus argenteus votivus veterum christianorum, commentariis illustratus. *Romae, R. Bernabus*, 1727. *fig.* -- De vetustate et forma monogrammatis sanctissimi nominis Jesu dissertatio. *Romae, Zempel*, 1747. *fig.* -- Epistola de musei victorii emblemate et de nonnullis numismatibus Alexandri Severi. *ibid*, 1747. *fig.* -- Dissertatio apologetica de quibusdam Alexandri Severi numismatibus. *ibid*, 1749. *fig.* -- Dissertazione sopra una statua di Marm. da G. L. Castello. *Palermo, P. Bentivegna*, 1749. *fig.* --- d'Una antica villa et d'un antico orologio a sole, dissertazioni due dal G. L. Zuzzeri. *Venet., M. Finzo*, 1746. *fig.* -- Sopra une medaglio de Attalo Filadelfo e sopra una parimente d'Annia Faustina, altre due dissertazioni dal. G. L. Zuzzeri. *ibid*, 1747. -- Littera nella quale vengeno expressi colle figure in rame dilucidati, colle annotazioni dal. G. Scarfo, vari antichi monumenti. *Venet., B. Viezzezi*, 1739. *fig. in* 4. *v.*

Rits etc. des anciens Germains, Gaulois, Espagnols et Lombards.

272. J. Schilteri, thesaurus antiquitatum teutonicarum, (cum additamentis et notis J. G. Scherzii). *Ulmae, D. Bartholomaei et fil*, 1728. 3 *vol. in fol. vél. cord.*

273. La religion des gaulois, tirée des plus pures sources de l'antiquité, par Dom ***

(Dom. Jac. Martin). *Paris; Saugrain Fils*, 1727. 2 *tom.* 1 *vol. in* 4. *fig. vél. cord.*

274. Rad. Cari, veterum Hispaniae deorum manes et relequias. -- Excerpta ex libro geographis Nubiensis, cum animadversionibus et praefatione Gabri Sionitae. *in fol. vél.*

Manuscrits inédits sur papier.

275. J. Fontani, dissertatio de corona ferrea longobardorum. *Romae, F. Gonzaga*, 1719. -- L. A. Muratorii, de corona ferrea qua romanorum imperatores in insubribus coronari solent commentarius. *Mediol., J. P. Malatesta*, 1719. *in* 8. *vél.*

Histoire Lapidaire, ou des inscriptions et marbres.

276. Instituzione antiquario-lapidaria, o sia introduzione allo studio delle antiche latine iscrizioni in tre libri proposta (da G. A. Monaldini). *In Roma, G. Zempel*, 1770. *in* 8. *en cart.*

277. A. van Dale, dissertationes IX. antiquitatibus quin et marmoribus tum romanis, tum potissimum graecis, illustrandis inservientes. *Amst., H. Boom*, 1702. *in* 4. *fig. vél. cord.*

Première édition.

278. De antiquis marmoribus B. Caryophili opusculum, cui accedunt dissertationes IV. *Traj. ad Rhen., H. Besseling*, 1743. — De thermis Herculanis nuper in Dacia detectis, P. Caryophili dissertatio epistolaris. *Ibid*, 1743. *fig.* — De usu et praestantia thermarum Herculanarum quae nuper in Dacia Trajani detectae sunt, P. Caryophili dissertatio epistolaris altera. *Ibid*, 1743. *in* 4. *demi v.*

279. Notae graecorum, sive vocum et numero-

rum compendia, quae in aeneis atque marmoreis graecorum tabulis observantur, collegit, recensuit, explicavit easdemque tabulas opportune illustravit E. Corsinus; accedunt dissertationes sex quibus marmora quaedam exponuntur ac emendantur. *Flor., e Typographio Imperiali*, 1749. *in fol. vél. cord.*

280. P. Reinesii, syntagma inscriptionum antiquorum cum primis romae veteris, quarum omissa est recensio in vasto J. Gruteri opere, cujus isthoc dici possit supplementum. *Lipsiae, J. Fritsch*, 1682. *in fol. vél. cord.*

281. Inscriptiones antiquae totius orbis romani, in absolutissimum corpus redactae, olim auspiciis J. Scaligeri et M. Velseri industria et diligentia J. Gruteri, curante J. G. Graevio. *Amst., F. Halma*, 1707. 4 *vol. in fol. fig. v. doré sur pl.*

Cet ouvrage peut être joint au recueil des antiquités de MM. Graevius, Gronovius, Salengre et Pitiscus.

282. Antiquae inscriptiones quum graecae tum latinae, olim a M. Gudio collectae, nuper à J. Koolis digestae et nunc à F. Hesselis editae. *Leovardiae, Hered. F. Halmae*, 1731, *in fol. fig. vél. cordé doré sur pl.*

283. Novus thesaurus veterum inscriptionum, in praecipuis earundum collectionibus hactenus praetermissarum, collectore L. A. Muratorio. *Mediolani, ex aedibus Palatinis*, 1739—1742. *in fol. vél. cord.*

284. Aliquot antiquae inscriptiones manu J. et A. Gronovii scriptae, cum ejusdem annot. MS.

Manuscrits sur des feuillets de papier, détachés et de différentes formes, mais rassemblés dans un portefeuille de demi rel.

285. Marmora Arundellianorum, Seldianorum aliorumque academiae oxoniensi donatorum,

cum variis commentariis (et notis J. Seldeni, J. Pricaei, J. Palmeri, F. Lydiati, J. Manbahami, H. Prideaux, F. Reinesii, J. Sponii, E. Chishull, T. Smith, R. Bentleij, S. Maffei et H. Dodwelli) atque cum indice, secunda editio (cura M. Maittaire). *Lond., G. Bowyer*, 1732. *in fol. fig. v. angl. à filet d'or.*

Edition fort superieuse à la première de 1676.

286. Marmora oxoniensia (cura et cum praefatione R. Chandleri). *Oxoniae, Typographeo Clarendoniano, impensis academicae*, 1763. *gr. in fol. fig. gravées par Miller demi v.*

Edition magnifique, qui de nouveau l'emporte de beaucoup sur la précédente, et que l'on peut regarder comme un chef-d'oeuvre en ce genre; cependant, pour avoir l'ouvrage bien complet, il faut y annexer cette dernière, à cause des commentaires qu'elle renferme, et qui ne se trouvent point dans la nouvelle.

Voyez *de Bure bibliographie*, N°. 5801. *Dict. bibliographique art. R. Chandler*, et le *Cat. de van Goens*, N°. 15476.

287. Inscriptiones vetustae, roman. et earum fragmenta, in augusta vindelicorum et eius diocesi, cura et diligentia C. Peutinger, augustani jurisconsulti, antea impressae, nunc denuo revisae, castigatae simul et auctae. *Et à la fin: ex aedibus Joan. Schoeffer Moguntini, Anno Christi* 1520. *mense augusto* —— Collectanea antiquitatum in urbe atque agro moguntino repertarum. *Et à la fin: ex aedibus Joan Schoeffer Moguntini, Anno Christi* 1520. *mense Martio Fig. grav. en bois in fol. v.*

Éditions très rares de l'imprimerie de Jean, fils aîné de l'illustre Pierre Schoeffer, si célebre dans les fastes de la typographie.

Pour ce qui régarde Peutinger, l'auteur du premier recueil, voyez la note à la tête de ce volume.

288. Inscriptiones sacrosanctae vetustatis, non

illae quidem romanae, sed totius fere orbis, summo studio ac maximis impensis terra mariq. conquisitae feliciter incipiunt, R. Fuggero bonarum litterarum mecaenati incomparabili, P. Apianus et B. Amantius dedit. *Ingolstadii, in aedibus, P. Apiani, 1534. in fol. fig. grav. en bois v. écail à filet d'or.*

Comme cet ouvrage a été imprimé dans la maison et aux dépens de Pierre Apien, il est plus que probable qu'on n'en a tiré, qu'un petit nombre d'exemplaires, et c'est la cause qu'il est fort difficile de s'en procurer, après un laps de plûs de deux siècles et demi, qu'ils ont eu le tems de se disperser et de se perdre. Consultez d'ailleurs à l'egard de ses auteurs, de Raimond Fugger et de circonstances de son impression, *Kohler munzbelustigung t. 6. p. 75. Schelhonii amoenitates Litt. t. 5. pag. 286. Theophilus Sincerus de libr. rar. t. 1. p. 307. Clement bibl. cur. t. 1. p. 402.* et *Vogt Cat. libr. rar. art. P. Apianus.*

289. Le même ouvrage. -- *et* -- J. G. Graevii, oratio, in natalem quinquagesimum academiae trajectinae habita. *Traj. ad Rhen., F. Halma, 1686. in fol. cuir de Russie à filet d'or.*

Exemplaire de la bibliothéque de *Roukens.*

290. Lithologia o explicacion de las piedras y otras antiguedades halladas en las canjas, que se abrieron para los fundamentos de la capilla de nuestra senora de los desamparados de valencia, par Joseph Vincente del Olmo. *(En Valencia, B. Noguès, 1653.) in 4. maroquin verd, à filet d'or.*

Ouvrage curieux, recherché et peu commun. Voyez *de Bure bibliographie, N°. 5806.*

291. Marmora taurinensia, dissertationibus et notis illustrata. *August Taurinorum, ex Typographia Regia, 1743. 2 part. 1 vol. in 4. fig. gr. pap. vél. cordé.*

292. Theatri insubricae magnificentiae libri XXIV. Hieronymi Borsaerio auctore. *gr. in 4. vel. cordé.*

Ma-

Manuscrit sur papier, orné de desseins de plusieurs inscriptions, médailles et autres monumens antiques, dessinés à la plume et lavés à l'encre de la Chine; il fut autrefois dans la bibliothéque de Mr. Broukhuizen.

293. Veterum monumentorum comi, tum ejus in agro repertorum, per Benedictum Zobinum (Jovium) Comensem collectanda. *in 4. vél.*

Manuscrit sur papier, copié par M. P. Burman sec. sur celui de la bibliothéque de d'Orville, et enrichi de quelques desseins d'inscriptions antiques, tracés par le même, mais achevés par son fils François Pierre Burman, comme il parait par une note, de la main du père, au commencement du volume.

294. Inscriptiones antiquae latinae in aedibus Banutianis Patavii, quas Grutero misit Dominus Vincentio Panellus CIƆIƆXCVII. — Inscriptiones romanae, quas Paulus Knibius partim ipse vidit, partim ex iis quae vidit Jo. Jac. Boissardus descripsit. *in fol. vél.*

Manuscrit sur papier.

295. Liber de epitaphiis urbis romae, à Joanne Casanato in unum congestis ad R. P. D. Gasparem Quirogam, olim sacri P. Apost. auditorem, postea vero S. R. F. Card. Toletanum. *in 4. v.*

Manuscrit sur pap. de la bibl. de P. Burman secundus.

296. Marmora Pisaurensia, notis illustrata. *Pisauri, N. Gravelli,* 1738. *in fol. fig. gr. pap. demi rel.*

297. Inscriptiones antiquae graecae et romanae, quae extant in etruriae urbibus, cum notis Ant. Mariae Salvinii, cura et studio Ant. Franc. Gorii. *Florentiae, J. Maun,* 1727--1743. 3. *vol. in fol. fig. vél. cordé.*

298. Siciliae et objacentium insularum veterum inscriptionum, nova collectio prolegomenis, et notis illustrata. *Panormi, C. M. Bentivenga,* 1769 *in fol. fig. v.*

299. Epigrammata, seu inscriptiones antiquae graeco partim idiomate, partim latino exculptae. Variis Basibus etc. per illyricum ad liburniam repertae ac defossae, studio ac indagine Cyriaci Anconitani. *Romae*, 1749. *in fol. br.*

300. Consulum dictatorum censorumque romanorum series, una cum ipsorum triumphis quae marmoribus scalpta in foro reperta est, atque in capitolium translata (cum praefatione B. Marliani). *Romae, (sans nom d'imprimeur) Jan.* 1549. *in* 8. *vél. doré sur tr.*

Prémière édition trés rare des fastes capitolines. Voyez *Cat. bibl. saxiana N°.* 1262. *in* 8.

301. Narbonensium votum et arca dedicatio insignia antiquitatis monumenta, Narbone reperta in marmore e terra effosso, anno Christi MDLXVI. *Burdigalae*, *S. Millangias*, 1572. *in* 8. *v.*

302. Cl. Salmasii duorum inscriptionum veterum Herodis Attici rhetoris et regillae conjugis explicatio ejusdem ad Dosiadae aras nota. *Lut. Par., H. Drouart*, 1619. *in* 4. *vél.*

Exemplaire avec quelques notes manuscrites de J. et A. Gronovius.

303. Inscription antique de la croix de l'abbaye de Grandmont, avec un sermon de la passion par F. Ogier. *Paris, F. Henault*, 1658. *in* 8. *fig. vél.*

304. Inscriptiones Athleticae nuper repertae, editae et notis illustratae ab St. Falconerio, quibus accesserunt aliae ex africanis marmoribus recens descriptae, una cum dissertatione de nummo Apamensi (G. Cupero). *Romae, F. de Falco*, 1668. *in* 4. *vél.*

305. Ad A. Magliabecum in notas J. Garnerii ad inscriptiones epistolarum synodalium XC. et XCII. inter Augustinianas. censura H. de No-

ris. *Flor.*, *H. de Nave*, (1674). — Somnia quinquaginta Fr. Macedo in itinerario S. Augustini post baptismum mediolano romam, executiebat levi brachio F. Fosseus ad J. Mabillon. *Lugd. Bat.*, 1681. — Duplex dissertatio de duobus nummis Diocletiani et Licinii ex cimeliis Leopoldi Card. Medicei cum auctuario chronologico de votis decennalibus imperatorum ac caesarum auctore H. Noris. *Flor.*, *N. Nave*, 1675. *fig. in* 4. *vél.*

Ces exemplaires sont des presens de A. Magliabel a J. Gronovius.

306. Ignotorum atque obscurorum quorundam deorum arae, nunc primum in lucem datae notisque illustratae, studio J. Sponii. *Lugd.*, *J. Facton*, 1676. — De l'origine des Etrenes (par J. S. D. M.) *sans nom de lieu ni d'imprimeur*, 1673. *in* 12. *v.*

307. Cenotaphia Pisana Caji et Lucii caesarum, dissertationibus illustrata, auctore F. H. Noris. *Venet.*, *P. Balleonium*, 1681. *in fol. vél. cord.*

308. Aelia Laelia Crispis nonnata resurgens, in expositione legali C. C. Malvasiae (ex antiq. marmore) *Bononiae*, *D. Barberius*, 1683. *in* 4. *vél.*

309. C. Patini commentarius in tres inscriptiones graecae Smyrna nuper allatas. *Patav.*, *ex typographia Seminarii Patavini*, 1685. *fig.* — Idem, commentarius in antiquum monumentum Marcellinae e graecia nuper allatum. *Ibid*, 1688. *fig.* — Idem commentarius in antiquum cenotaphium Marci Artorii medici caesaris augusti. *Ibid*, 1689. *fig.* — Idem, epistola de numismate antiquo Augusti et Platonis. *Basil*, 1675. — Idem, epistola

de Διος γενεθλια. Natalitia jovis in numismate caracallae expressa. *Pat.*, *J. B. Pasquati*, 1681. *fig. in* 4. *gr. pap. vél. cord.*

310. Monumenta veterii antii, hoc est inscriptio M. Aquili et tabula solis Mitrae, accedunt dissertationes de Beleno et aliis diis et de colonia Foro Juliensi, auctore P. à Turre, et addita sunt fragmenta inscriptionum fratrum arvalium. *Romae*, *C. Zenobius*, 1700. *in* 4. *fig. v.*

311. Explication d'une inscription antique trouvée depuis peu à Lyon (par Gros de Boze). *Paris*, *P. Cot*, 1703. *in* 8. *fig. v.*

312. Le même ouvrage -- et -- dissertation sur une figure de bronze trouvée dans un tombeau, par Moreau de Mantour. *Paris*, *P. Cot*, (1706.) *in* 8. *fig. vél.*

313. Inscriptis sigae antiquissima commentario illustravit E. Chishull. accessit ejusdem de nummo Cκωπί inscripto dissertatio. *Lugd. Bat.*, *J. Langerak*, 1727. *in* 8. *br.*

314. Senatus consulti de bacchanalibus, sive aeneae vetustae tabulae musei caesari vindobonensis explicatio, auctore M. Aegyptio. *Neap.*, *F. Musca*, 1729. *in fol. fig. gr. pap. vél.*

315. Dell insigne tavola di bronzo spettante a i faciulli e fanciulli alimentari di Trajano augusto nell. Italia intera edizione e spozizione fatta da L. A. Muratori. *Firenze*, *Stampere Imperiali*, 1748. *in* 8. *br.*

316. Inscriptiones citicae: sive in binas inscriptiones phoenicias inter rudera citii nuper repertas conjecturae; accedit de numnis quibusdam samaritanis et phoeniciis dissertatio,

auctore J. Swinton. *Oxonii, é Theatro Scheldoniano, Typis Academicis*, 1750. *in* 4. *fig. gr. pap. en cart.*

317. A. S. Mazochii, commentariorum in regii Herculanensis musei aeneas tabulas Heracleënses. *Neap., B. Gessarus*, 1754. 3 *part.* 1 *vol. in fol. fig. en cart.*

318. G. A. Oderici, dissertationes et adnotationes in aliquot inedita veterum inscriptiones et numismata; accedunt inscriptiones et monumenta quae exstant in bibliotheca monachorum camaldulensium S. Gregorii in monte coelio, explicationibus illustrata. *Romae, T. B. Komarck.* 1763. *in* 4. *fig. v.*

319. De Palcastra Neapolitana commentarius in inscriptionem Athleticam Neapoli an. MDCCLXIV. detectam, ad calcem operis adnectitur de Bathysiae agone puteolano (auctore N. Ignarra) *Neap., D. Campus*, 1770. *in* 4. *fig. demi v.*

320. Dissertation sur l'ancienne inscription de la maison-carrée de Nismes, par M. Seguier, nouvelle édition. *Nismes, Gaude*, 1776. *in* 8. *fig. br.*

321. Dichiarazione di una tavola ospitale retrovata in Roma (dal G. Spalletti) *Roma, Stamperia Salomoniana*, 1777. *in* 4. *fig. gr. pap. en cart.*

322. G. A. Oderixi, de Marmora didascalia in urbe reperta, epistola ad C. Marinium. *Romae, J. G. Salomonius*, 1777. *in* 8. *br.*

323. Fastorum Anni Romani a verrio Flacco ordinatorum reliquiae ex marmorearum tabularum fragmentis Praeneste nuper effossis collectae et illustratae; accedunt Verrii Flacci operum fragmenta omnia quae exstant ac fasti Romani singulorum mensium ex haetenus re-

pertis calendariis marmoreis inter se conlatis expressi, cura et studio P. F. F. (Petr. Fr. Fogginii) *Romae*, (*B. Franasius*,) 1779. *in fol. fig. & vignet. br.*

Voyez *Cat. Bibl. Röveriana*. No. 424. *in fol.*

324. Expositio fragmenti tabulae marmoreae Musei Borgiani velutris, auctore A. Heizen. *Romae*, *A. Fulgoni*, 1786. *in* 4. *fig. br.*

325. A. F. Gori, thesaurus veterum diptychorum, tum ejusdem auctoris cum aliorum lucubrationibus illustratus, ac in tres tomos divisus, adcessere J. B. Passeri in postremum additamenta et in tomos singulos praefationes. *Flor.*, *ex Typographia. C. Albizzini*, 1759. 3 *vol. in fol. fig. gr. pap. demi v.*

326. J. A. Vulpii devinatio in Diptychum eburneum vaticanum, editio tertio auctior et emendatior, *Patav.*, *J. Cominus*, 1750. — Idem oratio pro facultate poetica. *Ibid*, 1750. *in* 8. *gr. pap. vél.*

Science Numismatique.

Introduction à la Connaissance des Médailles et monnoyes, tant anciennes que modernes.

327. Historiae rei Nummariae veteris scriptores aliquot insigniores, stud. A. Rechenbergi. *Lipsiae*, *J. G. Lippert*, 1692. 4 *tom.* 3 *vol. in* 4. *vél.*

328. Discorii di M. Enea vico Parmigiano, sopra le medaglie de gli antichi, divisi in Due Libri. *In Vinegia*, *G. Giolito de Ferrari et Fratelli*, 1555. *in* 4. *vél. pourpre à filet d'or.*

Édition fort rare, et l'originale selon *Lipsius bibl. num.*

t. 2. p. 422. je n'ignore point que *Pinkerton*, *pag.* 1. *de la préface de son essay on medals*, en annonce une de 1548; mais comme la dédicace de Vico est datée de 1555, je serais enclin à soupconner un date alterée de celle de 1558.

Le vers de Lud. Dolec. à Cosme de Medicis et le portrait de ce Prince, manquent dans cet exemplaire, qui d'ailleurs est de la plus belle conservation.

329. Le même ouvrage. *In Vinegia, G. Geolito de Ferrari*, 1558. *in* 4. *avec le portrait de Cosme de Medicis. v.*

Seconde édition, mais qui ne laisse pas d'être rare et recherchée.

330. Le même livre. *vél.*

331. Discorso di M. Sebastiano Erizzo sopra le medaglie antiche. *In Venetia, nella bottega valgrisiana*, 1559. *in* 8. *fig. mar. rouge. doré sur pl.*

Première édition, la plus rare, mais la moins complette. Voyez *Clement bibl. cur. t.* 8. *p.* 753.

332. Le même livre. *v. à filet d'or.*

Exemplaire avec les dégrés de rareté de quelques unes des médailles, écrites en marge.

333. Le même livre. *vél*

Exemplaire de M. Tristan, chargé de quelques notes manuscrites.

334. Discorso di M. Sebastiano Erizzo etc. nuovamente ristampato, corretto et ampliato. *In Venegia, G. Varisco et Compagni*, 1568. *in* 4. *fig. vél.*

Il est étonnant que M. *Clement*, *bibl. cur. t.* 8. *p.* 106. n'a osé determiner la date de la seconde édition de cet ouvrage; la certitude que celle de 1559 est la premiere, l'annonce de *Terza Editione* sur le titre de celle de 1571. et enfin l'expression de *ristampato* sur le frontispice de celle-ci (de 1568) ne laissent aucun doute, que ce ne soit elle qu'il aurait dû indiquer.

335. Discorso de M. Sebastiano Erizzo etc. con la dichiaratione della moneta consulari, di

nuovo, in questa terza editione ristampato. *In Venegia, G. Varesco et compagni*, 1571. *in 4. fig. mar. rouge doré sur tr. et à filet d'or.*

Je ne conçois point comment M. *Jos. Smith* dans le *Catalogue de sa bibl. pag.* 160., a pu annoncer cette édition comme la 4ème, tandis que le titre marque distinctement qu'elle n'est que la 3ème.

336. Le même livre, *vél. cord.*

337. Discorso di M. Sebastiano Erizzo etc. con la dichiaratione della moneta consulari, di nuovo, in questa quarta editioni, dall' istesso authore revisto, et ampliato. *In Venegia, G. Varisco et P. Panagani*, (*sans date*) *in 4. fig. vél.*

La dedicace de 1559., que les imprimeurs ont conservé dans cette édition, a induit dans l'erreur plusieurs bibliographes, entre autres *Vogt Cat. libr. rar. art. Erizzo*, le savant *de Bure, Cat. de Gaignat, No.* 3287., et à son imitation l'auteur du *Dict. bibl. art. Erizzo*, qui ont annoncé une édition in 4. de 1559, quoi qu'il n'en existe reellement de cette année que de format in 8. car il serait absurde de vouloir soutenir que celle ci fut de cette date, puisque l'annonce de *quarta Editione* prouve qu'elle a été imprimée après la précédente ou 3ème, qui est de 1571.

Les ténebres repandues, par la diversité des sentiments, sur le rang et le nombre des éditions des discours d'Erizzo, m'ont engagé à entrer dans quelques détails à leur sujet.

338. Discours sur les médailles et gravures antiques, principalement romaines, par Ant. le Pois. *Paris, Mamert Patisson*, 1579. *in 4. fig. mar. rouge doré sur tr. et pl.*

Il est très difficile de rencontrer des exemplaires complets de cet ouvrage, dont la reputation s'est toujours soutenue. celui ci est magnifique et parfaitement conforme à la description de M. *de Bure bibl. No.* 5807. Le portrait de Le Pois, la fig. de Priape p. 148. et les 20 feuillets des médailles, qui manquent souvent, s'y trouvent. l'Exemplaire du comte Lauraguais fut porté au prix de 160 l. à la vente de sa bibliothèque en 1770.

339. Dialogos (XI) de medallas, inscriciones, y otras

otras antiguedades ex bibliotheca Antonii Augustini, archiepiscopi Tarraconensis. *En Tarracone por Filipi Mey*, 1597. *in* 4. *fig. mar. verd, doré sur tr. et à filet d'or.*

On connoit le merite de cet excellent ouvrage, et l'extrême rareté de cette édition originale, que *Clement, bibl. cur. t.* 2. *p.* 254., déclare *le plus rare de tous les livres qui traitent des médailles.* Ant. Augustin la fit imprimer dans son propre palais et sous ses yeux, il en corrigeoit lui même les épreuves, les caractères employés à son execution avaient été fondus exprès par ses ordres, et ses soins à ne rien négliger qui put contribuer à la perfectioner, lui firent préferer le burin des plus habiles artistes Romains, à celui des graveurs espagnols.

Parmi le peu d'exemplaires qui nous sont parvenus, la plupart sont defectueux; celui ci même, quoi que très beau, s'en ressent plus ou moins, car le titre est monté et le feuillet des cercles manque. Sans cela il est de la plus parfaite conservation, et d'autant plus précieux par des notes manuscrites en espagnol, d'une ecriture fort ancienne.

Voyez *de Bure bibliographie*, *N°*. 5808. *Vogt Cat. libr. rar.* et le *Dictionaire bibliographique art. Ant. Augustinus.* Vendu chez Gaignat N°. 3385. 210 l. en 1769, et chez le Duc de la Valiere, N°. 5461 en 1784.

340. Dialogos (XI.) de medallas etc. ex bibliotheca Ant. Augustini (nueva edicion por el doctor D. Andries Gonzalez de Barcia Carballido). *En Madrid, J. F. Martinez Abad*, 1744. *in* 4. *fig. vél.*

Cette édition n'a pas fait tomber le prix de la précédente.

341. Discorsi del S. Don Ant. Agostini sopra le medaglie et altre anticagli, divisi in XI. Dialoghi, tradotti della lingua spagnuola nell' Italiana. *Roma, A. et G. Donangeli*, 1592. *in* 4. *fig. vél.*

Cette version italienne d'un anonime, est différente de celle de Sada, et fort rare. Voyez *Clement bibl. cur. t.* 2. *p.* 253.

342. Le même ouvrage, de la même traduction *(sans date, nom de lieu et d'imprimeur) in* 4. *fig. vél.*

La parfaite conformité de cette édition avec celle de 1592, me fait presumer qu'elle n'est point différente, mais que ce sont des exemplaires d'où on a enlevé la dédicace et au quel on a substitué un nouveau titre, avec le portrait d'Ant. Augustin, afin de les faire envisager comme une réimpression. Voyez *Clement bibl. cur. t. 2. p. 255. note* 67.

343. Le même livre. *vél.*

344.' Dialochi di D. Antonio Agostini intorno alle medaglie inscrittoni et altre antichita, tradotti di lingua Spagnuola in Italiana da D. O. Sada. *Roma, G. Faciotti*, 1592. *in fol. fig. gr. pap. vél.*

Première édition, fort rare, de la traduction de Sada. Voyez *Clement bibl. cur. t. 2. p.* 255.

345. Le même ouvrage, même traduction. *Roma, A. Fei*, 1625. *in fol. fig. v.*

346. Le même ouvrage, même traduction. *Roma, (F. de Rossi*, 1650.) *in fol. fig. vél.*

Édition augmentée du XIIème dialogue, traduit du latin de A. Scot.

347. Le même ouvrage, même traduction. *Roma, M. Angelo*, 1698. *in fol. fig. v.*

348. Le même ouvrage, même traduction. *Roma, G. Meinardi*, 1736. *in fol. fig. demi rel. non rogné.*

Les éditions de 1650 et de 1698. ne sont au fond qu'une seule, avec des titres différens, mais M. *Clement* a tort de soupçonner *bibl. cur. t. 2. p. 257. dans la note*, qu'il en est de même avec celle ci, de 1736; et après une confrontation exacte, j'ose assurer que c'est une nouvelle impression.

349. Catholicon Rei monetariae, sive leges monarchicae generales de rebus nummariis et pecuniariis, redactae et distinctae à M. Goldasto Haimensfeld. *Francof. ad Moen., J. F. Weisz*, 1620. *in 4. vél.*

350. Catholicon Rei monetariae etc. M. Goldasti Haimensfeldii (cura P. L. Authaei). *Francof., J. Gerlinus*, 1662. *in 4. vél.*

Exemplaire de P. Burman.

351. Discours sur les médailles antiques, divisé en quatre parties, par L. Savot. *Paris, S. Cramoisy*, 1627. *in 4. v.*

352. Le même livre. *vél. cordé doré sur tr.*

353. Le même livre -- *et* -- L. Paeti, de mensuris et ponderibus romanis et graecis, libri quinque. *Venetiis*, 1573. *fig. grav. en bois in 4. vél.*

354. E. Spanhemii, dissertatio de praestantia et usu numismatum antiquorum. *Romae, B. Deversin*, 1664. *in 4. vél.*

Première édition, mais la moins complette.

355. E. Spanhemii, dissertationes de praestantia etc. Edit. 2. *Amst., D. Elsevier*, 1671. 2 *tom.* 1 *vol. in 4. fig. et portrait de l'auteur. vél.*

356. Le même livre. *vél. cordé.*

Exemplaire de la bibl. de P. Burman, avec quelques notes marginales, copiées sur celui de Henninius.

357. Le même livre. *vél.*

Exemplaire enrichi de notes de la main de J. et A. Gronovius, tant dans la marge que sur des feuillets separés.

358. Le même livre. *gr. pap. v.*

359. E. Spanhemii, dissertationes de praestantia et usu numismatum antiquorum. Editio nova locupletior (curante J. Verburgio) *Lond., R. Smith*, 1706. et *Amst. R. et G. Wetstein*, 1717. 2 *vol. in fol. fig. gr. pap. mar. rouge doré sur tr. et pl.*

Superbe exemplaire de la meilleure édition d'un ouvrage, dont les écrits plus recents n'ont pu ravir l'estime et le credit.

360. Introduction à la connaissance des médailles, par C. Patin. *Paris, J. du Bray*, 1665. *in 12. fig. v.*

Première édition.

361. Le même ouvrage, 2e Edit. (*Amst.*,) *Elzevier*, 1667. *in* 12. *fig. br.*

362. Le même ouvrage (Edit. augmentée des emblemes et devises de la maison royale, par C. Patin). *Paris*, *Veuve M. Cramosi*, 1695, *in* 12. *fig. br.*

363. C. Patini introductio ad historiam numismatum, antehac Gallice bis edita, nunc latine versa et novis accessionibus locupletata. *Amst.*, *H. Wetstein*, 1683. *fig.* — J. M. Suaresii de numismatis et nummis antiquis dissertatio. *Ibid*, 1683. *in* 12. *v.*

364. Specimen universae rei nummariae antiquae A. Morelli. *Paris*. *F. Moette*, 1683. *in* 8. *fig. v.*

365. Le même livre. *vél. cord.*

366. Le même livre. *vél.*

367. Specimen rei nummariae A. Morellii (cum epistolis E. Spanhemii ad A. Morellium.) *Lips.*, *J. F. Fritsch*, 1695. *in* 8 *fig. v.*

368. The Greek and Roman history illustrated by coins and medals, in two parts, by O. W. (Obad Walcker). *Lond.*, *G. Croom*, 1692. *in* 8. *v. à l'angl.*

369. A discourse on medals ancient and modern, by J. Evelin. *Lond.*, *B. Tooke*, 1697. *in fol. fig. v.*

370. Inleiding tot de hedendaagsche penningkunde, door G. van Loon. *Amst.*, *P. de Coup*, 1717. *in* 8. *fig. gr. pap. mar. rouge doré sur tr. et pl.*

371. Numismalogia, a que se ajunta huma bibliotheca de todos os authores, que escreveraon de medalhas, e inscripcones antigas, por B. Morganti. *Lisboa occidental*, *J. A. da Sylva*, 1737. *in* 4. *fig. v.*

Les exemplaire de cet ouvrage sont rares dans les païs étrangers.

372. La science des médailles (par L. Jobert) nouvelle édition, avec des remarques historiques et critiques (par le Bar. de la Bastée) *Paris, Debure l'ainé*, 1739. 2 *vol. in* 12, *fig. v.*

Meilleure édition, la plus recherchée.

373. Le même livre. *v.*

374. Le même livre. *v.*

375. Le même livre. *v.*

376. Le même livre. *v.*

377. Le même livre *br.*

378. Notitia rei nummariae, ad erudiendos eos, qui nummorum veterum et modernorum intelligentiam studere incipiunt (auctore L. Jobert, in lingua latina translata A. C. Juncker). *Lips., J. F. Fritsch*, 1695. *in* 8. *vél.*

379. L. Jobert, kennisse der aloude en hedendaagsche gedenkpenningen, uit het fransch vertaalt en met aantekeningen verrykt, door J. A. (J. Alenszoon). *Leiden, J. A. Langerak*, 1728. *fig.* -- Verhandeling over de aloude gedenkpenningen, vertaalt uit het Engelsch van den Heer Addison, door M. de Ruusscher. *Leyden, D. Haak*, 1727. *in* 8. *fig. vél.*

380. Die kenntnisse antiker munzen, nach den grundsatzen des pere L. Jobert und des hern de la Bastie, mit vielen verbesserungen herausgegeben von J. C. Rasche. *Nurnburg, G. P. Monath*, 1778. 2 *vol. in* 8. *fig. demi v.*

381. J. G. Wachteri archaelogia nummaria. *Lips., ex officina Breitkopfiana*, 1740. *in* 4. *fig. vél.*

382. E. Froelich, quatuor tentamina in re numaria vetere. *Viennae Austriae, in officina Kaliwodiana*, 1750. *in 4. fig. vél. cord.*

383. Dialogues upon the usefulness of ancient medals, by J. Addison. *Glasgow, R. Uric*, 1751. *in* 8. *fig. br.*

384. Le même ouvrage. *Glasg., R. Uric*, 1754. *in* 8. *fig. br.*

385. Verhandeling over de aeloude gedenkpenningen, vertaalt uit het engelsch van den heer Addison door M. de Ruusscher. *Leyden, D. Haak*, 1727. *in* 8. *fig. v.*

386. Le même livre. *vél.*

387. J. F. Joachims, unterricht von dem muntswesen. *Hall. im Magd., Renger*, 1754. *in* 8. *demi v.*

388. C. Hanthaler, exercitationes faciles de numis veterum, pro Tyronibus. *Vindobon. J. T. Trattner*, 1756. 7 *part.* 3 *vol. in* 4. *fig. demi vél. non rogné.*

389. Notitia elementaris numismatum, conscripta ab E. Frölich. *Viennae, J. T. Trattner*, 1758. *in* 4. *fig. br.*

390. Traité abregé de la science des médailles, pour servir d'introduction au catalogue et même d'un catalogue sommaire et général du cabinet des médailles antiques de son altesse royale monseigneur le duc Charles de Lorraine etc. gouverneur général des pays-bas autrichiens etc. etc. etc. etc. par Dom. T. Mangeart, bénédictin etc. aumonier de S. A. R. directeur de sa bibliothéque, son antiquaire, historiographe et conseiller. *Commencé à Bruxelles le* 26. *Janvier* 1754. *fini et décrit le* 28 *May* 1755. *grand in folio v. fauve doré sur tr. et pl.*

Manuscrit sur papier impérial, orné de plusieurs gravures de médailles plaquées; mais qui a été edité, avec quelques changemens peu sensibles, sous le titre du No. suivant.

391. Introduction à la science des médailles, par Dom. T. Mangeart. *Paris*, *d'Houry*, 1763. *in fol. fig. v.*

392. Istituzione antiquario numismatica, in due libri, proposta dall' autore dell' istituzione antiquario lapidaria (G. A. Monaldini). *Roma*, *G. Zempel*, 1772. *in 8. fig. br.*

393. Nouvelles recherches sur la science des médailles, inscriptiones et hieroglyphes antiques, par Poinsinet de Sivry. *Maest*, *J. E. Dufour*, 1778. *fig.* -- Dissertation de l'abbé Gliésquiere, sur les differens genres de médailles antiques, ou examen critique des nouvelles recherches sur la science des médailles, par Poinsinet de Sivry. *Nivelle*, *E. H. J. Plon*, 1779. *in 4. v. à filet d'or.*

394. An essay on medals, or an introduction to the knowledge of ancient and modern coins and medals, by J. Pinkerton, a new edition. *Lond.*, *J. Edwards*, 1789. 2 *vol. in 8. fig. v. à l'angl. à filet d'or.*

395. Kurzgefaszte anfangsgründ zu alten numismatik, zu sammengetrage von Abbe Eckhel. *Wien*, *J. von Kurzbek*, *(sans date)* *in* 8. *fig. br.*

396. Doctrina numorum veterum; conscripta à J. Eckhel. *Vindob.*, *J. Alberti et (J.) Kurtzbek*, 1792—1798. 8 *vol. in* 4. *demi v*, *non rogné.*

397. Descriptio numorum veterum ex museis Ainslie, Bellini etc. nec non animadversiones in opus Eckhelianum cui titulus Doctrina numorum veterum. *Lips.*, *J. F. Gleditsch*, 1796. *in* 4. *fig. demi v. non rogné.*

398. Introduction à l'étude des médailles, pa A. L. Millin. *Paris, impr. du magazin encyclopedique, l'an V., 1796. in 8. br.*

399. Traité elementaire sur la science des médailles. *in 12. br.*

Manuscrit sur papier.

400. Dictionaire historique et numismatique, qui contient, les explications des titres de dignités, ou de charges et d'honneur (*ainsi*), qui se trouvent sur les médailles antiques grecques et romaines (par A. Galland) *gr. in fol. v. fauve.*

Manuscrit apographe sur pap. impérial, que le redacteur du *Catalogue des livres du Pres. de Cotte* ne croit pas être imprimé et annoncé comme très précieux: c'est le N°. 1981 *de ce Catalogue* et le 2104ème *de celui de M. de Boze. Lipsius bibl. num., t.* 1. *pag.* 139., le cite de ce cabinet, et nous apprend que l'original, de la main de Galland, lui-même, se trouvait dans la bibliothéque de l'Academie des belles lettres à Paris, selon les *Memoires de Niceron t.* 6. *p.* 189.

401. Diccionario numismatico general, para la perfecta inteligencia de las medallas antiguas, sus signos notas e inscripciones, y generalmente de todo lo que se contiene en ellas, por T. A. de Gusseme. *Madrid, J. Ibarra, 1773—1777. 6. vol. in 4. v. fauve.*

Collections des médailles et monnoyes en tout genre, tant anciennes que modernes.

402. Tesoro Brittannico, overo il museo nummario, ove si contengono le medaglie greche e latine in ogni metallo e forma non prima publicate. Delineate e descritte da Nic. Franc. Haym. *In Londra, G. Tonson 1719--1720. 2 vol. in 4. fig. v. à l'angl. à filet d'or.*

Edition originale, dont les exemplaires sont rares, [illegible] en Angleterre.

Voyez Eckhel *Prolegomena generalia, in doctr. num. vet. pag. CLIX.* et *Cat. bibl. Saxiana N°. 922. in 4.*

403. N. F. Haym, thesauri brittannici seu museum numarium, quo continentur numi graeci et latini omnis metalli et forma necdum editi, interprete A. Comiti Cristiani. *Vindob.. Kraus*, 1763. *pap. ord.* -- Idem thesauri etc. pars altera, interprete J. Kheil. *Ibid*, *T. T. de Trattnern*, 1765. *gr. pap. 2 vol. in 4. fig. demi v. non rogné.*

404. Numismatum antiquorum sylloge ex cimeliarcho editoris (G. Wiren). *Lond.*, *D. Mortier*, 1708. *in 4. fig. br.*

Voyez *Cat. bibl. Saxiana N°. 973. in 4.*

405. Numismata antiqua in tres partes divisa; collegit olim et aeri indici vivens curavit Thom. Pembrochiae et Montis Gomerici comes, praelo demum mandabantur. (*Lond.*) 1746. — *et* — nummi anglici et scotici, cum aliquot numismatibus recentioribus, collegit idem Thomas Pembrochiae etc. comes. (*Lond. sans date*) *ensemble* 4 *part.* 3 *vol. in 4. mar. rouge doré sur pl.*

406. A description of the antiquities and curiosities in Wiltonhouse (collected by Thom. Earl of Pembroke) by James Kennedy. *Salisbury*, *E. Easton*, 1769. *in 4. fig. mar. rouge doré sur pl.*

Quoique les préceptes de la bibliographie m'obligeraient, à la rigueur, de ranger le dernier volume sous la classe des statues etc., j'ai mieux aimé d'enfreindre plus ou moins ses loix, que de séparer deux ouvrages qui forment ensemble, en 4 vol. de réliure égale, un exemplaire magnifique du Cabinet de médailles et d'antiques de Pembroke.

407. Nummi anglici et scotici, cum aliquot numismatibus recentioribus, collegit Thom. Pembrochiae etc. comes. (*Lond.*, *sans date*) *in 4. br.*

408. Le même livre. *gr. pap. de format in fol. v.*

409. Nummorum antiquorum scriniis Bodleianis reconditorum catalogus, cum commentario (F. Wise). *Oxonii, e Theatro Scheldoniano*, 1750. *in fol. fig. v.*

410. Nummorum veterum populorum et urbium qui in museo Guillelmi Hunter asservantur, descriptio figuris illustrata, opera et studio Caroli Combe. *Londini, ex officina J. Nichols*, 1782. *in 4. fig. mar. rouge doré sur pl.*
Superbe exemplaire.

411. Mr. Daanes collection of 214 coins of Macedonian kings, in gold, silver and copper, drawn and engraved by F. Bartolozzi. *in 8 plates in fol. br.*

412. J. Muleni Georg. F., numismata danorum et vicinarum gentium, edita a T. Bartholino. *Hafn., C. Wering*, 1670. — T. B. Bircherod Jac. F., specimen antiquae rei monetariae danorum. *Ibid, J. J. Erythrophilus*, 1701. *fig.* -- De argento runis seu literis gothicis insignito sententia N. Kederi. *Lips., J. F. Gleditsch*, 1703. -- Runae in nummis vetustis, seu de nummis runicis commentatio N. Kederi. *Ibid*, 1704. -- Nummus aureus antiquus Othinum ex museo N. Kederi. *Ibid*, 1722. — Bedenken uber einigen neulich gefundenen Rendesburgischen naulis oder Danicis, von M. G. Lehmannen. *Gluckstadt, G. Lehmann*, 1709. — (E. G. Rink) de veteris numismatis potentia et qualitate, lucubratio, accessit dissertatio de nummo renico. *Lips., J. W. Kohlesius*, 1701. -- J. D. Majoris, de nummis Rehdigerianis. (*sans lieu d'impression et date*) *in 4. demi v.*

413. Numophylacium Ehrencroniarum, continens apparatum splendidum antiquorum nee

non recentiorum numismatum, a F. A. Hansen ab Ehrencron. S. R. M. Daniae, Norvegiae, etc. a consiliis, status etc. collectum. *(prob. Hafniae) sans date, nom de lieu et d'impr. in 4. br.*

414. Catalogus numismatum antiquorum, quae collegit C. Comes de Daneschiold in Samsoe. *Havn., ex S. R. M. Typographio, (sans date) in 4. gr. pap. br.*

415. Thesaurus numismatum graecorum et romanorum, nec non medii et recentioris aevi, quae collegit O. Comes de Thott. *Havian, vid. Suare,* (1789.) 2 *vol. in 8. fig. br.*

416. Thesaurus nummorum Sueco-Gothicorum, studio indefesso E. Brenneri collectus. *Holm., J. L. Horn,* 1731. *in 4. fig. vél.*

417. Selectis numismata antiqua ex museo P. Seguini. *Lutet. Par., S. M. Cramoisy,* 1666. *in 4. fig. gr. pap. vél.*

418. Le même ouvrage. *Lutet. Par., J. Jombert,* 1684. *in 4. fig. vél.*

419. Thesaurus numismatum e musaeo C. Patini. *Sumptibus autoris, Amst., J. Pluymer,* 1672. *in 4. fig. vél.*
Ouvrage peu commun.

420. Selectiora numismata in aere maximi moduli, e museo F. de Camps concisis, interpretationibus per D. Vaillant illustrata. *Paris, A. Dezallier,* 1694. *in 4. fig. vél.*

421. Le même ouvrage. *Paris, A. Dezallier,* 1695. *in 4. fig. v.*

422. Catalogue des médailles antiques et modernes, principalement des inédites et des rares, du cabinet de Mr. d'Ennery. *Paris, de l'im-*

primerie de Monsieur, 1788. *in* 4. *fig. demi non rogné.*

Avec les prix de la vente etc. en manuscrit sur des feuillets détachés.

423. Médailles antiques du cabinet du Roi (par la Boissiere. *en* 41 *pl.*) -- Médailles du bas Empire (des. et grav. par Giffart. *en* 37 *pl.* -- Médailles, jettons et monnoyes de France (par le Clerc. *en* 11 *pl.*) *forme atlantique v. marbré doré sur tr. et sur pl. aux armes du Roi de France.*

Ce volume qui fait le 3ème tome de la collection d'estampes connue sous le nom du *Cabinet du Roi*, est rare.

424. Les mêmes médaillons antiques du cabinet du Roi -- *avec* -- les médailles du bas empire. *forme atlantique br.*

425. Les médailles du bas empire, séparement. *forme atlantique v.*

426. Numismata moduli maximi vulgo medaglieni, ex cimeliarcho Ludovici XIV., gallarum monarchae; ad exemplar Parisiense servato. (cura et L. Begero). *Eleutheropili* 1704. *in fol v.*

427. Numismata aurea imperatorum romanorum, e cimelio regis christianissimi, delineata et aeri incisa a comite de Caylus. *gr. in* 4. *mar. bleu, doré sur tr. et pl. à dentelle, et doublé de tabis.*

Édition originale et très rare, dont on n'a tiré que fort peu d'exemplaires, qui n'ont point été vendus publiquement, il faut se garder de la confondre avec une réimpression qui en a été faite il y a quelques années, mais que l'on peut distinguer aux Nos, qui depuis 203 jusqu'à 1448, sont à velours, dans les anciennes épreuves et rectifiés dans les nouvelles. Exemplaire magnifique; auquel on a joint une titre imprimé, un frontespice gravé et deux portraits de Mr. de Caylus, l'un dessiné et gravé par Cochin fils en 1752, l'autre dessiné et gravé par Littret, en 1766; un pareil fut vendu 400 ₶ en 1786, à la vente de Mr. d'Ennery, sous le No. 217.

428. Histoire abrégée du cabinet des médailles et antiques de la bibliotheque nationale, par A. Z. Cointreau. *Paris, C. Pougens*, 1800. *in 8. avec les pl. br.*

429. Nummi veteres collegii Turnonensis societatis Jesu. *Avenoni, J. F. Domergue*, 1731. *avec la grav. du buste antique, en achate, de Constantin le grand.* — Imperatorum et caesarum vitae cum imaginibus ad vivum effigium expressis. (auctore J. Huttichio). *Lugd. B. Amolletus*, 1550. *fig. in* 8. *v.*

430. Series numismatum antiquorum, cum elencho gemmarum statuarum aliarumq. id genus antiquitatum, quae congessit G. Baro de Crassier. *Augusta Eburonum, G. Barnabi*, 1721. *in* 8. *v.*

431. Index antiquarum statuarum et numismatum clarissime Dn. Nicolay, Rochoxy equitis et VIII. consulis. *in fol. vél.*

Ce manuscrit sur papier, orné d'un grand nombre de gravures de médailles plaquées, renferme entre autre le catalogue de l'élite des médailles d'or, trouvées fortuitement, par un païsan, en 1607. dans la campagne de Mapelaar prés de Tendremonde, qui Hemelaer publia ensuite dans le cabinet du duc d'Archot. Voyez la *préface de cet ouvrage* ** 2 *verso de l'édition de* 1738. *Paquot mémoires pour servir à l'Hist. Littéraire des païs-bas t.* 17. *p.* 177. ainsi que la note au commencement de ce volume.

432. Imperatorum romanorum numismata aurea (ex thesauro ducis Croyi et Archotani) collecta et ex archetypis expressa, industria et manu J. de Bie, accedit brevis et historica eorumdem explicatio (J. Hemelarii). *Antv., G. Wolfschat*, 1615. *in* 4. *fig. mar. rouge doré sur tr. et pl.*

Cette édition et la suivante, de 1627. contient les médailles fournées à Hemelaer, par Rocox, aussi bien que celle de 1654. desorte, que *Lipsius* est dans l'erreur quand il avance, *bibl. num. t.* 1. *p.* 181. que c'est un avantage que la dernière a sur les autres.

Voyez, touchant l'auteur des explications, la note de G. P. van der Wilp à la tête de cet exemplaire.

433. Le même livre. *vél.*

434. Le même ouvrage. *Antv.*, *P. et J. Bellerus*, 1627. *in* 4. *gr. pap. vél.*

Édition rare, selon *Clement*, *bibl. cur. t.* 9, *p.* 381.

435. Le même ouvrage. *Berol.*, *J. A. Rudiger*, 1705. *in* 4. *fig. v.*

436. Le même ouvrage. *Ultraject.*, *N. Chevalier*, 1709. *in* 4, *fig. vél.*

437. Imperatorum romanorum numismata aurea, Caroli ducis Croyi et Archotani etc. collecta etc. accedit L. Smids romanorum imperatorum pinacotheca; S. Haverkampus recensuit et auxit. *Amst.*, *M. Schagen*, 1738. *in* 4. *fig. gr. pap. vél.*

438. Le même livre. *gr. pap. br.*

439. Numismatum imperatorum romanorum aurea, argentea, aerea (ex thesauro ducis Croyi et Archotani), opera J. Biace aeri incisa (cum Ant. Augustini in nummis veterum dialogi XII., latine redditi ab A. Schotto). *Antv.*, *(H. Aertssens,)* 1617. *in fol. fig. v. fauve à filet d'or.*

Exemplaire de la bibl. de C. Nicolai, comme il parait par une note de la main de G. van Papenbroeck.

440. Regum et imperatorum romanorum numismata aurea, argentea, aerea, cura et impensis Caroli ducis Croyiaci et Archotani olim congesta aerique incisa: nunc locupletata et brevi commentario illustrata (A. Rubenio) accessere Ant. Augustini in nummis veterum dialogi. *Antv.*, *H. Aertssens*, 1654. *in fol. fig. v. doré sur tr. et pl.*

441. Le même livre. *vél.*

442. Regum et impp. rom. numismata aurea, argentea, aerea etc. Caroli ducis Croyaci etc. denuo publicata, subjectis L. Begeri annotationibus. *Coll. Brand.*, *U*, *Liebpert*, 1700. *fig.* — Spicilegium antiquitatis exhibente L. Begero. *ibid.*, 1692. *fig. in fol. vél. cordé.*

443. Catalogus numismatum nummorumque tum veterum tum recentiorum, quos collegit reg. pr. ac dux Lotharingae Carolus Alexander austriaci Belgii gubernator. *Brux.*, *M. Lemaire*, 1781. *in 8. br.*

444. Index numismatum graecorum et romanorum, quae in gazophylacio Jacobi de Wilde conservantur (1689). — Numismata memorabilia pontificium, imperatorum, regum, ducum, principum atque virorum illustrium. 1691. 4 *vol. in fol. vél. cordé doré sur pl.*

Manuscrit très précieux, de la main de Mr. J. de Wilde lui même, orné d'un superbe dessein à la plume du célèbre Corn. Visser, en tête de chacun des 3 premiers volumes, et de la representation du médailler en 4 planches, dans le 4ème. M. Hemsterhuis le céda à M. Vosmaer et le défunt l'acquit, conjointement avec le Nos 469, 628 et 1311 de cette collection à la vente de la bibl. du dernier. Voyez ce *Cat.* No. 326. *in fol.* et la courte description imprimée du cab. de Mr. de Wilde. (*Gazophylacii Wildiani brevis descriptio.*)

445. Index verborum omnium numismatibus graecis inscriptorum, labore J. de Wilde 1682. *in fol. vél. doré sur tr. et pl.*

Manuscrit sur papier, non achevé, mais cependant d'un grand prix : il est executé dans le même genre que le précédent, écrit de la même main, orné d'un pareil dessein de Corn. Visser; et puisqu'ainsi il peut être consideré comme fesant suite, je n'ai pas voulu l'en écarter dans ce catalogue. C'est un présent de Mr. Hemsterhuis à M. van Damme, comme il paraît par une lettre du premier qu'on y a joint.

446. Afbeelding van het medaillekabinet van J. de Wilde. *Amst.*, 1691. *in fol. fig. vél.*

447. Le même livre. *br.*

448. Le même livre — *et* — memoriae viri ornatissimi Dom. P. Schaak, fato functi (1708). *in* 4. *demi vél.*

449. Selecta numismata antiqua, ex musaeo Jac. de Wilde (auctore L. Smids). *Amst.*, *sumptibus authoris*, 1692. *in* 4. *fig.* v.

450. Le même livre. *vél.*

451. Le même livre. *vél.*

Exemplaire dans lequel on a inséré quelques poésies sur ce musée etc.

452. Le même livre. *vél.*

Avec quelques notes manuscrites de J. et A. Gronovius.

453. Le même livre. *vél.*

Enrichi de plusieurs corrections autographes de l'auteur, L. Smids.

454. Le même livre. *v. doré sur tr. et pl.*

Présent de l'auteur à Mr. J. W. van Meele.

455. Les planches du même livre, intercallées de feuillets blancs, avec quelques notes de la main de Mr. J. de Wilde. *en vél.*

456. Museum Wildianum in duas partes divisum, complectitur pars prima numismata antiqua, comprehendit pars secunda statuas et gemmas antiquas etc. denique numismata recentiora. (auctore S. Haverkamp). *Amst.*, 1740.) *in* 8. *br.*

Avec les prix des médailles.

457. Le même livre. *br.*

Avec les prix des médailles.

458. Gaza selectissima Dni J. Speelman graecorum scilicet romanorumque ut et recentiorum numismatum, nec non gemmarum ex- et incisarum etc. *Amst.*, *H. Schoonebeck*, 1697. *in* 8. *vél.*

Avec les prix.

459. Lud.

459. Lud. Smids, nummophylacium latinum — sive — imperatores ex aere, in iisque ritus atque historia demonstrata et enarrata, denique chartes mandata, calamo Laur. Anninii L. L. S. = *recollegi et auxi, die Julii* 1717. *in* 4. *vél. doré sur tr. et pl.*

Manuscrit sur papier de la main d'un copiïste, mais divisé et augmenté ensuite par L. Smids lui même, et enrichi de 3 superbes desseins de médailles, en couleurs.

460. Catalogus numismatum antiquorum J. de Bary. (*Amst.*, 1730.) *in* 4. *fig. br.*

On a ajouté à cet exemplaire, la copie de quelques lettres de M. de Bary, contenants l'explication des planches de ce catalogue.

461. Le même livre. *en cart.*

Exemplaire avec quelques prix, mais ou le titre manque.

462. Museum Uilenbroekianum (nummorum antiquorum, gemmarum, statuarum et aliarum antiquitatum, auctore S. Havercamp). *Amst.*, (*S. Schouten*, 1741.) — Catalogue de desseins, d'estampes et de tableaux de la succession de M. G. Uilenbroek. *Amst.*, *C. Weyers*, (1741). — Catalogus van tekeningen, prenten en schilderyen, nagelaten door den H. G. Uilenbroek. *Amst.*, *C. Weyers*, (1741). — Verzameling van nederduitsche boeken, byeenverzameld door den H. G. Uilenbroek. *Amst.*, *S. Schouten*, 1741. *in* 8. *vél.*

Exemplaire au quel on a joint la planche des médailles, choisies du cabinet de M. Uilenbroek, dessinée et gravée par Goeree.

463. Nummophylacium Kronenbergianum, sive index numorum graecorum ac romanorum nec non orientalium, quos possidit G. Kronenberg. *Amst.*, *S. Schouten*, (1745). — Catalogus van het cabinet van goude en silvere (hedendaagsche) medailles, byeenversaemelt en naegelaeten door den Hr. B. Scot,

waar agter eene verzameling van alle de roomsche keizers etc. mitsgaders eenige munten. *Amst.*, *J. E. Hynitzsch*, 1745. *in* 8. *demi rel. non rogné.*

Avec les prix des médailles antiques.

464. Catalogus thecae numismaticae Hesselianae, continens numismatum vetera quam recentiora. *Amst.*, *Janssonius Waesbergen*, 1747. *in* 8 *br.*

465. Museum Mullianum, sive index nummorum graecorum ac romanorum quos collegit T. Mul. *Amst.*, *ex officina Schouteniana*, (1755.) *in* 8. *vél.*

Avec quelques prix.

466. Catalogus numismatum antiquorum graecorum et latinorum (quos collegit Petr. Burmanus secundus, profr. Amst.) *in fol. vél. non rogné.*

Manuscrit autographe sur papier, que M. van Damme acquit, en 1779, conjointement avec le cabinet entier de médailles, dont il renferme l'inventaire : ce catalogue est précédé de deux autres pièces, intitulées : *Ortographica, ex nummis* et *Adversaria ad rem nummariam facientia*, et suivi d'une notice des marbres antiques du prof. Burman.

467. Bericht van eene talryke verzamelinge van grieksche, romeinsche en andere oude penningen, door P. van Damme. eerste afdeeling. *in* 8. *fig. br.*

Le cabinet du défunt fait le sujet de cette description, insérée dans le 4ème *vol.* des *actes de l'academie litteraire de Zelande.*

Il n'en existe que cette première partie, qui renferme les médailles des rois grecs et des personnes illustres de l'antiquité, car la continuation, qui devait contenir les médailles des villes et des empereurs romains, n'a point paru.

468. Nummi argenti maximi moduli imperatorum romanorum. -- Nummi aenei imperatorum romanorum, commates romanis. ---

Nummi aenei imperatorum augustarum et caesarum in coloniis, municipiis et urbibus, jure latio donatis, percussi -- *et* -- nummi aenei aegyptii imperatorum romanorum -- ex museo Petri van Damme Amstelodamensis (auctore W. H. J. van Westreenen). *Hagae Comitum* 1802--1805. *in* 8.

Manuscrit sur papier.
* Rétiré de là vente.

469. Nummophylacium Serenissimi principis auriaci (Guilhelmi V.) pars I. continet numismata graeca omnia regum, urbium, populorum ac imperatorum (ab F. Hemsterhusio, in proprios usus compositus). *in fol. demi rel. non rogné.*

Manuscrit sur papier, de la main de M. F. Hemsterhuis, orné de quelques fleurons dessinés à la plume, et acheté par le defunt à la vente de Mr. Vosmaer.

470. Museum Vosmarianum, sive index nummorum graecorum ac romanorum ex collectione A. Vosmaer. *in fol. demi rel. non rogné.*

Manuscrit autographe sur papier.

471. Museum Hoeufftianum, sive index nummorum graecorum ac romanorum ex collectione J. H. Hoeufft, Dordraceni. *in fol. demi rel. non rogné.*

Manuscrit autographe sur papier.
* Retiré de la vente.

472. Catalogus van een cabinet medailles voor het grootst gedeelte behorende tot de nederlandsche historien, mitsgaders een verzameling rariteiten, alles byeenverzamelt en nagelaten door den Heere C. A. van Sypestein. *Haarlem*, *J. Bosch*, (1745). *in* 8. *br.*

473. Museum numarium Milano-Viscontianum (auctore C. Sax et P. Bondam). *Traj. ad Rhen.*, *B. Wild*, 1786. *in* 8. *br.*

Avec les prix.

474. Catalogus thecae numismaticae continens numismata vetera (et recentiora) quae sibi collegit T. Baro ab Aylva. *Franeq.*, *P. Romar*, (1758). *in* 4. *br.*

475. Numismata cimelii caesarei regii austriaci vindobonensis, opera et studio de France, V. Duval, E. Froelich et J. Khell. *Vindobonae*, *J. T. Trattner*, 1755. 2 *vol. in fol. fig. et vignet. gr. pap. v.*

476. Catalogus musei caesarei vindobonensis numorum veterum, disposuit et descripsit J. Eckhel. *Vindobonae*, *J. P. Kraus*, 1779. 2 *vol. in fol. fig. et vignet v.*

477. Ristretto delle stime del museo descritto nel presente volume de R. R. P. P. Certesini — *ou* — catalogue des médailles d'or, d'argent et de bronze, avec les pières gravées et autre antiquités, vendu des pères chartreux de Rome à Charles VI. empereur (en 1727) avec les prix ajoutés à chaque article. *in fol. vél.*

Manuscrit sur papier, que le defunt regardait comme la seule copie authentique faite sur l'original, par ordre de l'empereur Francois 1er.

478. Numismata moduli maximi jam in numophylacio imperatoris Caroli tertii Viennae, olim romae, carthusianorum. *in* 4. *vél.*

Première édition, executée clandestinement à Rome, et dont voici l'origine.

L'Empereur ayant fait l'acquisition non seulement du Cabinet de médailles des peres chartreux, mais aussi des planches en cuivre des medaillons, que le procureur général de l'ordre, Rochefort, avait fait graver, mais qui, par sa mort, etaient restées inédites, il reussit à quelques personnes de tromper la vigilance des negociateurs, et de tirer secretement quelques épreuves de ces gravures, dans l'intervalle de l'achat à l'envoy. Cette fraude ayant été découverte, la cour de Vienne fit rechercher et suprimer avec soin les exemplaires qu'on pouvait en trouver, et c'est ce qui a rendu ce recueil d'une extrême rareté.

Les médaillons ont été publiés ensuite dans le 2nd *tome* du cabinet impérial, par de France, Froelich etc. intitulé *Numismata cimelii Caesaris.* Voyez la *préface au commencement de ce vol.* ainsi que *Eckhel, Cat. musei caesaris. t. 1. In historia musei. et Lipsius, bibl. num. t. 2. p.* 289.

479. Monnoyes en argent, qui composent une des differentes parties du cabinet de S. M. l'Empereur, depuis les plus grandes pièces jusqu'au florin inclusivement. *Vienne, J. T. Trattner,* 1756. *gr. in fol. fig. v.*

480. Monnoyes en or, qui composent une des differentes parties du cabinet de S. M. l'empereur, depuis les plus grandes pièces, jusqu'au plus petites. *Vienne, J. T. Trattner,* 1759. *gr. in fol. fig. v.*

481. Supplement au catalogue des monnoyes en or, qui composent une des differentes parties du cabinet impérial etc. *Vienne, J. T. de Trattner,* 1769. *gr. in fol. fig. en cartonné.*

482. Catalogue des monnoyes en argent, qui composent une des differentes parties du cabinet impérial etc. — Nouvelle edition corrigée et considerablement augmentée. *Vienne, J. T. de Trattner,* 1769. *fig.* -- Supplement au catalogue des monnoyes en argent, qui composent une des differentes parties du cabinet impérial etc. *Vienne, J. T. de Trattner,* 1770. *fig. gr. in fol. en cartonné.*

Les Nros 479 à 482 offrent ensemble, un recueil complet des differentes suites et éditions du cabinet impérial de monnoyes modernes, à Vienne, imprimées par ordre et aux depens de sa majesté impériale, qui s'en est reservé tous les exemplaires pour en faire des présens.

Les deux Nros suivants, sont des exemplaires doubles de la première édition séparément.

483. Monnoyes en argent, du cabinet de S. M.

l'empereur etc. *Vienne*, *J. T. Trattner*, 1756. *gr. in fol. fig. v.*

484. Monnoyes en or, du cabinet de S. M. l'empereur etc. *Vienne*, *J. T. Trattner*, 1759. *gr. in fol. fig. v.*

485. Monnoyes en or et en argent, du cabinet impérial, frapprées en Florence du tems de la republique = pour monsieur Baur de la part de monsieur Duval. *in fol. vél.*

Tel est le titre est l'adresse d'une collection de gravures de ces monnoyes, accompagnées de quelques explications manuscrites.

486. Musaei Franciani descriptio, comprehendens numismata, gemmas, signa, capita, imagines etc. (auctore J. Eckhel, F. W. Reizius et G. H. Martini). *Lips.*, *H. C. Saalbach*, 1781. 2 *vol. in* 8. *v. fauve.*

487. Le même livre. *demi vél.*

488. Catalogus numismatum antiquorum M. T. Pfeifferi. *Ratisb.*, *J. L. Montagius*, 1773. *in* 8. *fig. br.*

489. Cimeliarchum seu thesáurus nummorum, tam antiquissimorum quam modernorum, Frederici Augusti ducis, Wurtembergiae. *Stuttgard*, *B. M. Müllerus*, 1719. *in fol. vél.*

490. Catalogus numismatum antiquorum Casp. de Pfau. *Stutgardiae*, *Stoll*, (1745). *in* 8. *v.*

491. Das Laufferische medaillen-cabinet oder verzeichnisz aller medaillen, welche so wohl die historischen begebenheiten von A. 1679. bisz A. 1742. als auch andere christlich- und moralische betrachtungen nebst der volkommenen reiche des römischen pabste enthalten, und noch itzo bestandig zu finden in Nüren-

berg bey C. G. Lauffern. 1742. *in 4. demi vél.*

Exemplaire intercallé de feuillets blancs.

492. Numophylacium Ludovicianum; sive recensio numismatum graecorum romanorumque et recentiorum quae C. T. Ludovicus collegit; adjectae sunt annotationes quaedam et designatio bibliothecae Ludovici numismaticae. *Vitebergae, haered. Ludovicianos*, (1731). *in* 8. *vél.*

493. Numophylacium Schulzianum, digessit descripsit et perpetuis insigniorum rei numariae scriptorum commentariis illustratum edidit M. G. Agnethler. Pars prior, accedunt selectiores clarorum virorum ad B. Schulzium epistolae. *Lipsiae et Hallae*, 1746. *in 4. fig. demi rel.*

Les autres parties n'ont jamais été imprimées. Voyez *Lipsius bibl. num. t.* 2. *p.* 363.

494. Beschreibung des Schulzischen Munzkabinet, entworfen und mit kurzen anmerkungen begleitet von M. G. Agnethler. *Halle, J. J. Gibauer*, 1750—1752. 4 *part.* 1 *vol. in* 4. *fig. br.*

495. Index numismatum D. V. E. Loescheri, nummos antiquos graecos et romanos nec non bracteatos ac solidos medii aevii, gemmasque nonnullas continens. *Dresdae, Harpeter*, (1752). *in* 8 *br.*

496. Catalogue raisonné d'une collection de médailles (antiques). *(Leipzig, B. C. Breitkopf et fils,)* 1774. *in.* 4. *fig. v.*

497. Gotha numaria, sistens thesauri Fredericiani numismata antiqua, descripta auctore C. S. Liebe, accedunt ex A. Morellii specimine universae rei numariae antiquae excerpta et

epistolae tres E. Spanhemii; quibus rariores ejusdem thesauri numi illustrantur. *Amst.* . *R. et J. Wetstein*, 1730. *in fol. fig. v.*

498. P. Tenzeli selecta numismata aurea argentea et aerea maximi moduli, ex nummophylacio A. Guntheri, comiti Schwarzburgi et Hohnsteinii etc. *Jenae, J. Bielkius*, 1693. *fig.* — De Constantini Magni duobus nummis epistolae duae, auctore J. F. Hekelio. *Francof.*, *J. Bielkius*, 1693. *fig.* — Pietas ex nummis antiquioribus delineata à. J. Weidnero. *Jenae*, *J. Bielkius*, 1694. *fig. in 4. vél.*

499. Numismata pontificium romanorum et aliorum ecclesiasticorum rariora et elegantiora, ex cimeliarcho regio-electorali Brandenburgico selecta: aere expressa et dialogo illustrata à L. Begero. *Col. Brandenb.*, *U. Liebpertus*, 1704. *fig. pap. ord.* — Poenae infernales Ixionis, Sisyphi, Oeni et Danaidum, ex delineatione Pighiana desumptae et dialogo illustratae à L. Begero. *Col. March.*, *U. Liebpertus*, 1703. *fig. gr. pap.* — Alcestis pro marito moriens et vitae ab Hercule restituta, ex manuscripto Pighiano, dialogo illustravit L. Beger. *Col. Brandeb.*, *U. Liebpertus*, 1703. *fig. gr. pap.* — Ulysses Sirenes praetervectus, ex delincatione Pighiana, dialogo illustratus à L. Begero. *ibid*, 1703. *fig. gr. pap. in fol. v.*

500. Nummophylacium Neuhausianum seu nummi, pretio et raritate insignes, graeci, romani, et aevi recentioris; quos collegit M. Neuhauss. *(Berolini,) C. Süsmilch*, 1717. *in 4. br.*

501. Numophylacium Molano-Bochmerianum, (nummorum antiquorum et recentiorum) a G. W. Mo-

G. W. Molano conquisitum, a J. C. Boehmero adauctum et a J. F. Borchmann in classes descriptum. *Cellis, J. G. Passin*, 1744. 4 *part.* 3 *vol. in* 8. *vél.*

502. Nummophylacium Lucderianum antiquum et recentius, autore R. Capello, continens, Cl. Chifletii liber de antiquo numo. -- Index numographorum cura Capelli. -- Νουμμογνωσία συνοπτικὴ ὁδηγοῦσα και χειραγωγοῦσα. ad nummorum 8500 veterum et novorum celeberrimi numophylacii Lucderiani accuratius examen. -- Catalogus manuscriptorum Nummophylacii Lucderiani, praefationes tres. -- Compendiaria exhibitio nummorum antiquorum 1117. asservantur in celebro primo nummophylacio Lucderiano. -- Antiquariorum series chronologica imperatorum romanorum, cum enumeratione imperatorium nummorum 5789 illustris nummophylacii Lucderiani, accurante R. Capello. -- Index brevissimus nummorum recentiorum 1504 nummophylacii Lucderiani. -- Dispositio nummophylacii Lucderiani. -- Conclusi sciagraphiae celeberrimi nummophylacii Lucderiani. *Hamburgi, G. Reben et J. Piper*, 1679. 9 *part.* 1 *vol. in fol. fig. v.*

503. Rariora Becceleriana, D. Capello P. P. edita. *Hamburg, Rebenlinus*, 1684. *in fol. fig. br.*

504. Nummotheca atque rariora Becceleriana, D. Rud. Capello P. P. edita. *Hamburgi, C. C. König*, 1750. *in fol. fig. br.*

505. Thesaurus nummorum antiquorum a Gustavo Schroedtero collectus. *Hamb., (P. L.) Stromer*, 1729. — Des Schroedterischen muntzcabinets, anderer theil, welcher eine auserlesene sammlung von neüen muntzen etc. in sich halt. *Ibid*, 1731. *in* 8. *v.*

506. Numophylacium Claussenianum, continens apparatum splendidum antiquorum aeque ac recentiorum numismatum. *Hamb.*, *J. G. Piscator*, 1738. 4 *part.* 1 *vol. in* 4. *demi rel.*

507. Catalogue d'une collection de médailles antiques, faite par Mme la Ctesse Douair. de Bentinck, née Ctesse d'Aldenbourg etc. (à Hambourg). *Amst.*, *chez les heritiers de K. Eel*, 1787. 2 *vol.* — *et* — Supplement au catalogue d'une collection de médailles antiques, faite par Mme la C[esse] Douair. de Bentinck etc. etc. *Amst.*, *chez les mêmes*, 1788. *ensemble* 3 *vol. in* 4. *fig. gr. pap. mar. rouge doré sur tr. et pl.*

Ouvrage composé et imprimé sous les auspices de M. van Damme: Les figures sont du burin de M. Weisbrod à Paris, et on n'en a tiré que peu d'exemplaires, qui n'ont pas été mis en vente.

508. Le même ouvrage. *gr. pap. v. marbré, doré sur tr. et à filet.*

509. Verzeichnisz der thalersammlung des hofrats D. S. von Madai. *Hamb.*, 1788. *in* 8. *br.*

510. Numophylacium Glockianum, sive collectio MMMCCXCVI. numorum, tam graecorum quam romanorum etc. A. P. Glockii. *Francof. ad Moen, J. B. Andreae,* 1735. *in* 8. *encartonné.*

511. Thesaurus numismatum antiquorum Hollanderianus, conscriptus à J. J. Scheuchzero. *Tiguri*, *Bodmer*, 1727. *in* 8. *br.*

512. Enumeratio numismatum graecorum, romanorumque, quae asservat A. F. Ith, auctore F. L. Hallero. *Bernae*, *Brunner*, 1777. *in* 4. *br.*

513. Museo Farnese, cioë i Cesari in oro, ar-

genti, e rame, in medaglioni, in metallo grande, metallo mezzano e piccolo, descritti e delineati opera di Paolo Pedrusi, e di Pietro Piovene. *In Parma, nella stamperia di S. A. S.*, 1694—1727. 10 *vol. in fol. fig. gr. pap. vél. cordé.*

514. Thesaurus numismatum antiquorum et recentiorum ab Petr. Mauroceno, senator, veneto, (auctore C. Patino). *Venet., ex Typogr., J. F. Valuasensis*, (1683.) *in* 4. *fig. v. à filet d'or.*

515. Le même ouvrage. *vél.*

516. Le même ouvrage. *vél.*

517. Musei Theupoli antiqua numismata, olim collecta a J. D. Theupolo, aucta et edita a L. et F. fratribus Theupolis. *Venetiis*, 1736. 2 *vol. gr. in* 4. *cart. v. fauve à dentelle.*

518. In numismata aerea selectiora maximi moduli, é museo Pisano olim Corrario, commentarii (et animadversiones). *In monasterio Benedictino Casinate, apud J. Santenum, sumptibus societatis* 1740—1744. 3 *vol. in fol. fig. gr. pap. v.*

Ouvrage d'une exécution magnifique.

519. Les planches de l'ouvrage précédent, séparement. *In fol. gr. pap. vél. cordé, doré sur pl.*

520. Numismata (antiqua et antiquitates aeneae diversae) musei H. Arigoni, Veneti. *Tarvisii, sumptibus auctoris, apud E. Bergamum*, 1741—1744. 3 *vol. in fol. fig. vél.*

521. Numismata imperatoria tum graeca tum latina, cum praetiis etc. Veneta libra assignatis. *Venet.*, 1767. *in* 4. *vél.*

Manuscrit sur papier, de la bibliothèque de Jos. Smith,

consul anglais à Venise: c'est peut être le catalogue de son propre cabinet.

522. Nota di Medaglie antiche, con suoi prezzi. *in 4. vél.*

Manuscrit sur papier, dans le même genre, et de la même bibliothèque que le précédent.

523. Numismata antiqua à J. Musellio collecta et edita. *Veronae, (A. Carrattonius,)* 1751. — Antiquitatis reliquiae á marchione J. Musellio collectae, tabulis incisae et explicationibus illustratae. *Ibid*, 1756. 4. *vol. in fol. fig. v.*

524. Museum Mazzuchellianum, seu numismata virorum doctrina praestantium, quae apud J. M. Corn. Mazuchellum Brixiae servantur, à P. A. de Comitibus Gaetanis edita, atque illustrata. Accedit versio italica, studio equit. Cosimi Mei elaborata. *Venet., A. Zatta,* 1761. 2 *vol. in fol. fig. demi v. non rogné.*

525. Scelta de medaglioni piu rari nella bibliotheca del signor cardinale G. Carpegna. *Roma, G. B. Bussotti*, 1679. *fig.* — Lettre sur le pretendu Solon des pierres gravées, et explication d'une médaille d'or de la famille cornuficia, (par Baudelot). *Paris, J. B. la Mesle*, 1717. *fig.* — Explication d'une pierre gravée dont l'empreinte a été envoyé à l'academie des inscriptions et médailles, au mois de fevr. 1708. (*sans nom de lieu et d'imprimeur.*) *fig.* — De fabula equestris ordinis Constantiniani, S. Maffeii marchionis epistola. *Tiguri, A. Gratz, (Parisiis)* 1712. *in 4. v.*

Ce volume vient de la bibliothéque du celébre Etienne de Balure et la premiére piéce qu'il renferme est l'édition originale et rare des médaillons du cardinal de Carpegna. Voyez à son égard *Clement bibl. curiense*, *t.* 8. *p.* 302.

La lettre de S. Maffei, touchant l'ordre equestre de Constantin, est, selon *Vogt, Cat. libr. rar.*, une brochure de la plus grande rareté, parceque les superieurs le firent supprimer avec un soin extrème: il n'en indique cependant que la 2de édition, de 1714, et paroît avoir ignoré l'originale, que je viens d'annoncer, dont *Freitag* fait mention dans ses *Analecta litteraria art. S. Maffei.*

526. Rariora maximi moduli numismata selecta ex bibliotheca Casp. Carpegnae S. R. E. cardinalis etc. et J. Monterchii commentariis illustrata. *Amst., H. Wetstein*, 1685. *fig.* — Selecti nummi duo Antoniani, quorum primus anni novi auspicia, alter commodum et Annium Verum Caesaris exhibet, ex bibliotheca C. Card. Maximi, editi a J. P. Bellorio. *Ibid*, 1685. *fig. in* 12. *vél.*

527. Catalogus numismatum quibus usus est, dum viveret D. Em. a Schelstraeten, S. A. D. bibliothecae vaticanae praefectus. (an. 1690). *in fol. demi rél.*

Manuscrit sur papier.

528. Nummi antiqui aurei, argentei, et aerei, latini, graeci, consulum, augustorum, regum et urbium, in thesauro Christinae reginae Suecorum etc. romae asservati, a F. Camelo per seriem redacti. *Romae, ex typogr J. F. de Buagnis*, 1690. *in* 4, *vél.*

Ouvrage fort rare, qui d'abord après son impression devint difficile à trouver.

Exemplaire de la bibliothéque de C. Major, qui, après avoir cherché en vain ce catalogue chez presque tous les libraires de Rome, en 1732, l'acquit enfin à la vente des livres d'Em. van Schelstraeten, l'année suivante. Voyez la note de M. Major à la tête de ce volume, ainsi que *Clement, bibl. cur. t.* 6. *p.* 118. et *le Dict. bibl. art. Camelus.*

529. Médailles de grand et moyen bronze du cabinet de la reine Christine, gravées d'après les originaux par le célebre Pietro Santes Bartolo, expliquées par un commentaire latin et

francais de S. Havercamp. *La Haye; P. de Hondt*, 1742. *in fol. fig. v.*

530. Antiqua numismata maximi moduli, aurea, argentea, aerea, ex museo Alex. Cardinalis Albani, in vaticanum bibliothecam translata et a R. Venuto notis illustrata. *Romae, typis Bernabo*, 1739. *2 vol. in fol. fig. et vignet v.*

531. Museum Cuficum Borgianum Veletris, illustravit J. G. C. Adler. *Romae, A. Fulgonius*, 1782., *et Hafniae, F. W. Thiele*, 1792. *2 vol. in 4. fig. t.* 1er *en demi v. et t.* 2nd *br.*

532. Osservazioni istorichi sopra alcune medaglioni antichi di Cosimo III. granduca di Toscana, (par F. Buonarzoti). *Romae, D. A. Ercole*, 1698. *pet. in fol. fig. et vignet gr. pap. vél.*

533. Imperatorum romanorum, regum, populorum et urbium numismatum aureorum, quae Florentiae in museo P. Niccolini, marchionis Pontis Sacci etc. asservantur, simplex descriptio, (*sans nom de lieu et d'imprimeur,*) *Anno* 1738. *in 4. v.*

534. Numismatum imperatorum ex auro atque argento, quae venalia prostant apud Dominos Mecherinum et Diodatum, catalogus. *Florentiae, B. Paperinus*, 1747. *in 4. en cart.*

535. Numismata aurea antiqua augustorum et caesarum, quae collegit et possidet liber Baro de Schellersheim. (Florentiae) *Sans nom de lieu et d'imprimeur)*. 1800. *in 12. br.*

Petit ouvrage imprimé aux dépens de M. le Baron de Schellersheim, qui s'en est reservé tous les exemplaires pour en gratifier ses amis.

536. Catalogus numismatum musei Lefroyani,

continens nummos antiquos tam graecorum quam romanorum ex auro et argento.) *Liburni, M. Cullellinus, 1763. in 8. gr. pap. mar. rouge doré sur tr. et pl.*

Exemplaire de M. d'Ennery.

537. Siciliae veterum populorum et urbium, regum quoque et tyrannorum numismata, quae Panormi exstant in cimelio, G. L. Castello principis Turrismutii etc. *Panormi, ex officina Bentiveniana, 1767. in 8. br.*

538. Figures et representations de médailles grecques et romaines et autres antiques, ex musaeo F. M. D. P. c. P. (Fr. Maur. du Pré.) 1639. *in fol. peau jaune.*

Manuscrit sur pap. reglé, orné de 1963 médailles et de quelques autres antiquités dessinées à la plume, et suivi de plusieurs index, d'un discours sur les médailles antiques, tiré de L. Savot, et d'un traité sur les grands chemins de l'empire romain, vulgairement dits chaussées de Brunehault.

539. Sacra venerandae antiquitatis monumenta, seu numismata aurea, argentea, aerea, hebreorum, graeciae antiquae populorum, civitatum, insularum, regum ac principum romani civitatis, familiarum illustrium et consulum, imperatorum, imperatricum, caesarum et tyrannorum, collecta et in suum ordinem redacta, studio, labore et diligentia Fr. Mauricy du Pré etc. Anno DM. — *MDCXL. in fol. peau jaune.*

Manuscrit sur pap., reglé, orné d'environ 3300 médailles, dessinées à la plume, et suivi d'une chronologie de l'histoire romaine en latin, d'un abrége de la connaissance des médailles antiques, en français, et enfin d'un extrait d'Oct. strada. *vite Impp. Romanor.* On y a joint d'ailleurs un petit cahier en 8. avec quelques desseins de médailles et des explications de la même main que le manuscrit.

540. Catalogus numismatum aeneum imperatorum romanorum. *in fol. br.*

Manuscrit sur papier.

541. Catalogue alphabetique des médailles des peuples et villes — *et* — Catalogue des médailles impériales des colonies et villes municipales, tant grecques que latines, arrangées selon l'ordre chronologique des empereurs. *in fol.* 2 *vol. br.*

Manuscrit sur papier.

542. Médailles de moyen bronze des deïtéz, des rois, et des villes grecques et latines — *et* — Médailles latines de moyen bronze, depuis la decadence de la republique rom. jusqu'à la ruine de l'empire de Constantinople. 3 *vol. in* 4. *v.*

Manuscrit sur papier, de la bibliothéque de la maison professe des Jesuites à Paris; c'est le N°. CIV. du Catalogue de leurs MSS.

543. Recueil de médailles antiques et modernes d'un cabinet anonyme. 2 *vol. in fol. en cart.*

Histoire numismatique ancienne.

Recueils de médailles de divers peuples.

544. Prontuario de le medaglie de piu illustri et fulgenti huomini et donne del principio del mondo insino al presente tempo, con le lor vite in compendio raccolte. *In Lione, G. Rouillio*, 1553. 2 *part.* 1 *vol. in* 4. *fig. grav. en bois. vél.*

545. Promptuaire des médailles des plus renommées personnes, qui ont été depuis le commencement du monde, avec brieve description de leurs vies et faicts, recueillie des bons auteurs. *Lyon, G. Rouille*, 1553. 2 *part.* 1 *vol. in* 4. *fig. grav. en bois, vél. cordé, doré sur pl.*

546. Kanstliche und aigentliche bildnussen der

römischen keyzeren, ihren weybern und kindern, auch andere verrümpten personen, wie die auf alte pfenningen erfunden sind, sampt einer kurze beschreybung ihrens härkommens etc. aus dem latin (von Strada und Rouillius) vertheutst, durch D. Kellern. *Zurich, A. Geszner*, 1558. *in 8. fig. grav. en bois v.*

547. Fasti magistratuum et triumphorum romanorum ab urbe condita ad Augusti obitum, ex antiquis tam numismatum quam marmorum monumentis restitutis, auctore H. Goltzio. *Brugis Flandr., (H. Goltzius,)* 1566. *in fol. fig. mar. rouge doré sur pl.*

548. C. Julius Caesar, sive historiae imperatorum caesarumque romanorum, ex antiquis numismatibus restitutae liber primus, H. Goltz auctore et sculptore. *Brugis Flandr., (H. Goltzius,)* 1563. *in fol. fig. mar. rouge doré sur pl.*

549. Caesar Augustus, sive historiae imperatorum caesarumque romanorum, ex antiquis numismatibus restitutae, liber secundus, H. Goltzio auctore et sculptore. *Brugis Flandr., (H. Goltzius,)* 1574. *in fol. fig. mar. rouge doré sur pl.*

550. Sicilia et magna graecia, sive historiae urbium et populorum graeciae, ex antiquis numismatibus restituae, libri quatuor, H. Goltzio auctore et sculptore. *Brugis Flandr., H. Goltzius,)* 1576. *in fol. fig. mar. rouge doré sur pl.*

551. Ludovici Nonni commentarius in H. Goltzi Graeciam insulas et Asiam minorem. *Antv., J. Biens*, 1620. *in fol. fig. mar. rouge doré sur pl.*

Le 5 N^ros^ précédents offrent un exemplaire magnifique,

et de reliure égale, des éditions originales et rares des oeuvres, de H. Goltzius.

552. H. Goltzii, opera omnia numismatica; scilicet I. fasti magistratuum et triumphorum romanorum ab urbe condita ad Augusti obitum, et fasti siculi ab Andrea Schotto restituti; quibus accedit thesaurus rei antiquariae uberrimus. *Antv., ex officina Plantiniana B. Moreti*, 1644. -- II. C. Julii Caesaris, Augusti et Tiberii numismata, L. Nonni commentario illustrata. *Ibid*, 1644. -- III. Siciliae et magnae graeciae historia ex antiquis numismatibus illustrata. *Ibid*, 1644. -- IV. Graeciae eiusque insularum et Asiae minoris nomismata, L. Nonni commentario illustrata. *Ibid*, 1644. -- V. Icones, vitae et elogia imperatorum romanorum, ex priscis numismatibus delineatae et brevi narratione illustratae, stylo et opera C. Gevastii. *Ibid*, 1645. 5 *vol. in fol. fig. gr. pap. v.*

Cette édition est la plus estimée. Les médaillons de 5ème vol. sont peints en bistre et rehaussés de blanc.

553. Muntzbuch, darinnen zu besehen die besten und schönsten, so wol alte als newe geltmuntze ausz vielen antiquiteten zusammen gebracht durch B. Arndts, buchverköper. (*Hamburg*, 1610.) *in* 4. *fig. grav. en bois. vél.*

554. Muntz-buch etc. *Franckfurt am Mäyn, J. de Zetter*, 1631. *in* 4. *fig. grav. en bois. vél.*

555. Munt-boeck, daerin te sien is de beste Ryckx-daelder-munt, zoo wel oude als nieuwe, uyt veel antycquen te samen ghebracht. *Leeuwarden, B. Arents Berentsma*, 1631. *in* 4. *fig. grav. en bois. vél.*

556. Muntz-buch, darinne zu besehen die besten und schönsten, so wol alte als newe geltmuntze, ausz vielen antiquiteten zusammen ge-

bracht. *Hamburgh*, *B. Arendts*, 1636. *in* 4. *fig. grav. en bois. demi v.*

557. J. Harduini, Nummi antiqui populorum et urbium illustrati. *Paris*, *F. Muguet*, 1684. *in* 4. *vél. cord.*

558. Le même livre. *vél.*

559. Le même livre. *vél.*

Avec des notes manuscrites de A. Gronovius et d'autres.

560. Le même livre. *vél.*

Avec des notes de la main des M. M. P. Burman sen. et sec.

561. Numismatum regum; urbium, populorum, familiarum Romanorum, Augustorum, et Caesarum, ex omni metallo et modulo, descripta et delineata propria And. Morellii manu. 6 *vol. pet. in* 4. *mar. rouge à filet d'or.*

Précieux manuscrit sur papier, distinctement écrit par A. Morel, et enrichi d'un grand nombre de médailles, dessinées à la plume de la main de cet habile antiquaire : il fut autre fois dans la Bibliothéque du Roi de France, où *Banduri*, selon son propre aveu, *bibl. Num. p.* 68, le contemplait souvent avec plaisir, il vint ensuite dans la possession de M. de Boze, voyez *son Cat.* N°. 2173. et *Lipsius t.* 2. *p.* 267, passa de là dans le Cabinet du President de Corte, et fut acheté par le defunt à la vente de ses livres sous le N°. 2075.

562. CCCCXL. Numismata antiqua Regum, urbium, Populorum, Caesarum, Familiarum etc. artificiosissime et accuratissime, ad fidem numismatum, manu depicta, in usum Corn. Arkelii. *in* 8. *en cuir noir.*

Recuil de médailles, dessinées à l'encre de la chine, et plaquées sur des feuillets blancs, mais dont le nombre ne répond point au titre, puis qu'on en a enlevé quelques unes.

La note de C. Zumbach de Koesfeld, à la tête de ce volume, apprend qu'il en fit l'acquisition a Amsterdam, en 1702. pour *f* 21-7.

563. Numismata Regum Macedoniae etc. omnia quae laboribus cell. virorum Crophii, Lazii,

Goltzii etc. ex regiis aliisque numismatophy-lariis hactenus edita sunt: additis ineditis, et nondum descriptis quot quot comparare licuit integra serie historica, tabulis aeneis repraesentata, digessit, descripsit et notis variorum virorum illustrata edidit Jo. Jac. Gessnerus. *Tiguri, ex officina Heideggeriana*, 1738. *Tom.* 1. *in fol. fig. en cartonné.*

Comme cet ouvrage est composé de differentes parties il est fort difficile de l'avoir complét ; plusieurs cahiers du texte et quelques frontespices gravés manquent dans ce volume.

564. Le même livre et tome. *demi vél.*

Exemplaire encore moins complet que le précedent ; il ne contient que les médailles de Rois, des illustres et des villes.

565. Adpendicula ad Numismata graeca populorum et urbium, à J. Gesnero tabulis aeneis representata, opera et studio A Corn. Cristiano. Editio secunda, (*Vieunae*,) *J. P. Kraus*, 1769, *in 4. fig. br.*

566. Adpendicula altera ad numismata graeca populorum et urbium, à J. Gesnero tabulis aeneis representata, autore J. Khell. *Vindob. J. T. de Trattner*, 1764. *in 4. fig. en cart.*

567. Recueil de médailles de Rois, qui n'ont point encore été publiées, ou qui sont peu connues (par M. Pellerin) *Paris, H. L. Guerin*, 1762. *in 4. fig. demi v. non rogné.*

Avec le portrait de l'auteur, gravé par S. Aubin, dont on assure qu'il n'existe que 50 exemplaires, et l'explication des médailles qui l'entourent.

568. Recueil de médailles de peuples et de villes qui n'ont point encore été publiées ou qui sont peu connues, (par M. Pellerin.) *Paris, H. L. Guerin*, 1763. 3. *vol. in 4. fig. demi v. non rogné.*

569. Mélanges de diverses médailles, pour servir de supplement aux recueils des médailles de

de Rois et de villes, (par M. Pellerin.) *Paris, H. L. Guerin*, 1765. 2 *vol. in* 4. *fig. demi v. non rogné.*

570. Premier, second, troisième et quatrième supplement aux six volumes de recueils des médailles de Rois, de villes etc. (par M. Pellerin.) *Paris, H. L. Guerin*, 1765. 2 *vol. in* 4. *fig. demi v. non rogné.*

571. Lettres de l'auteur des Recueils de médailles de rois, de peuples et villes. (par M. Pellerin.) *Paris, L. F. De la tour*, 1770. *fig.* — Observations sur quelques médailles du cabinet de M. Pellerin, par M. l'abbé Le Blond. *à la Haye (Paris), la veuve Desaint*, 1771. *fig. in* 4. *demi v. non rogné.*

572. Additions aux neuf volumes de Recueils de médailles de Rois, de villes ect. avec des remarques sur quelques médailles déja publiées. (par M. Pellerin.) *à la Haye (Paris,) veuve Desaint*, 1778. *fig.* —, Notice des médailles antiques et modernes et des bustes, bronzes et autres pièces antiques du Cabinet de M. Pellerin. *Paris, P. D. Pievres*, 1783. *in* 4. *demi v. non rogné.*

Les Nros. 567 à 572 renferment ensemble un très bel exemplaire, parfaitement complèt, et de reliure égale, des oeuvres numismatiques du célèbre Pellerin, et pour cette raison seront vendus combinement.

573. Miscellanea Numismatica, in quibus exhibentur populorum insigniumque virorum numismata omnia, in classes distributa a D. Magnan. *Roma, A. Casaletti*, 1772. 4 *vol. in* 4. *fig. en cartonné.*

574. Numi veteres anecdoti, ex museis caesareo vindobonensi, Florentino Magni Ducis Etruriae etc. collegit, et animadversionibus illustravit

J. Eckhel. *Viennae Austriae*, *J. Kurzböck*, 1775. *2 part. 1 vol. in 4. fig. v.*

575. Populorum et regum numi veteres inediti, collecti ac illustrati a F. Neumanno. *Vindob. apud R. Graefferus*, 1779. *et Typis Trattnerianis*, 1783. *2 part. 1 vol. in 4. fig. demi v.*

576. Recueil de medailles Romaines et Grecques; dessinées à la plume sur 68 feuilles. *in fol. mar. rouge, doré sur tr. et pl.*

De la Bibliotheque de Joseph Scaliger.

577. Recueil de médailles Grecques et Romaines, dessinées en rouge, et plaquées sur des feuillets de papier bleu, *dans un portefeuille in 4. de demi rel.*

578. Recueil de 721 médailles antiques tant Grecques que Romaines, dessinées par Maria de Wilde, Morel, Wandelaar, Fr. van Mieris et d'autres habiles dessinateurs, sur des feuillets détachés; *rassemblés dans un portefeuille de velin.*

Voyez à l'égard de celles de la main de Marie de Wilde la courte description imprimée du cabinet de M. Son Père. (*Gazophylacii Wildiani brevis descriptio.*)

Médailles Hebraiques et Grecques.

579. C. Waseri, de antiquis numis-hebraeorum, chaldaeorum et syrorum. libri II. *Tiguri, in Officinâ Wolphianâ*, 1605. *in 4. fig. v.*

580. H. Conringii, de nummis ebraeorum paradoxa, accesserunt ejusdem de republica ebraeorum exercitatio academica, ac de initio anni sabbatici et tempore messis ebraeorum commentariolus. *Helmaestadii, H. D. Müller*, 1675. *in 4. encart.*

581. F. P. Bayerii, archidiaconi valentini scr. hisp. infantum Caroli III. regis filiorum insti-

tutoris primarii, de nummis hebraeo — samaritanis. *Valentiae Edetanorum, ex officina B. Montfort*, 1781, *in* 4. *fig. gr. pap. v. doré sur tr. et pl.*

Cet Ouvrage est un chef d'oeuvre de l'art typographique l'exemplaire de M. Mel de St. Ceran fut vendu 59 l. 19 s. à la vente de sa Bibliothéque en 1791. Voyez. *Cat. des livres de M. Ennery N°.* 247. *et suplement au Dict. Bibl. art. F. P. Bayerius.*

582. Le même Ouvrage. *v. ecail. d'oré sur tr. et à dentelle.*

583. Graeciae ejusque insularum et Asiae minoris numismata, ab H. Goltzio quendam sculpta, L. Nonni commentario illustrata. *Antv., in officina Plantiniana B. Moreti*, 1644. *in fol. fig. gr. pap. vél.*

Avec quelques notes manuscrites.

584. Explication de quelques médailles, de peuples, de villes et de rois, grecques et phéniciennes, par L. Dutens. *Londres, J. Thane*, 1773. *fig.* — *et* — Explication de quelques médailles phéniciennes, du cabinet de Mr. Duane, par le même. *Londres, J. Thane*, 1774. *fig. in* 4. *v. marbré.*

Cet exemplaire est un présent de Mr. M. Duane à M. P. van Damme.

585. Explications de quelques médailles grecques et phéniciennes, avec une paléographie numismatique, par L. Dutens. seconde édition. *Londres, P. Elmsly*, 1776. *in* 4. *fig. gr. pap. v. marbré.*

586. Chronicon Regium, sive extrorum regum numismata, ab A. ante C. N. 1301, ad A. à C. N. 200, authore Lud. Smids. 1716.

Recueil de 77 médailles de rois grecs, dessinées à l'encre de la chine par L. Smids, précedés d'un titre et d'un index manuscrit, de deux portraits gravés (en noir et en bistre) de Smids, d'un autre de Schyuvoet, et enfin d'un frontespice de la main de ce dessinateur. *Le tout dans un portefeuille de vél. cord. doré sur dos et pl. et intercallé de feuillets de papier bleu à tranche dorée.*

587. Algemeene historie der zaaken in Asie, Afrike en Europe, met duizenden historiepenningen (van grieksche koningen) verrykt en opgehelderd door S. Haverkamp. *s' Graavenhaege, P. de Hondt*, 1736—1739, 3 *vol. in fol. fig. gr. pap. en vél. cord.* -- *et* -- *le* 4*eme vol. aussi loin qu'il a été imprimé, même format, broché, avec les planches séparement sur pap. ord. en demi rel.*

Cet ouvrage est un des plus complets pour les médailles des rois grecs. Le 4eme volume est d'une extrême rareté, car au moment que M. Haverkamp avait commencé à le faire imprimer, il lui tomba entre les mains le recueil des planches du cabinet de la reine Christine; leur édition lui fit abandonner sa première tâche, l'impression du 4eme tome de l'histoire universelle, fut contremandé, les exemplaires non publiés et imparfaits furent condamnés à la maculature, et il n'y en eut que très peu qui échappèrent à leur sentence. Voyez la *preface du cabinet de la reine Christine* † 2.

588. Le même Ouvrage. 3 *vol. in fol. fig. gr. pap. impérial. v.*

589. Les planches de tous les 4 vol. de l'ouvrage précédent, *sur gr. pap., en mar. rouge, doré sur tr. et pl.*

590. Les mêmes planches. *pap. ord. v.*

591. Regum veterum numismata anecdota aut per rara notis illustrata, collata opera et studio F. A. Corn. de Khevenhüller. *Viennae Austriae, J. T. Trattner*, (*sans date.*) *fig.* -- *et* — Materia tentaminis publici quod in collegio regio Theresiano ex anni hujus scholastici prelectionibus subibit F. A. Corn. de Khevenhüller 1752. *Ibid. in* 4 *v.*

592. Ad numismata regum veterum anecdota aut rariora accessio nova, conscripta ab E. Froelich. *Vien-*

Viennae Austriae, *J. T. Trattner*, (*sans date.*) *in* 4 *br.*

593. Le même ouvrage - *et* - Dubia de Minnisari aliorumque Armeniae regum numis et Arsacidorum epocha nuper vulgatis, proposita per E. Froelich. *Viennae Austriae*, *J. T. Trattner*, 1754. *in* 4. *demi vél.*

594. Medailles Grecques (de peuples et villes) du (graveur venetien C.) Doino. *in fol. vél. doré sur tr. et à filet.*

Exemplaire de l'abbé Barthelemy.

595. Histoire des Rois de Thrace et de ceux du Bosphore cimmerien, éclaircie par les médailles; par M. Cary. *Paris*, *Dessaint*, 1752. *in* 4. *fig. gr. pap. vél.*

596. Le même livre. *gr. pap. br.*

597. Seleucidarum imperium, sive historia regum syriae ad fidem numismatum accommodata, per J. Foy — Vailland. *Lutet. Paris.*, *L. Billaine*, 1681. *in* 4. *fig. v.*

Cette édition originale est reputée pour la plus correcte.

598. Le même ouvrage. *Lutet. Paris*, *T. Moette*, 1682. *in* 4 *v.*

599. Le même ouvrage. Editio secunda. *Hagae Comit. P. Gosse*, 1732. *in fol. fig. demi rel.*

600. Le même livre. *gr. pap. v.*

601. Annales compendiarii regum et rerum Syriae, numis veteribus illustrati ab E. Froelich. Editio altera cui accessere notae compendiariae et Monogrammata numismatum graecorum. *Viennae*, *L. J. Kaliwoda*, 1754. *in fol. cart. et fig. vél.*

602. Annus et Epochae syro-macedonum, in vetustis urbium syriae nummis, praesertim mediceis expositae. Additis fastis consularibus

anonymi omnium optimis, accesserunt nuper dissertationes de paschali latinorum cyclo annorum LXXXIV. ac Ravennate annorum XCV, auctore F. H. Noris. *Florentiae, typis sereniss. magni ducis,* 1691. *in* 4. *fig. gr. pap. vél. cord.*

603. Le même ouvrage, *Lipsiae, F. Fritsch,* 1696. *in* 4. *cart. fig. et le portrait de l'auteur vél.*

604. Descriptio numorum Antiochiae Syriae, sive specimen artis criticae numariae, quod exhibet J. Eckhel. *Viennae, J. T. de Trattner,* 1786. — Sylloge I. numorum veterum anecdotorum thesauri caesarei, cum commentariis J. Eckhel. *ibid.* 1786. *fig. et vign. in* 4. *v.*

605. T. S. Bayeri Historia Osrhoena en Edessena, ex numis illustrata. *Petropoli, ex typographia academiae,* 1734. *in* 4. *fig. gr. pap. vel.*

606. Arsacidarum imperium, sive regum parthorum historia, ad fidem numismatum accommodata per J. Foy Vaillant. *Paris, C. Moette,* 1725. 2 *tom.* 1 *vol. in* 4. *fig. v.*

607. Le même ouvrage. *Paris,* (*sans nom d'imprimeur,*) 1728. 2 *vol. in* 8. *v.*

608. Historia regni Graecorum Bactriani, in qua simul graecarum in India coloniarum vetus memoria explicatur, auctore T. S. Bayero, accedit C. T. Waltheri Doctrina temporum Indica, cum paralipomenis. *Petropoli, ex typogr. acad. Scient.,* 1738. *in* 4. *gr. pap. demi rel.*

609. Historiae Ptolemaeorum aegypti regum, ad fidem numismatum accommodata per J. (Foy) Vaillant. *Amst., G. Gallet,* 1701. *in fol. fig. v.*

Médailles Romaines.

610. Rei Romanorum numariae compendium. *Dresdae et Lipsiae, J. G. Harpeterus*, 1753. *in* 8. *br.*

611. Fr. Hotomani, de re numaria populi Romani liber. (*sans nom de lieu*,) *apud G. Leimarium*, 1585. *in* 8. *rel.*

Exemplaire chargé de quelques notes mariginales.

612. Traité des Finances et de la fausse monnoie des Romains, au quel on a joint une Dissertation sur la manière de discerner les médailles antiques d'avec les contre faites (par Beauvais). *Paris, Briasson*, 1740. *in* 12. *v.*

613. Histoire Romaine, éclaircie par les médailles, par J. L. Schulz, *Paris, Moutard*, 1783. *in* 8. *fig. v.*

614. Roomsche mogentheid onder de schetse en schaduwe der roomsche medalien, voorgestelt door J. Oudaan. *Amst. D. Baccamude*, 1664. *in* 4. *fig. gr. pap. vel. cordé.*

615. Le même Livre, *pap. ordin. demi vél.*

Exemplaire enrichi d'un grand nombre de corrections et d'augmentations autographes de l'auteur, et de quelques notes etc. de la main de M. M. K. van Alkemade, et P. van der Schelling.

616. De roomsche moogentheid, aangeweezen en opgehelderd uit de oude roomsche gedenkpenningen, door J. Oudaan, met een byvoeging van deszelfs aantekeningen en vermeerderingen en met de opmerkingen van P. Dei noot. *Gouda, L. Kloppenburg*, 1706. *in* 4. *fig. gr. pap. vél. cordé.*

617. Le même ouvrage. *Leyden, H. van Damme*, 1723. *in* 4. *fig. gr. pap. Impérial v. écail doré sur pl.*

618 Thesaurus selectorum numismatum antiquorum, quo praeter imagines et seriem Imperatorum romanorum, quicquid fere monumentorum ex romana antiquitate in nummis veteribus restat reconditum est, auctore J. Oiselio. *Amst. H. et T. Boom*, 1677. *in* 4. *fig. relié en* 2 *vol. v.*

619. Nummi familiarum romanarum, in XXVI tab. et Nummi imperatorum romanorum, in CII tab. (*impr. en rouge*) *in fol. br.*

620. Familiae romanae, quae reperiuntur in antiquis numismatibus ab urbe condita ad tempora divi augusti, ex bibliotheca Fulvi Ursini, adjunctis familiis XXX ex libro A. Augustini, Ep. Herdensis. *Romae*, (*impensis haeredum F. Tramezini apud J. de Angelis*, 1577.) *in fol. fig. v. doré sur pl.*

Première édition. Voyez *Lipsius Bibl. num. t.* 2. *p.* 408.

621. Le même livre. *cuir noir, doré sur pl.*

Exemplaire de la bibliothéque de J. Tristan, avec quelques notes marginales de sa main et de celle d'un autre.

622. Familiae romanae ex bibliotheca Fulvii Ursini, cum adjunctis A. Augustini, Episc. Herdensis. C. Patin restituit, recognovit, auxit, *Paris*, *J. du Bray*, 1663, *in fol. fig. v. doré sur pl.*

623. Le même livre *vél.*

Exemplaire de la Bibliotheque des M. M. Burman, avec plusieurs notes manuscrites de P. Burman sec.

624. Le même livre *vél.*

Chargé de quelques notes manuscrites.

625. Familiae romanae per C. Patin (*in* 253 *tab.*) (*Lat. Paris*, 1663.) *in* 4 *oblongo. vél.*

626. A. Gorlaei thesaurus numismatum romanorum ad familias ejus urbis spectantium, usque

ab obitum Augusti, accessere ejusdem paralipomena seu typi numorum romanorum, quos a Fulvio Ursino partim non editos omnino, partim non ita editos idem possedit. (*Delfis.*) 1609. *in fol. fig. vél.*

Dernière édition d'un ouvrage peu commun.

627. Le même Livre. *vél.*

Exemplaire de Roukens.

628. De moneta (gentium) vet. romanorum ex variis auctoribus etc. *in fol. vél.*

Manuscrit autographe du célèbre D. Heinsius, sur papier, et orné de plusieurs médailles consulaires, dessinées à la plume: il est suivi de quelques traités de la même écriture, sur les inscriptions de quelques médailles grecques, sur celle d'une médaille de Septime Severe, et sur les monnoyes de France, ainsi que d'une liste, des empereurs romains, depuis Jules Cesar jusqu'à Valerien le jeune, avec leurs légendes sur les médailles, et les dégrés de rareté de leurs têtes, de la main de Vivien. C'est le N. 338. de la Bibl. de M. Vosmaer.

629. Nummi antiqui familiarum romanarum, perpetuis interpretationibus illustrati, per J. (Foy) Vaillant. *Amst., G. Gallet*, 1703, 2 *vol. in fol. fig. gr. pap. v.*

630. Les planches de l'ouvrage précedent séparement *en vél.*

631. Nummi consulares H. Goltzii in familias Romanas, cum nummis F. Ursini et C. Patini eodem ordine digesti, cum adjunctis plurimis ineditis a J. Vaillantio. 5 *vol. in 4 v.*

Manuscrit autographe de Vaillant, sur papier, orné d'un grand nombre de médailles plaquées et de quelques unes dessinées à la plume. C'est l'original de l'ouvrage précédent.

632. Thesaurus Morellianus, sive familiarum romanarum numismata omnia, disposita a Andr. Morellio. accedunt nummi miscellanei, urbis romae Hispanici et Goltziani dubiae fidei, omnis nunc primum edidit et commentario

perpetuo illustravit S. Havercampus. *Amst.*, *J. Wetstein*, 1734. *in fol. vél. cordé, doré sur pl.*

633. Icones imperatorum romanorum cum eorum epitaphiis et sub fine vita Alexandri et ejus Testamentum. *pet. in* 4 *rel. anc. doré sur tr.*

Manuscrit sur vélin, qui parait avoir été executé vers la fin du 15eme siècle, et décoré d'une migniature et des médaillons de la plupart des empereurs, depuis Jules César jusqu'à Constantin le grand, peints d'une manière fort délicate à l'imitation des médailles antiques de bronze: il fut autre fois dans la bibl. de N. J. Foucault, et c'est le *N.* 790. *du Cat. des livres de M. le comte de Wassenaer Obdam.*

634. Imperatorum romanorum libellus, una cum imaginibus ad vivam effigiem expressis, (auctore J. Huttichio.) *et à la fin W. Caephalius. Argent. suo aere et impensis excussit. Anno salutis* MDXXV. *in* 8 *fig. grav. en bois. mar. verd. doré sur pl.*

Edition originale de l'ouvrage de Huttichius, dont les Exemplaires sont difficiles à trouver.

635. Le même livre. *v.*

636. Le même ouvrage. *Ibid.*, 1526. *in* 8 *fig. grav. en bois mar. verd. doré sur pl.*

637. Le même livre. *v. bazane.*

638. Imperatorium et caesarum vitae, imaginibus ad vivam effigiem expressis, (a J. Huttichio.) Libellus auctus cum elencho et inconis consulum ab authore (*Argent. W. Caephaleus*,) 1534. *in* 4 *fig. grav. en bois. mar. verd. doré sur pl.*

639. Le même livre. *cuir noir, doré sur pl.*

640. Le même livre. *v.*

Le Catalogue et les médailles des consuls manquent à ce vol.

641. Imperatorum et caesarum vitae cum ima-

ginibus ad vivam effigiam expressis, (auctore J. Huttichio.) Huic editioni additi sunt, cum iconibus et elencho, versus Ausonii, Mycilli et Vellei poetarum paucis ingentem historiam complectens. *Lugd. Bat. B. Arnolletum*, 1550. *in* 8 *fig. vél.*

642. Le même ouvrage. *Ibid.* 1554. *in* 12 *fig. v.*

Exemplaire d'Etienne de Baluze.

643. Romanorum principum effigies cum Historiarum annotatione, ab J. Huttichio confecta, nunc vero alicubi aucta et longe castigatiora, opera J. Sambuci. *et à la fin; Argentorati, apud W. Cephalaeum, Anno* 1552. *in* 8. *fig. grav. en bois v.*

644. Le imagine contutti riversi trovati et le vite de gli imperatori; tratte dalle medaglie et dalle historie de gli antichi. libro primo. *Enea Vico Parm. F. l'anno MDXLVIII. in* 4. *fig. vél.*

Edition originale et très rare, inconnue à *Lipsius Bibl. Num.* mais cotée cependant dans la *Bibliotheque Pinellie-ne N.* 4627. et dans celle de *Crevenna N.* 6585.

645. Le même livre, *demi vel.*

Le Frontespice, et les deux avis d'Ant. Zantani manquent à cet exemplaire.

646. Le même livre -- *et* -- Reliqua librorum Aeneae Vici parmensis ad imperatorum historiam ex antiquis nummis pertinentium, a J. Franco in lucem edita, *Venet., apud Francum*, 1601. *fig. in* 4 *cuir noir.*

C'est le *N.* 6585. du *Cat. de Crevenna.*

647. Omnium caesarum verissimae imagines, ex antiquis numismatis desumptae. addita per brevi cujusque vitae descriptiones, ac diligengenti eorum quae reperiri potuerunt numismatum aversae partis delineatione. Libri pri-

mi. Editio altera. *Aeneas Vicus Parm. f.* 1554. *in* 4 *fig. v.*

La première édition de cette version latine est de 1553. Voyez *Lipsius, bibl. Num. t.* 2. *p.* 422. mais celleci cependant ne laisse pas d'être rare et recherchée.

648. Primor. XII. caesarum verissimae imagines, ex antiquis numismatibus desumptae. addita per brevi cujusque vitae descriptiones etc. (autore Aenea Vico Parm.) editio tertia. *Romae, J. Mascardus*, 1614. *in* 4. *fig. vél.*

649. Le même livre. *v. doré sur pl.*

On a joint à cet exemplaire les portraits des 12 premiers cesars, de l'édition de cet ouvrage par Bellori, ainsi que les vies de ces empereurs, en français et manuscrit.

650. Primor. XII. Caesarum verissimae imagines, ex antiquis numismatibus desumptae. Addita per brevi cujusque vitae descriptiones, ac diligenti eorum quae reperiri potuerunt numismatum aversae partes delineatione, per Aeneam Vicum Parmens. Editio tertia. *Romae, J. Mascardus*, 1614. *in* 4. *v.*

Quoi que cette édition date de la même année que la précédente, et s'annonce également comme la 3ème, elle en est cependant différente: La diversité du titre en est une première preuve, aussi est elle destituée de la vie des Empereurs.

651. J. P. Bellori adnotationes in XII. priorum caesarum numismata, ab Aenea Vico olim edita, noviter additis eorumdem caesarum imaginibus majori formae aeri incisis. *Romae, A. de Rubeis*, 1730. *in fol. fig. v.*

652. Le imagini delle donne augusti intagliate in istampa dirame, con le vite et ispositioni di Aenaea Vico sopra i riversi delle loro medaglie antiche, libro primo. *In Venegia, E. Vico Parmigiano*, 1557. *in* 4. *fig. mar. rouge, doré sur tr et pl.*

Edition originale et rare. Voyez *Haijm, notitia di libri rari, p.* 31. et *Freitag, analecta litteraria, art. Vico.*

653.

653. Le même Livre. *vél.*

C'est le N.' 6590. de la bibliotheque de Crevenna.

654. Le même livre. *vél.*

Exemplaire avec quelques notes manuscrites, en marge, et auquel on a ajouté plusieurs planches doubles premieres épreuves.

655. Augustarum imagines aereis formis expressae: vitae quoque earumdem breviter enarratae. Signorum etiam, quae in posteriori parte numismatum efficta sunt ratio explicata: ab Aenea Vico Parmense, (Latio donatae a Nat. de comitibus.) *Venetiis*, (apud Francum,) 1558. *in 4 fig. mar. rouge, doré sur tr. et à dentelle.*

Edition rare et la première de cette traduction latine: il est vrai que *Banduri, Bibl. num. p.* 8., et *Freitag, analecta litteraria art. Vico*, en annoncent une de l'année précedente, mais il est averré, par la date de la dédicace à Othon de Truches, que celle-ci est l'originale. *Hirsch* et *Lipsius, Bibl. Num.*, n'admettent non plus cette prétendue édition de 1557.

656. Le même Livre. *vél.*

Exemplaire de H. Borsarius.

657. Augustarum imagines aereis formis expressae etc. ab Aenea Vico Parmense, (latio donatae a Nat. de comitibus,) nunc a J. B. du Vallio restitutae, (et auctae cum numismatibus augustarum a Plotina usque ad Saloninam, ab Aenea Vico.) *Lut. Par.*, *M. Ruette*, 1619. *in* 4 *fig. vél.*

Exemplaire enrichi d'un grand nombre de médailles plaquées, et la vie des Impératrices, depuis Plotine jusqu'à Anne épouse de Mathias, manuscrit en Hollandais de A. J. van der Wouw.

658. Ex libris XXIII commentariorum in vetera imperatorum romanorum numismata Aeneae Vici. liber primus. (de Julii Caesaris numis) *Venet.*, *Aldus*, 1560. *fig.* — *et* — Le ima-

gini delle donne auguste intagliate in istampa di rame etc. di Enea Vico. *In Venegia, E. Vico Parmigiano*, 1557. *fig. in* 4. *rel. ancienne de peau de truie à fermures.*

Edition originale et très rare de ce commentaire sur les médailles de Jules Cesar. *Lipsius* paraît l'avoir ignoré, puis qu'il n'en fait point mention dans sa *Bibl. Num. t.* 2. *p.* 422; mais on l'a trouvée notée dans *l'Index des oeuvres de Vicus*, placée par Jac. Francus, devant son édition des *reliqua librorum Aeneae Vici*, imprimé en 1601. et *Fabricius*, *Bibl. Num. p.* 13. l'a fait connaître plus ou moins par cette note sur l'édition de 1562; *Quaedam exempla praeferunt annum* 1560.

659. Ex libris XXIII. commentariorum etc. Aeneae Vici. liber primus. (de Julii Caesaris numis.) *Venet.*, *Aldus*, 1562. *in* 4. *fig. vél.*

L'existence de l'édition précédente ravit à celle-ci le mérite d'originalite que *Banduri*, *Hirsch* et *Lipsius*, dans leurs *bibliotheques numismatiques*, lui avaient accordé.

660. Le même livre. *vél.*

Présent de l'auteur à Ant. Boni.

661. Ex libris XXIII. commentariorum etc. Aeneae Vici, liber primus, (de Julii Caesaris numis, opus J. B. du Vallio restitutum *Paris.*, (*M. Ruette*,) 1619. *fig.* — Primor. XII. Caesarum verissimae imagines ex antiquis numismatibus desumptae addita per brevi cujusque vitae descriptiones etc. (auctore Aenea Vico Parm.) Edito tertia. *Romae*, *J. Mascardus*, 1614. *fig.* (accessit) numismata Impp. Rom. a divo Nerva usque ad Lucium verum ab Aenea Vico. — Augustarum imagines aereis formis expressae etc. ab Aenea Vico Parmense, (Latio donatae a Nat. de Comitibus,) nunc a J. B. du Vallio restitutae, (et auctae cum numismatibus Augustarum a Plotina usque ad Saloniam ab Aenea Vico.) *Lut. Par.*, *M. Ruette*, 1619. *fig.* — Discorsi di Enea Vico sopra

la medagli de gli antichi etc. opera restituta di G. B. du Vallio. *Par. M. Ruette*, (1619.) *in* 4. *v. à filet d'or.*

662. Epitome thesauri antiquitatum, hoc est Impp. Rom. orientalium et occidentalium Iconum, ex antiquis numismatibus quum fidelissime deliniatarum, ex museo Jac. de Strada. *Lugd., Jac. de Strada.* 1553. *in* 4. *fig. vél.*

Première édition puisque celle de 1551 citée par *Labbé, Bibl. num. p.* 15, est problablement chimerique.

663. Le même ouvrage. *Tiguri, A. Gesnerus F.* 1557. *in* 8. *fig. v.*

664. Epitome du tresor des antiquites; c'est à dire, pourtraits des vrayes médailles des Empp. tant d'orient que d'occident, de l'estude de Jaq. de Strada; traduit par J. Louveau d'Orleans. *Lyon, Jaq. de Strada*, 1553. *in* 4 *fig. vél. cord. doré sur pl.*

665. Imperatorum Romanorum omnium, orientalium et occidentalium verissimae imagines ex antiquis numismatis delineatae; addita cujusque vitae descriptione ex thesauro Jac. Stradae, et elogio unius cujusque carmine. *Tiguri, ex Offic. Andr. Gesneri*, 1559. *gr. in fol. fig. grav. en bois. v. à filet d'or.*

666. Catalogus Romanorum et Germanicorum Imperatorum et eorum Effigies, a C. Julio Caesare usque ad Divum Ferdinandum Imperatorem. (*sans nom de lieu ni d'imprimeur*.) *Anno* 1561. *in* 12. *fig. grav. en bois. v.*

667. Impp. Romanorum, numismata à Pompeio magno ad Heraclium, summa diligentia et magno labore collecta ab A. Occone. Antv., *ex offic. C. Plantini*, 1579. *in* 4. *vel.*

Exemplaire de J. R. Cygnaeus, chargé de quelques notes manuscrites.

668. Impp. numismata etc. editio altera, multis nummorum millibus aucta, per A. Occonem. *Aug. Vindel. (sans nom d'imprimeur,)* 1601. *in 4. v. doré sur tr. et à filet.*

669. Imperatorum Romanorum numismata etc. ab A. Occone olim congesta, nunc illustrata et aucta studio et cura Fr. Mediobarbi Biragi. *Mediolani, L. Montia*, 1683. *in fol. fig. vél.*

670. Imperatorum romanorum numismata etc. ab A. Occone olim congesta, jam illustrata à Fr. Mediobarbo Birago, curante P. Argelato. *Mediolani, ex aedibus societatis Palatinae*, 1730. *in fol. fig. vel. cord.*

Dernière et meilleure édition. Voyez *de Bure, bibliographique*, *No.* 5846.

671. Le même livre. *encartonné.*

Exemplaire enrichi de quelques notes autographes de A. Gronovius.

672. Imperatorum Imperatricum et Caesarum romanorum numismata aurea, argentea, aerea, à Julio Caesare ad Justinianum. *in fol. mar. rouge doré sur tr. et à filet.*

Volume très précieux dont toutes les médailles, au nombre d'environ 6600, ont été dessinées de la main du savant H. Goltzius, coté dans *Lipsius, Bibl. Num. t.* 1. *p.* 153. c'est le *N.* 2112. *du Cat. de M. de Boze*, il passa de ce cabinet dans celui du Pres. de Cotte, et le défunt en fit l'acquisition, pour 600 francs, à la vente de cette bibliothèque sous le *N.* 2000.

673. Imperatorium romanorum effigies, elogiis ex diversis scriptoribus per T. Treterum collectis illustratae, opera et studio J. B. de Cavalleriis, aeneis tabulis incisis. *Romae, (v. Accoltus,)* 1583. *in 8. fig. v.*

Première édition inconnue à *Lipsius, Bibl. Num.*

674. Le même ouvrage. *Romae*, (*F. Coattinus*,) 1590. *in* 8. *fig. v. à filet d'or.*

675. XII Primorum Caesarum et LXIIII ipsorum uxorum et parentum ex antiquis numismatibus, in aere incisae, effigies, atque eorum earemdumque vitae et Res gestae, ex variis authoribus collectae per L. Hulsium. *Francof. ad Moen.*, *J. Collitius*, 1597. *in* 4. *fig. vél. cordé doré sur pl.*

Édition originale.

676. Le même livre. *v.*

Exemplaire intercallé de feuillets blancs entre chaque page.

677. Le même ouvrage. *Spirae*, *B. Albinus*, 1599. *in* 4. *fig. vel.*

Seconde édition.

678. Impp. Romanorum numismatum series à C. Julio Caesare ad Rudolphum II, addita est breviter ipsorum vita, aversa pars nummorum et eorumdem explicatio per L. Hulsium *Francof.*, *Impensis authoris*, 1603. *in* 8. *fig. v*

Troisième édition.

679. Imagines et vitae Imperatorum romanorum illae ad vetusta numismata fideliter designatae; hac ex probatissimis auctoribus depromptae, addita ad singulas imagines Ausonii et aliorum elogia tetrasticha. (*Lugd. Bat.*) *ex offic. Plantiniana*, *apud C. Raphcling* 1599. *in* 12. *fig. vél.*

Exemplaire intercallé de feuillets blancs, chargés ainsi que l'ouvrage même, de quelques notes et poësies manuscrites.

680. Nieuwe Keysers Chronica ofte geschicht-boek van alle de roomsche so oostersche als westersche keyseren : ghetogen uit de Munten etc. door G. Chanler, uit den hoogduitschen in nederlandsche sprake doen oversetten, door

G. Chanler, des autheurs soons sone. *Amst.*, *N. Biestkens*, 1617. *in fol. fig. grav. en bois. vél. cordé.*

681. Medales, monnoyes et monumens antiques d'imperatrices romaines, de (J. B.) le Menestrier. *Dyon, C. Guyot*, 1625. *in fol. fig. vel.*

682. Livres des Medales, de J. B. le Menestrier. premiere partie. *Dyon, C. Guyot*, 1627. *in 4. fig. vél.*

683. Medales illustrées des anciens Empereurs et Imperatrices de Rome, par J. B. le Menestrier. *Dyon, P. Palliot*, 1642. *in 4. fig. vel.*

684. Le même livre. *vél.*

685. Commentaires historiques; contenant en abregé les vies, éloges et censures des Empereurs, imperatrices, cesars et tyrans de l'empire romain, illustré de l'explication de plusieurs centaines de médailles etc. par J. Tristan. *Paris, P. Billaine*, 1635. *in fol. fig. vél. cord.*

Première édition.

686. Commentaires historiques, contenant l'histoire generale des empereurs, imperatrices etc. illustrée par les inscriptions, médailles et monumens de l'antiquité, par J. Tristan. *Paris, D. Moreau*, 1644. 3 *vol. in fol. fig. vél. cord.*

687. Le même ouvrage. *Paris, S. Huré*, 1657. 3 *vol. in fol. fig. v. doré sur pl.*

La différence entre cette édition et la précédente ne consiste que dans le feuillet des intitulés, que des raisons de commerce auront fait changer. Voyez *de Bure Bible N.* 5845. et le *Dict. Bibl. art. J. Tristan.*

688. La Historia Augusta da Giulio Caesare infino à Constantino il magno, illustrata con la verita delle antiche medaglie da F. Angeloni. *In Ro-*

ma, A.^s Fei, 1641. in fol. fig. v. à filet. d'or.

Première édition, dont les exemplaires sont difficile à trouver.

689. La Historia augusta da F. Angeloni, Seconda impressione, con l'emendatione postume del medesimo autore, e col supplemento de rovesci, descritti da G. P. Bellori. *In Roma, F. Cesaretti, 1685. fol. fig. vél.*

Seconde et meilleure édition, annoncée comme rare dans la *Bibl. curieuse de Clement, t. 1. p. 327.*

690. Histoire des Empereurs Romains, depuis Jules César, jusques à Posthumus; avec toutes les médailles d'argent, qu'ils ont fait battre de leurs temps, dans les quelles sont représentés leurs portraits au naturel et leurs plus signaleés actions, par les revers d'icelles. *Paris, Antoine de Sommaville etc., 1645. in fol. mar. rouge, doré sur tr. et à dentelle.*

J. Haultin, est, selon toute apparence, le compilateur de de cet ouvrage, qui est de toute rareté. *Banduri*, assure, *Bibl. num. p. 31.* de l'avoir cherché envain dans les bibliothéques les mieux fournies de Paris; mais depuis son têms on en a vu passer quelques exemplaires dans des ventes publiques; et comme ils portaient l'année de 1645, on est en droit de croire que cet antiquaire se trompe en le datant de de 1641. à l'imitation de *Labbe Bibl. num. p. 31. Gerdes, Flor. libr. rar. art, Histoire des Empereurs et Clement, Bibl cur. t. 9. p. 361*, l'annoncent aussi comme de 1645, mais le dernier avance en même tems la conjecture, qu'une réimpression de l'intitulé pourait être la cause de cette diversité des dates.

Vendu 299. l. 19. S. à la vente de m. d'Ennery.

Voyez le Catalogue N. 283; mais par erreur ou faute d'impression on y trouve marqué que les planches sont au nombre de 242, tandis que le volume que j'indique, et qui renferme toutes les médailles indiquées sur le titre, n'en contient que 261.

691. Histoire des Imperatrices, (tirée de leurs medailles.) *Paris, N. de Serey, 1646. in 4. fig. vél.*

Livre peu commun, orné des planches de Vico.

692. Imperatorum romanorum numismata ex aere mediae et minimae formae, descripta et enarrata per C. Patinum. *Argent., S. Paullus*, 1671. *in fol. fig. vél. cord.*

693. Le même livre. *mar. rouge, doré sur tr. et. pl.*

Exemplaire de la bibliothéque de Colbert, enrichi, par P. Burman sec., de quelques notes de sa main, touchant l'ouvrage et son auteur.

694. Le même ouvrage. *Paris, vidua Cramoisy*, 1697. *in fol. fig. vél. cord.*

695. Numismata imperatorum romanorum praestantiora, a Julio Caesara ad Posthumum et Tyrannos, per J. Vaillant. *Parisiis, R. de Ninville*, 1674. 2 *tom.* 1 *vol. in* 4. *fig. v.*

Première édition, qui ainsi que la suivante, a le mérite d'indiquer les Cabinets où se trouvaient alors les médailles. Exemplaire avec quelques notes et prix, en manuscrit.

696. Le meme ouvrage. *Parisiis, F. Moette*, 1682. 2 *tom.* 1 *vol. in* 4 *fig. v.*

Avec les prix des médailles écrits à la main.

697. Numismata Imperatorum Romanorum praestantiora etc. per J. Vaillant. Editio altera emendatior et auctior. *Lut. Paris, J. Jombert*, 1692. 2 *vol. in* 4 *fig. v.*

698. Le même ouvrage. Editio Tertia. *Lut. Paris, J. Jombert*, 1694. 2 *tom.* 1 *vol. in* 4 *fig. vél. cordé.*

699. Le même livre, *en* 2 *vol. vél.*

700. Le même livre. 2 *tom. en* 1 *vol. vél.*

Exemplaire de C. van Arckel, chargé de quelques notes manuscrites.

701. Le même livre, *en* 2 *vol. vél.*

Exemplaire de la bibl. de J. Alensoon, éditeur du Jobert Hollandais, avec les prix des médailles, en manuscrit.

702. Numismata Romanorum Imperatorum praestantiora etc. per J. Vaillant, Editio prima Romana plurimis rarissimis Nummis aucta; cui accessit Appendix à Posthumo ad Constantinum magnum, (cura J. F. Baldino,) *Romae*, *C. Barbiellinus*, 1743. 3 *tom.* - *et* - ad Numismata Imperatorum Romanorum aurea et argentea, à Vaillantio edita à Cl. Baldinio aucta, Supplementum, à Julio Caesare ad Comnenos se porrigens, opera J. Khell. *Vindob.*, *J. F. de Tratnern*, 1767. *Ensemble* 4 *vol. in* 4 *fig. v. à filet d'or.*

703. Le même livre et Supplement, *en* 4 *vol. v. fauve, à filet do'r.*

Les 3 vol. de Vaillant sont enrichis des prix des médailles, selon deux taxations différentes, et écrits en rouge et noir afin de distinguer les évaluations.

704. Le même livre, sans le supplement, *en* 3 *vol. gr. pap. de formát in fol. v.*

705. Les planches séparées de *Vaillant*, *Numismata Imperatorum Romanorum praestantiora*, intercallées de feuillets blancs, avec la description des médailles ect. en manuscrit. *In* 12. *obl. vél.*

Il paroît par une note en tête de ce receuil, que c'est un présent de H. Schoonebeck à L. Smids, et qu'il vint ensuite dans la bibl. de K. Verryn.

706. Les mêmes planches, intercallées de feuillets blancs. *In* 12. *obl. vél.*

707. Effigies Imperatorum Romanorum a Julio Caesare usque ad Ferdinandum III, (delineatore P. Aquila.) *Romae*, 1681, *cura et sumptibus*, *J. J. de Rubaeus. in fol. demi v.*

708. Les mêmes planches, accompagnées d'une description manuscrite en Italien. *In* 4 *demi vél.*

709. De Roomsche Keizers, in byschriften vertoond door L. Smids, *Amst. gedrukt voor den Autheur* 1687. — De Roomsche Keizerinnen in byschriften vertoond, door L. Smids. *Amst.*, *gedrukt voor den Autheur* 1688. — Letterkonstig ontwerp der aanmerkingen over de Roomsche Gedenkpenningen. *Amst. J. van Royen* 1693. — L. Smids, Tooneel van staat der Roomsche Keizeren, neevens deeser groot Muntékabinet. *Amst.*, *A. Schoonebeek* 1694. *fig. in* 8. *vél.*

710. Numismata aerea Imperatorum Augustarum et Caesarum, in Coloniis, municipiis et urbibus jure latio donata ex omni modulo percussa, auctore J. Foy-Vaillant. *Paris*, *F. Moette*, 1688. 2 *tom.* 1 *vol. in fol. fig. v.*

711. Le même livre. *vél. cordé.*

712. Le même livre. *vél.*, *en* 2 *vol. v. fauve*, *non rogné.*

Exemplaire précieux, dont Vaillant lui même avait fait présent à Morel, qui le fit intercaller de feuillets blancs entre chaque page, et qui l'enrichit de plusieurs notes et desseins de médailles de sa main. Le defunt l'acquit en 1793, à la vente de Hennin pour 249 l. 19 s.

713. Le même ouvrage. *Paris*, *D. Horthemels*, 1695. 2 *tom.* 1 *vol. in fol. fig. v.*

714. Le même livre. *demi rel. non rogné.*

715. Appendiculae Duae Novae ad Numismata antiqua, (Impp. Rom. in Coloniis et Urbibus Graecis percussis,) a Cl. Vaillantio olim edita. *Viennae, ex typographia Kaliwodiana*, (1744.) *in* 8. *fig. encartonné.*

716. S. Schynvoets, Muntkabinet der Roomsche Keizers en Keizerinnen, in vaarzen beschreeven door A Bogaert. *Amst.*, *by d'Erfgen. van J. Lescailje*, 1695. *in* 8 *fig. gr. pap. v. à filet doré.*

717. Le même livre. *gr. pap. vél. cordé, doré sur tr. et pl.*

Les fig. de cet exemplaire sont imprimées en bistre.

718. Le même livre. *gr. pap. vel. doré sur tr.*

Figures coloriées.

719. De roomsche monarchy, vertoont in de muntbeelden der westersche en oostersche keizeren, beginnende van Cesar en eindigende met Leopoldus, door A. Bogaert. *Utr. F. Halma,* 1797. 8. *fig. gr. pap. vél. cordé.*

720. A. Bogaerts, roomsche Monarchy, vertoont in de levensbedryven, muntbeelden en gedenkpenningen der westersche en oostersche keizeren, van Julius Cesar tot op Karel den VI. *Amst., H. Blank,* 1716. *in* 8. *fig. vél.*

721. Numismata Imperatorum Augustarum et Caesarum, a populis Romanae ditionis, graece loquentibus ex omni modulo percussa, per J. Vaillant. *Lutet. Paris.* 1698. *in* 4 *demi vel.*

C'est sur cet exemplaire, chargé d'un grand nombre de corrections et notes de la main de l'auteur, que la seconde édition a été faite; mais comme ainsi il a tenu lieu d'un manuscrit on en a enlevé le titre.

722. Le même ouvrage; editio altera ab ipso auctore recognita. *Amst., G. Gallet,* 1700, *in fol. fig. vél. cordé.*

723. Appendicula ad numos Augustorum et Caesarum ab Urbibus graece loquentibus cusos, quos Cl. Vaillantius collegerat. *Viennae, vidua M. T. Voigten,* (1734.) *in* 8. *fig. en cartonné.*

724. Index ad supplendum, locupletandum et illustrandum Vaillantium de nummis Imperatorum romanorum graecis inscriptionibus insignitis, studio et opera G. de Pfau. (*sans*

nom de lieu ni d'imprimeur.) 1741. *in* 4 *fig. demi v. non rogné.*

725. Romanorum inperatorum pinacotheca, cura et labore L. Smids. *Amst., H. Desbordes,* 1699. *in* 4 *fig. v.*

726. Series Augustorum, Augustarum, Caesarum et Tyrannorum omnium, auctore L. Paterol. *Venet., A. A. Bortolis,* 1702. in 4. *fig. vél.*

727. Historia augusta imperatorum romanorum a Julio Caesare usque ad Josephum, ex J. P. Lotichii et J. J. Hoffmanni tetrastichis et ejusdem in haec enarrationibus historicis additamenta necessaria et integra, omissorum supplementa adjecit H. C. Henninius. *Amst., S. Roger,* 1710. *in fol. fig.* — *et* — H. Hamelow imperatores Romani carmine perpetuo descripti. *Amst., P. de Loup,* 1710. *in fol. vél. cord.*

728. C. Wermuthii numismata omnium imperatorum romanorum mnemonica. *Gothae. C. Reyker,* 1715. *in* 8. *fig. vél.*

729. Numismata imperatorum romanorum Trajano Decio ad Paléologos Augustos ; accessit bibliothecae nummariae opera, D. Anselmi Banduri. *Lut. Paris, Montalant,* 1718. 2 *vol. in fol. gr. pap. fig. v.*

730. Numismata imperatorum romanorum a Trajano Decio ad Constantinum Draconem ab Anselmo Bandurio editorum supplementum, confectum studio et cura H. Tanini. *Romae, A. Fulgonius,* 1791. *in fol. fig. encart.*

731. Recueil de médailles des empereurs Grecs et Romains du bas empire, depuis Trajan Dece jusques aux derniers Paléologues, en 171

planches, gravées par P. Simoneau fils. *in fol. v. doré sur tr., et sur pl. aux armes du Roi de France.*

Voici l'avertissement manuscrit, qui se trouve au commencement de ce volume.

„ Ce recueil de médailles au nombre de cent soixante onze
„ planches forme une Histoire suivie des empereurs grecs et
„ Romains du bas Empire depuis Volusien et Posthume jusques
„ aux derniers Paléologues. On confond ces figures avec celles de
„ l'Histoire Byzantine de Du Cange. Il est vrai que l'édi-
„ teur de ce receuil avoit intention d'en former un supplé-
„ ment aux cent planches publiées par Du Cange. Celle ci
„ comprennent un très grand nombre de médailles qui lui
„ étoient inconnues dont plusieurs sont uniques, et en outre
„ soixante planches d'Empereurs avant Constantin, où Du
„ Cange a commencé son histoire. Le même éditeur auroit
„ fait sentir la nécessité d'unir ces deux suites par une table
„ historique et détaillée, mais dans l'incertitude que ses cent
„ soixante onze planches ne fussent point acquises pour la
„ bibliothéque du Roi, comme il est arrivé, il n'a point en-
„ trepris ce travail, qui sans être infiniment penible, n'auroit
„ pas laissé que de demander du tems.
„ Ce Receuil joint avec les planches des medaillons du
„ Roi, qui sont au cabinet des estampes, auroit fait un
„ corps précieux en ce genre de médailles Imperiales."

Lipsius et les autres bibliographes ne nous apprennent rien au sujet de cette collection; ainsi il m'est impossible d'en demêler d'avantage l'origine et l'histoire, et je ne puis qu'y ajouter, que les planches sont conformes à celles de Banduri.

732. Numismata selectiora imperatorum Caesarumque nec non et augustarum ex auro, aere et argento cujuscumque sint moduli ad Heraclium cum eorum praetio, ex autoribus modernis clarioribus scriptis desumpto. *In monasterio S. Apri prope Tullum. anno* 1748. 3 *vol. pet. in* 4. *encart.*

Manuscrit sur papier.

Les prix sont presque tous selon l'estimation de M. l'Abbé de Rothelin.

733. Thesaurus morellianus sive C. Schlegelii, J. Havercampi et A. F. Gorii commentaria in XII

priorum imperatorum romanorum numismata aurea, argentea et aurea, cujuscunque moduli diligentissime conquisita et accuratissime delineata ab A. Morellio, cum prefatione P. Wesselingii. *Amst. J. Wetstein*, 1732. 3 *vol. in fol. fig. v.*

734. Medallas de las colonias municipios y pueblos antiguos. por el R. P. M. Fr. Henrique Florez. *in Màdrid, A. Marin*, 1757. 3 *vol. in* 4. *fig. v.*

735. Histoire abregée des empereurs romains et grecs, des impératrices, des cesars, des tyrans, et des personnes des familles impériales, pour les quelles on a frappé des médailles avec les légendes que l'on trouve autour des têtes, la liste des médailles connues de chaque regne, le degré de leur rareté, et la valeur des têtes rares, par M. Beauvais. *Paris, de Bure Pere*, 1767. 3 *vol. in* 12. *v. marbré*,

736. Le même livre. *v.*

737. Numi aegyptii imperatorii prostantes in museo Borgiano veletris, adjectis praeterea quotquot reliqua hujus classis numismata ex variis museis atque libris colligere obtiget, (aut ore G. Zoega.) *Romae, A. Fulgonius*, 1787. *gr. in* 4. *fig. encart.*

738. Histoire medalique des empereurs romains. 3 *vol. in fol.*

Manuscrit sur papier, portant cette note au commencement du 1er Vol. „ *Domus professae Paris Soc. Jesu*, 1693. *Do-* „ *num R. P. de la Chaise, reg. à confessionibus c'est* „ *L. N°. Cl II. du Cat. des M. S. S.* de cette maison."

739. Index numismatum. *in* 12 *vel. verd.*

Manuscrit sur papier, qui indique non seulement les médailles aussi leurs différents grades de rareté et leurs prix.

740. Portraits des 12 premiers empereurs romains, dessinés à la main. *in fol. vél.*

741. Portraits et médailles des 12 premiers empereurs romains, dessinés à la main. *in 4. vél.*

742. Portraits et médailles des empereurs et impetatrices de Rome, depuis Nerva jusqu'à Victorin, déssinés à la main. *in 4 cuir noir à filet d'or.*

Medailles des Espagnols, Siciliens etc.

743. Dissertation historique sur les monnoyes antiques d'espagne par M. Mahudel. *Paris, le Mercier Pere*, 1725. *in 4. fig v.*

744. Museo delas medallas des conocidas Espânolas publicalo D. V. J. Lastanoza. *En Heusea por J. Nogués*, 1645. *in 4 fig. mar. rouge doré sur tr. et à filet.*

Superbe exemplaire parfaitement complet, d'un ouvrage estimé, recherché et rare, venant de la bibliothèque de M. *M. Girardot de Préfond.*

Voyez *la science les médailles de Jobert, éditée par la Bastie*, t. 2, p. 97 et 116. *De Bure bibl. N.* 4823. *Voge et le Dict. Bibl. art. V. J. Lastanoza.*

745. Le même livre. *v.*

Exemplaire de J. S. Floriantrehistch, de D'orville, et enfin de P. Burman sec. mais où le portrait de Lastanoza manque.

746. Le même livre. *vél.*

Sans le portrait.

747. Ensayo sobre los alphabetos de las letras des conocidas, que se encuentran en las mas antiquas medallas y monumentos de Espana, por Don Z. J. Velazquez, *En Madrid, A. Sanz*, 1752. *in 4. fig. gr. pap. v.*

748. Le même livre. *gr. pap. vél.*

749. Le même livre. *gr. pap. encart.*

750. J. A. Pintii de nummis ravennatibus. *Venet, J. B. Pasquali*, 1750. *in 4. fig. br.*

751. Rara magnae graeciae numismata à Prosp. Parisio, curante J. G. Volckamero. (*Norimb.*) *A*°. 1683. *in fol. fig. vel.*

752. Il regno di Napoli e di Calabria, descritto con medaglie, arrichito d'una d'escrittione compendiosa di quel famosa regno; ed illustrato d'une succinta dichiaratione intorno alle sue medaglie da M. Maier. *Nella Haga, C. di Lom*, 1723. *in fol. fig. v.*

753. Il regno di Napoli é di Calabria. (*sans date, nom de lieu et d'imprimeur.*) *in fol. demi vél.*

754. Bruttia numismatica sue Bruttiae, hodie Calabriae, populorum numismata omnia, in variis per Europam nummophylaciis accuraté descripta, nec non aliqua alia ex jam editis deprompta, a P. Dom. Magnan. *Romae*, *A. Casaletti*, 1773. *in fol. fig. gr. pap. v.*

755. Lucania numismatica seu Lucaniae populorum numismata omnia in variis per Europam nummophylaciis accuratè descripta, nec non aliqua alia ex jam editis deprompta a P. Dom. Magnan. *Romae*, *V. Monaldini*, 1775. *in 4 fig. gr. pap. encart.*

756. La Sicilia descritta con Medaglie da messer Filippo Paruta. *In Palermo*, *G. B. Maringo*, 1612. *in fol. fig. mar. rouge, doré sur. tr. et a filet.*

Edition originale, fort rechétchée et rare, dont sur tout les exemplaires bien complets sont difficiles à trouver. Celui-ci est magnifique et parfaitement conforme à la description de *de Bure*, *bibl. N.* 5071.

757. Le même livre. *v.*

758. Le même livre. *vel.*

l'Avis au lecteur et l'errata manquent à cet exemplaire.

759. La Sicilia di F. Paruta con aggiunta da L. Agos-

Agostini. *In Roma, L. Grignani*, 1649. *in fol. fig. v. à filet d'or.*

760. Le même livre. *vél. cordé.*

761. La Sicilia di F. Paruta con aggiunta da L. Agostini hora in miglior ordine disposta da M. Maier. *In Lione, M. Maier*, 1697. *in fol fig. v.*

762. P. Parutae et L. Augustini, Sicilia numismatica nunc primum additis H. Goltzii aliorumque Siciliae descriptione et in numismata singula explicationibus ingenti numero tabularum, edita sparsim apud alios et inedita numismata complectentium locupletata et perpetuo commentario illustrata, studio et industria S. Havercampi, accedunt insuper G. Gualtheri Siciliae et adjacentium insularum atque Bruttiorum tabulae antiquae una cum ejusdem G. Gualtheri animadversionibus. *Lugd. Bat., P. van der Aa*, 1723. 3 *tom.* 2 *vol. in fol. fig. v.*

763. Aggiunta alla Sicilia di F. Paruta gia accrescenta da L. Agostini, raccolta principalmente dal studio delle medaglie di D. A. Marchese e ordinata dal C. F. Marchese. 2 *vol. petit in* 4. *vél.*

Recueil inédit de gravures de médailles plaquées, et accompagnées d'un titre, d'un index, et de plusieurs notes manuscrites. *M. d'Orville* en parle dans sa *Sicula pag.* 42. c'est un présent de son fils à M. P. Burman sec.

764. Siciliae populorum et urbium regum quoque et tyrannorum veteres nummi saracenorum epocham antecedentis (auctore G. Castellus Pr. Turris Muciae.) *Panormi, Typis Regiis*, 1781. *fig.* — Ad Siciliae populorum etc. Veteres nummos saracenorum epocham antecedentes auctarium, (eodem auctore.) *Ibid.* 1789. *fig.* — *et* — Auctarium secundum, (eodem auctore.) *Ibid*, 1791. *fig. in fol. gr. pap. v. écail doré sur tr. et à filet.*

765. Les mêmes Auctaria, ou suppléments séparement. *gr. pap. vél.*

766. Recueil de 14 très belles estampes de medailles siciliennes. *gr. in fol. en feuilles.*

767. Olai Gerh. Tychsen introductionis in rem numariam Muhammedanorum additamentum I. *Rostoch, Stiller*, 1796. *in* 8. *fig. encartonné.*

768. Collectio numorum cuficorum, quos aere expressos, addita eorum interpretatione, subjunctoque alphabeto cufico edidit J. Hallenberg. *Stockh., H. A. Nördstrom*, 1800. *in* 8. *fig. br.*

Traités, Dissertations, Lettres et autres pieces particulieres sur des médailles antiques curieuses.

769. Lettre à Mr. de d'Angeau sur une pretendue medaille d'Alexandre, publiée par Mr. de Vallemont, (par Adele.) *Paris, P. Cot*, 1704. — Seconde lettre. *Paris, P. Cot*, 1704. — Troisieme lettre. *Paris, P. Cot*, 1704. *in* 12. *v. fauve, doré sur tr. et à dentelle.*

770. Les mêmes lettres. *v.*

771. Les mêmes lettres. - Dissertation sur Magnia urbica, (par Genebrier.) *Paris, P. Cot*, 1704. *fig.* - Explication d'une pierre gravée du Cabinet du Comte de Pontchartrain, (par Baudelot.) *Paris, P. Cot*, 1710. - Dissertation sur Nigrinianus, (par Genebrier,) *Paris, P. Cot*, 1704. *fig.* — Dissertation sur le culte que les anciens ont rendu à la déese de la santé, (par Gros de Boze.) *Paris, P. Cot*, 1705. *fig.* — Dissertation sur une figure de bronze trouvée

dans un tombeau, par Moreau de Mautour. *Paris, P. Cot*, 1706. *fig.* - Explication d'une inscription antique, trouvé depuis peu à Lyon, (par Gros de Boze.) *Paris, P. Cot*, 1705. *fig.* - Dissertation sur le Janus des anciens, (par Gros de Boze.) *Paris, P. Cot*, 1705. *fig. in* 8. *v.*

772. Reponse aux observations de Mr. Galland sur les explications de quelques médailles de Tetricus, le Pere, et d'autres, tirées du Cabinet de Mr. de Ballonffeaux, (par de Ballonffeaux.) *Luxemb., A. Chevalier*, 1702. *in* 8. *fig. demi v.*

773. Expositio aurei numismatis Heracliani ex museo Clementis XI. abb. J. C. Batello authore. *Romae, C. Zenobius*, 1702. *in* 8. *gr. pap. v. fauve à filet doré.*

774. Reflections sur les deux plus anciennes médailles d'or romaines, qui se trouvent dans le Cabinet de S. A. R. Madame, (par Baudelot.) *Paris, J. B. Lamesle*, 1720. *in* 4. *fig. br.*

775. Le même livre. - Dissertation historique sur une médaille d'Herode Antipas, (par Rigord,) à la quelle on a joint dissertation de Mr. Graverol, à Mr. Rigord sur une médaille grecque qui porte le nom du Dieu Pan, avec la reponse du dernier. (*Paris, A. Lambin*, 1689. —— *et* - Numismatum antiquorum sylloge populis graecis, municipiis et coloniis romanis cusorum, ex cimeliarcho editoris, (C. Whreu.) *Lond., D. Mortier*, 1708. *fig. in* 4. *vél.*

776. T. S. Bayri, de numis romanis in agro prussico repertis commentarius, accedit ejusdem epistola de Theophrasti Delii praesidis monumento. *Lipsiae, J. F. Gleditsch B. Fil.*, 1722. *in* 4. *fig. br.*

777. Le même livre. - J. G. Eccardi, epistola

de numis quibusdam explicatu difficilioribus ad D. N. Gerhardum, qui eosdem in numophylacio suo conservat. *Lipsiae, J. F. Gleditsch. B. Fil.*, 1722. *fig.* - Lettre de M^r^. Bouhier à M^r^. le B. D. L. B. (Baron De la Bastie) au sujet de la médaille de Vabalathus (1719, *sans nom du lieu, d'impression et de l'imprimeur*)- Catalogus numismatum antiquorum J. de Bary. (*Amst.*, 1730) *fig. in* 4. *vél.*

778. T. S. Bayeri, de numo Rhodio in agro Sambiensi reperto dissertatio. *Regiomonte, Litteris Reusnerianis*. 1723. - Idem, de Nummis romanis in agro prussico repertis commentarius, accedit ejusdem epistola de Theophrasti Delii praesidis monumento. *Lipsiae, J. F. Gleditsch B. Fil.*, 1722. - G. A. Scultetus, Biantem Prienaeum in nummo argentino. *Ibid, J. Titius*, (1714.) - G. Binner, nummi Agrippinae dissertatio Historico-Philologica. *Vitemb., J. Wilckius*, (1694.) - J. Meieri, commentatio de nummo quodam aureo Posthumi rarissimo. *Goslar, J. C. König*, 1713. *fig.* - J. a Mellen, Sylloge nummorum ex argento uncialium quos vulgo Imperiales seu Thaleros appellant. (*Lubecae*,) *Typis C. G. Venatoris*, 1697. *fig.* - C. Schraderi, epistola, interpres nummi Judaici. *Helmstadii, H. Muller*, 1654.- J. Borniti, de nummis in Repub. percutiendis et conservandis. *Hanov., Typis Wechelianis apud C. Marnium*, 1608. — J. Seldeni, liber de nummis; huic accedit Bibliotheca nummaria, (auctore P. Labbe.) *Lond., M. Pitt*, 1675. - S. Reyheri, Juridico-stathmira dissertatio de tribus argenteis nummis iisque uncialibus antiquissimis. *Kiliae Holsator. J. Reumann*, 1695. *fig.* - et - J. G. Eccardi, epistola de numis quibusdam sub regimine Theodorici in honorem Impp. Zenonis et Anas-

tasii cusis. *Hanoverae*, (*sans nom d'imprimeur*,) 1720. *fig.* - *in* 4. *vél.*

779. Observationes et conjecturae in numismata quaedam antiquae παρεργον L. Begeri. accedunt dua E. Spanhemii ad authorum epistolae interjecta authoris ad priorem responsoria. *Col. Brandeb. U. Liebpert*, 1691. *in* 4. *fig. et vignet vél.*

780. Meleagrides et Aetolia ex numismate κυριων apud Goltzium, in lucem vindicatae à L. Begero. *Col. Brandeb.*, *U. Liebpert*, 1696. *fig.* - Cranae insula laconica eadem et Helena dicta et Mingarum posteris habita, ex nummismatibus Goltzianis contra communem opinionem, quae ad Helenam Atticae respexit, demonstrante L. Begero. *Ibid.*, 1696. *fig.* - Contemplatio gemmarum quarundam dactyliothecae Gorlaci, instituta à L. Begero. *Ibid.*, 1697. *fig. in* 4. *vél.*

781. Selecti nummi duo Antoniniani quorum primus anni novi auspicia, alter Commodum et Annium Verum caesares exhibit, ex bibliotheca C. Card. de Maximi, (auctore J. P. Bellorio.) *Romae*, *J. Dragondelli*, 1676. *in* 8. *fig. vél.*

782. Le même livre - C. Linnaei oratio de telluris habitabilis incremento, et A. Celsii oratio de mutationibus generalioribus quae in superficie corporum coelestium contigunt. *Lugd. Bat.*, *C. Haak*, 1744. - An address to the publick containing narratives of the effects of certain chemical remedies in most diseases, by C. Mortimer. *Lond.*, *C. Davis*, 1745. *in* 8. *demi v.*

783. Numismata gracca non ante vulgata quae A. Benedictus e suo maxime et ex amicorum museis selegit, subjectisque G. Oderici anim-

adversionibus suis etiam notis illustravit. *Romae, ex officina Zempelliana*, 1777. *in* 8. *fig. br.*

784. Histoire des quatre Gordiens, prouvée et illustrée par les medailles, (par J. B. du Bosc) *Paris, F. et P. Delaulne*, 1695. *in* 12. *v.*

785. Le même livre. *v.*

786. Pro quatuor Gordianorum historia vindiciae; (auctore J. B. du Bosc) *Par., F. et P. de Laulne*, 1700. *in* 12. *fig. b.*

787. Lettre de Mr. de Boze sur une medaille antique de Smyrne du Cabinet de Mr. le Comte de Thoms, qui y joint sa reponse. *Haye, P. Gosse Jun.*, 1744. *in* 4. *fig. gr. pap. demi. v.*

788. Osservazione sopra alcune moneta consolari del D. P. M. Brocchieri. *Bologna, L. Della volpe*, 1762. *in* 4. *fig. vél.*

789. De Othone aureo commentarius J. B. Capponi. *Bononiae, D. Barbezius*, 1669. *in* 4 *gr. pap. mar. rouge, doré sur tr. et pl.*

Exemplaire de la Bibliotheque de Colbert.

790. Lettres écrites à Mr. B. (Baudelot) par le R. P. Chamillard, sur quelques médailles curieuses de son Cabinet, (avec la reponse de Mr. Baudelot.) *Paris, P. Aubouin*, 1697. *fig.* - Dissertations historiques sur divers sujets d'antiquité. *Paris, P. Cot*, 1706. - Lettre de Mr. Mahudel à Mr. de Baville, contenant l'explication d'une inscription antique gravée sur une pierre trouvée dans la ville de Caluhorra et envoyée à Mr. de Baville. *Trevoux, E. Ganeau*, 1708 - *et* - Lettre sur les médailles antiques (*sans date, nom de lieu et d'imprimeur.*) *in* 12. *vél.*

791. Lettres écrites à Mr. B. (Baudelot) par le R. P. Chamillard, sur quelques médailles curieu-

ses de son Cabinet. *Amst.*, *N. Chevalier*, 1701. - B. C. Struvi, bibliotheca numismatum antiquiorum. *Jenae*, *J. Bielkius*, 1693. - La science des médailles, (par L. Jobert.) *Amst.*, *G. Gallet*, 1693. *in* 12. *vél.*

792. Aureus Constantini augusti nummus explicatus, (auctore M. A. de Chausse). *Romae*, *L. A. de Chracas*, 1703. — Reponse à Mr. G. (Galland), où l'on examine plusieurs questions d'antiquité, et entr' autres la dissertation publiée sur le Gallien d'or du Cabinet du Roy, (par Baudelot.) *Paris*, *P. Aubouin*, 1698. *fig.* — Observations sur les explications de quelques médailles de Tetricus le Pere, et d'autres, tirées du Cabinet de Mr. de Ballonffeaux, (par A. Galland.) *Caen*, *A. Cavelier*, 1701. — Reflections sur la science des Médailles par M*** (Spiridson Poupart). *Paris*, *M. et G. Jouvenal*, 1705. — Dissertation historique sur une médaille frappée en L'honneur de son altesse Royale par le R. P. L. Hugo. *Nancy*, *D. Gaydon*, 1706. *fig.* - Dissertations historiques sur divers sujets d'antiquite. *Paris*, *P. Cot*, 1706. - Lettres écrites à Mr. B. (Baudelot), par le R. P. Chamillard, sur quelques médailles curieuses de son Cabinet, (avec la reponse de Mr. Baudelot.) *Paris*, *P. Aubouin*, 1697. *fig. in* 12. *v.*

793. E. Corsini, de Minnisari aliorumque Armeniae regum nummis et Arsacidarum epocha dissertatio. *Liburni*, *A. Santinus*, 1754. *in* 4. *vél. cord.*

794. Le même livre. *br.*

795. E. Corsini, epistolae tres quibus Salpicae Dryantillae, Aureliani ac Vabalathi augustorum nummi explicantur et illustrantur. *Liburni*, *J. P. Fantechius*, 1761. *in* 4. *encart.*

796. Historia trium Gordianorum, (auctore G. Cuperus.) *Davent.*, *A. Fronten*, 1697. *in* 8. *fig. demi vél.*

797. G. Cuperi, de Elephantis in nummis obviis exercitationis duae. *Hagae Comitum*, 1719. *in fol. fig. vél.*

798. Selecta numismata ex Itenerario Corn. de Bruyn (et alii, cum explicationibus ex litteris Gisb. Cuperi.) *in* 8.

Manuscrit sur papier, avec quelques gravures de médailles plaquées et plusieurs autres dessinées à la plume.

799. Selecta numismata ex litteris Cl. Gisb. Cuperi Cos. Daventriensis, ad praestantissimos in orbe litterario viros datis. *in* 4. *v.*

Manuscrit sur papier, orné d'un grand nombre de médailles dessinées à la plume.

Il me paraît apographe; du moins ce n'est que l'ouvrage précédent, sous un autre titre et différemment disposé.

800. De Plumbeis antiquorum numismatibus dissertatio F. Ficoronii, quam latine vertit D. Cantagallius. *Romae*, *A. de Rubeis*, 1750. *in fig. vél.*

801. De numismate census a Pharisaeis in questionem vocato. Dissertatio Theologo Historica M. Freheri. M. F. Editio auctior. *Heidelb.*, *A. Cambierum*, 1599. *in* 4. *fig. br.*

802. Epistola de Charondae effigie in Catanensi nummo expressa apud P. Seguinum in nummo argenteo, (auctore R. F. du Fresne.) *Paris*, (*sans nom d'imprimeur*, 1658. – De nummo Brittannico epistola ad R. F. du Fresne, (auctore P. Seguino.) *Ibid.* (*sans nom d'imprimeur*,) 1659. *in* 8. *v.*

803. Animadversionem in quosdam numos veteres urbium, edit. altera auctior. P. Er. Froelich curante A. F. Gorio. *Florent.*, *ex Typographia Albiziano*, 1751. *in* 8. *fig. v.*

804.

804. Le même Livre - Osservazioni sopra il libra della Felsina pittrice perdifesa di Raffaello de Urbino, dei Caracci, e della lore scuola, publicata e divise in sette lettere da D. v. Vittoria. *Roma, Zenobi*, 1703. - Dissertazioni e lettere filologiche antiquarie del Padre A. M. Lupi. *Arezzo, M Bellotti*, 1753. *fig. in* 8. *vél.*

805. Dubia de Minnisari aliorumque Armeniae regum numis et Arsacidarum Epocha proposita per Er. Froelich. *Viennae austriae, J. F. Trattner*, 1754. *in* 4. *br.*

806. Er. Froelich, de familia Vaballathi numis illustrata; accedunt ejusdem adpendiculae duae ad numismata antiqua a Cl. Vaillantio olim edita, Editione altera restitutae curante J. Kheli. *Vindob., G. L. Schulzius*, 1762. *in* 4. *fig. br.*

807. Lettre de M. G. (Galland) touchant quatre médailles antiques nouvellement publiées par le R. P. Chamillard. *Caen, J. Cavelier*, 1697. — Lettre (de Mr. Galland) touchant la nouvelle explication d'une médaille d'or, du Cabinet du Roy. *Caen, J. Cavelier*, 1698. - Reponse á Mr. G**. (Galland) où l'on examine plusieurs questions d'antiquité, et entr'autres la dissertation publiée sur le Gallien d'or du Cabinet du Roy, (par Baudelot.) *Paris, P. Aubouin*, 1698. *fig.* - Explication d'une médaille singuliere de Domitien, presentée à l'academie de Lyon en l'année MDCCXXXV. *Paris, J. Guerin*, 1735. - Exercitationes de Vaticiniis Sibyllinis conscriptae ab J. Reiskio, accessit de nummis duobus Sibyllinis dissertatio. *Lipsiae, C. Fleischer*, 1688. *in* 8. *demi v.*

808. Observations sur les explications de quelques medailles de Tetricus le Père, et d'autres, tirées du Cabinet de Mr. de Bollonsseaux, (par A.

Galland.) *Caen, A. Cavelier*, 1701. *in 8.br.*

809. Le même livre-*et*-Dissertation sur magnia urbica, (par Genebrier.) *Paris, P. Cot*, 1704. *fig.*-Dissertation sur Nigrinianus, (par le même.) *Ibid.* 1704. *fig.* 12. *v.*

810. Dissertation sur magnia urbica, (par Genebrier.) *Paris, P. Cot*, 1704. *in* 12. *fig. v. à filet d'or.*

811. Le même livre. *vél.*

812. Histoire de Carausius, Empereur de la grande Bretagne, prouvée par les médailles, (par Genebrier.) *Paris, J. Guerin*, 1740. *in* 4. *fig. gr. pap., mar. rouge doré sur tr. et à dent.*

Bel Exemplaire.

813. Z. Goezii, de Numis Dissertationes XX. *Vitemb., C. F. Ludovicus*, 1716. *in* 8. *fig. vél.*

814. Z. Goezii, amoenitates numismaticae. *Vitemb., J. J. Ahlefeldius*, 1754. *in* 8. *fig. br.*

815. Guill. Guirani, explicatio duorum vetustorum Numismatum Nemausensium ex aere. Editio altera, auctior et emendatior. *Arausione, E. Rabanus*, 1657. *in* 4. *fig. v.*

816. Numismata aliquot Rariora Augustorum Tetrici senioris, Aureliani junioris et Maxentii, e museo G. de Ballonffeaux a J. Harduino illustrata. *Luxemb., A. Chevalier*, 1700. *in* 8. *fig. demi v.*

817. S. Havercampi, Dissertationes de Alexandri magni, Numismate et de Nummis contorniatis. *Lugd. Bat., J. van der Aa*, 1732. *in* 4. *fig. vél.*

818. Le même livre. *vel.*

Exemplaire de Roukens.

819. J. J. de Havern, Dissertatio apologetica, qua aenei et unici Vespasiae Pollae numi antiqui-

tas et integritas vindicantur, (contra J. Khell.) *Vindob.*, *J. T. de Trattnern*, 1766. *in* 4. *gr. pap. vél.*

820. Runae in nummis vetustis diu quaesitae, tandemque ibidem feliciter inventae, seu de nummis Runicis, commentatio N. Kederi. *Lips.*, *J. F. Gleditsch*, 1704. — Nummi aliquot diversi ex argento praestantissimi, Heliconiadum choro submissi, dedicati a N. Kedero. *Ibid.* 1706. *fig.* — Nummorum in Hibernia, antequam haec insula Anglici facta sit juris, cusorum, indagatio per N. Keder, accessit Catalogus Nummorum Anglo-Saxonicorum et Anglo Danicorum Musei Kederiani. *Ibid.* 1708. *fig.* —— Nummus aureus Othinum, é Museo N. Kederi, cum huiusce commentatione editus. *Ibid.* 1722. - De Argento Runis seu literis Gothicis insignito, sententia N. Kederi. *Ibid* 1703. *fig. in* 4. *vél.*

821. J. Khell, ad J. J. Haverum epistolae duae de totidem numis aeneis numophylacii Haveriani. *Vindob.*, *G. L. Schulzius*, 1761. *in* 4. *br.*

822. Le même ouvrage. Editio altera. *Viennae*, *J. T. de Trattnern*, 1766. *in* 4. *br.*

823. De numismate Augusti aureo formae maximae ex ruderibus Herculani eruto, libellus J. Khell. *Viennae*, *J. T. de Trattnern*, 1765. *in* 4. *br.*

824. Epicrisis observationum Cl. Belley, in nummum Magniae Urbicae, P. Stoschio vulgatum, a J. Khell. *Vindob.*, *ex officina Krausiana*, 1567. (1767) *in* 4. *br.*

825. C. Landi, in veterum numismatum Romanorum miscellanea explicationes. *Lugd. S. de Honoratis*, 1560. *in* 4. *vél.*

Edition originale. Voyez *Lipsius Bibl. Num. t.* 1. *p.* 218.

826. C. Landi, Selectiorum Numismatum, praecipue Romanorum, expositiones. *Lugd. Bat., B. van der Aa,* 1695. *in* 4. *fig. vél.*

827. Les planches de l'ouvrage précédent, séparement. *in* 8. *vél.*

828. Dissertation sur une médaille non publiée de l'Empereur Pertinax, qui se trouve au Cabinet de S. A. S. l'Electeur de Saxe, (par J. G. Lipsius.) *Dresde, Freres Walther,* 1793. *in* 4. *br.*

829. Reflexions sur une médaille d'Artemise, reine de Carie et son mausolée, par M. D. Loescher. *Potsd., C. F. Voss,* (1748.) *in* 8. *br.*

830. J. D. Majoris, de nummis graece inscriptis epistolae. *Kiliae Holzat., J. S. Richelius,* 1685. *in* 4. *vél.*

831. A. Mariotti, Epistola qua C. v. Paschali Magnonio auctori Dissertationis de veris Posidoniae et Paesti originibus commentariolum, de nummis Neptuni argenteo incuso, dono mittit, sive ad commentariolum mantissa. *Romae, ex typograph. Hermathenaeo,* 1764. – Idem, de nummo Neptuni, argenteo incuso commentariola. *Romae, B. Pranzczius,* 1762. *in* 8. *br.*

832. Lettre d'A. Morelli, touchant les médailles consulaires à J. Perizonius; Latin et François. *Amst., N. Chevalier,* 1702. —— Lettre sur la memoire, presentée à Monsr. Vernon, Secretaire d'Etat du Roi d'angleterre, de la part de la France, par Monsr. Poussin. *Cologne, P. Marteau,* 1701. *fig. in* 12. *v.*

833. De nummo Pantheo Hadriani Imperatoris ad Spanhemium Dissertatio, (auctore C. Nicasio.) *Lugd., apud Anissonios,* 1690. *fig.* – S. Faeschii, de nummo Pylaemenis Evergetae Regis

Paphlagoniae epistola ad T. Hollanderum à Berau. *Basil, J. L. König*, 1680. — De Constantini magni epistolae duae, auctore J. F. Hekelio. *Francof., J. Bielckius*, 1693. *fig. in 4. vél.*

834. Duplex dissertatio de duobus nummis Diocletiani et Licinii ex cimeliis Leopoldi card. Medicei, cum auctario Chronologico de votis decennalibus imperatorum ac caesarum, auctore F. H. Noris. *Patavii, P. M. Frambotti*, 1676. *in fol. vél. corde à dos doré.*

835. A. Oderici, de argenteo Orcitirigis numo conjectura. *Romae, J. Zempel*, 1767. *in 4. fig. gr. pap. vél.*

836. Osservazioni di P. M. Paciandi sopra alcune singolari e strane medaglie. *Napoli, Arcivescovile*, 1748. *in 4. v. fauve.*

837. A. X. Panel, de Colonia Tarraconae Nummo Tiberium Augustum, Juliam Augustam Caesaris Augusti filiam, Tiberii Uxorum et Drusum Caesarem utriusque filium exhibente, (cum traduct. in Lingua Hispanica.) *Tiguri, G. Fuesslinus*, 1748. *fig.* — Idem de nummis exprimentibus undecimum Treboniani Galli augusti annum, decimum tertium et decimum, quartum Aemiliano augusto coloniae viminacii undecimum denique Valeriani Senioris. *ibid.* 1748. *in 4. v.*

Exemplaire de Jos. Smith à Venise.

838 Remarques sur les premiers versets du premier livre des Maccabées, ou dissertation sur une médaille d'Alexandre le Grand, par le R. P. Panel, (avec la Traduction en Espagnol,) *Valence J. E. Dolz*, 1753. *in 4 fig. v. à filet d'or.*

839. De Numismate antiquo Augusti et Platonis

Epistola C. Patini. *Basil*, (*sans nom d'imprimeur*,) 1675. *in* 4. *vél.*

Exemplaire de P. Burman.

840. Δίος γενετλία, Natalitia Jovis in numismate imp. Antonini Carracallae expressa, Epistola C. Patini. *Patav. J. B. Pasquati*, 1681. *in* 4. *fig. br.*

841. S. Pauli, de nummo aureo Valentis impp. dissertatio. *Lucae, S. D. Cappurus*, 1722. *petit in* 4. *fig.* — Selecti nummi duo Antoniniani, quorum primus anni novi auspicia alter commodum et Annium verum Caesaris exhibet ex bibliotheca C. Card. Maximi, (auctore J. P. Bellorio.) *Romae, J. Dragendelli*, 1676. *in* 8. *fig. v.*

842. Philippi II. Pomeranorum ducis commentariolus in numum aureum D. N. Zenonis Isaurici Graeci imp., editus ex bibliotheca R. Capelli, *Hamb., Z. Hertelius*, 1667. *fig.* — J. Muleni Georg. F., Numismata Danorum et Vicinarum gentium, edita a Th. Bartholino. *Hafniae, C. Weringus*, 1670. *in* 4. *v.*

843. De una moneta singolari del tiranno Giovanni, lettere di F. M. Patrilli. *Napoli, G. di Simone*, 1748. *in* 8. *v.*

844. Le même livre. *br.*

845. Explicacion de unas monedas de oro de Emperadores romanos quese han hallado en el puerto de Guadarrama, por J. de Quinones. *En Madrid, L. Sanchez*, 1620. *in* 4. *fig. v. à filet d'or.*

Traité rare et recherché, selon *de Bure bibl. N.* 5562, *Vogt. Cat. libr. rar.* et le *Dict bibl. art. J. Quinones.* Cet exemplaire, ainsi que le suivant, s'accorde en tout avec la description que le premier auteur donne de ce volume.

846. Le même livre. *vél. doré sur pl.*

847. Dissertatiton sur douze médailles des jeux seculaires de l'empereur Domitien, par Rainssant. *Versailles*, *F. Muguet*, 1684. *in* 4. *gr. pap. mar. rouge doré sur tr. et sur pl. aux armes du Roi de France.*

Superbe exemplaire.

848. A. Relandi, dissertatio de inscriptione nummorum quorundam Samaritanorum. *Amst.*, *T. Halma*, 1702. *fig.* —— Idem, dissertatio altera, (cum Epistola J. B. Ottii de nummis quibusdam Samaritanis ad A. Relandum, et huius responsus, vel dissertatio tertia.) *Traj. ad Rhen.*, *T. Appels*, 1704. *fig. in* 8. *vél.*

849. A. Relandi, de nummis veterum Hebraeorum qui Samaritani appellantur, dissertationes quinque, accedit dissertatio de marmoribus Arabicis, Puteolanis, (cum Epistola J. B. Ottii.) *Traj. ad Rhen.*, *G. Broedelet*, 1709.

850. Nova nummi in Colonia Karthagine Africana percussi, quem nuper illustrare conatus est Cl. Mahudel, explicatio, (auctore J. G. Richtero.) *Lipsiae*, *Breitkopf*, 1742. *in* 8. *fig. v.*

851. Commentatio de numo Hadriani plumbeo et gemma Isiaca in funere Aegyptio medicato repertis, adornata à J. C. Schlaegero. *Helmaestadii*, *ex officina Drimborniana*, 1742. *in* 4. *vignet. br.*

852. Explication d'une médaille enigmatique d'Auguste, (par J. C. Schott.) *Berl.*, *U. Liebpert*, 1711. *in* 4. *fig. encartonné.*

853. Lettere e dissertazioni numismatiche, sopra alcune medaglie rare della collezione Ainslieana (e di altri musei, per l'Abate D. Sestini) tom. I.—IV. *Livorno*, *T. Masi*, 1789 *et* 1790. *tom. V. Roma*, *A. Fulgori*, 1794. *pap. ord. et*

Tom. VI. Berlino, C. Quien, 1804. *gr. pap. vél.* 6 *vol. in* 4. *fig. br.*

854. Osservazioni sopra una médaglia d'Eropo III Re di Macedonia, esistente nel celebre museo del Signor Pietro van Damme in Amsterdam, e sopra una rarissima serie di Medaglie di Tolomeo figlio di Giuba II, esistente pure in quello del sig. Barone de Schellersheim, e sopra diverse altre medaglie di piu musei, (per l'abate Sesteni.) *Roma, A. Fulgoni*, 1794. *in* 4. *fig. br.*

C'est le tome V de l'ouvrage précédent, Séparement.

855. Le même livre. *br.*

856. Le même livre. *br.*

857. Le même livre. *br.*

858. Le même livre. *br.*

859. Le même livre. *br.*

860. Le même livre. *br.*

861. Le même livre, *en feuilles.*

862. Triplex nummus antiquus Christi Domini, Perperenae Civitatis, Hanniballiani Regis, (auctore J. Sirmondo.) *Paris, S. en G. Cramoysy*, 1650. — J. Tristani ad J. Sirmondum Epistola. *Ibid. vidua D. Moreau*, 1650. — J. Sirmondi, Anti Tristanis, sive ad J. Tristani Epistolam responsio. *Ibid. J. et G. Cramoisy*, 1650, — J. Tristani Antidotum, sive aequa et justa defensio adversus querulam J. Sirmondi responsionem. *Ibid, vidua D. Moreau*, 1650. — J. Sirmondi Antirrheticus (1 et 2) de canone Arausicano adversus P. Aurelii responsionem. *Ibid. S. Cramoisy*, 1633. *in* 8. *v.*

Avec cette note sur le titre : „ *Domus Professae Paris. „ soc. Jesu dono R. P. De la Chaise* 1693.

863. Triplex nummus antiquus, (auctore J. Sirmon-

mondo.) *Paris. S. et G. Cramoisy*, 1650. — J. Tristani, ad J. Sirmondum Epistola. *Ibid. vidua D. Moreau*, 1650. — J. Sirmondi Antitristanus. *Ibid. S. et G. Cramoisy*, 1650. J. Tristani, Antidotum. *Ibid vidua D. Moreau*, 1650. — J. Sirmondi Antitristanus II. sive ad J. Tristani antidotum responsio. *Ibid. S. et G. Cramoisy*, 1650. — J. Tristani, anti-sophisticum, sive defensio II. adversus J. Sirmondi Antitristanum II. *Ibid. vidua Moreau*, 1651. *in* 8. *v.*

864. Les mêmes 6 traités. *vél.*

865. Les mêmes 6 traités. *v. à filet d'or.*

Cet exemplaire est un présent d'Isac Vossius à Dan. Heinsius, et passa ensuite successivement dans les bibliotheques de F. B. Carpzovius et de J. C. Wolfeu.

866. Les mêmes 6 traités — *et* — P. Seguini Epistola ad F. Gottofredum super dubiis quibusdam ad numos familiarum Romanorum Fulvii Ursini spectantibus. *Lut. Paris. (sans nom d'Imprimeur.)* 1660. *v.*

867. Ad nummum Furiae Sabiniae Tranquillinae dissertatio, auctore O. Sperlingio. *Amst., H. Desbordes*, 1688. *in* 8. *vél.*

868. Le même livre — *et* — de re vestiaria, vascularia et navali ex Baysio. *Lutetiae, C. Stephanus*, 1553. *fig. grav. en bois in* 8. *v.*

Cette édition de l'Abregé des différens traités de Baysius, est notée comme rare dans *Clement Bibl. cur. t.* 2. *p.* 504.

869. O. Sperlingii dissertatio de nummis non cusis, tam veterum quam recentiorum. *Amst. F. Halma*, 1700. *in* 4. *vél.*

870. The medallic history of Marcus Aurelius Valerius Carausius, emperor in Brittain, bij W. Stukeley. *London, C. Corbet*, 1757. *and* 1759. 2 *vol. in* 4. *fig. v. à filet d'or.*

871. J. Tristani ad J. Sirmondum Epistola. *Paris vidua D. Moreau*, 1650. *in* 8 *v.*

872. De annis imperii M. Aurelii Elagabali, et de initio imperii ac duobus consulatibus Justini Junioris, dissertatio apologetica ad nummum Anniae Faustinae, (auctore P. a Turre.) *Patav. J. Manfré*, 1713. *fig.* -- S. Maffeii epistola in qua tres eximiae, ac nunquam antea vulgatae inscriptiones exhibentur atque illustrantur. *Veronae, J. Vallarsius*, 1732. – J. A. Doederlini Schediasma historicum Impp. P. Ael. Adriani et M. Aur. Probi vallum et murum. *Norimb., J. E. Adelbulnenus*, 1723. – S. Maffei origines Etruscae et Latinae, sive de priscis ac primis ante urbem conditam Italiae incolis commentatio, ex Italico Sermone in Latinum convertit J. G. Lotterus. *Lipsiae, J. F. Gleditsch B. Fil*, 1731. *fig. in* 4. *vel.*

873. Nouvelle explication d'une medaille d'or, du cabinet du Roy, sur la quelle on voit la tête de l'empereur Gallien, et cette legende GALLIENAE. AUGUSTAE. avec l'idée d'une nouvelle histoire de l'empereur Gallien par les medailles, (par Mr. P. L. L. de Vallemont.) Premiere-Lettre. *Paris, J. Annisson*, 1699. — *et* — Seconde lettre, *Paris, J. Annisson*, 1669. *in* 12 *mar. rouge doré sur tr. et pl.*

874. Dissertation sur une medaille singuliere d'Alexandre le grand, par Mr. P. L. L. de Vallemont. *Paris, J. Mariette.* 1603. (1703.) *in* 12 *br.*

875. Le même livre. *br.*

876. Reponse à Mr. Baudelot, où se trouve détruit tout ce qu'il a avancé contre l'antiquité de la medaille d'Alexandre le grand, et contre la dissertation faite sur cette medaille singuliere, par M. l'abbe de. Vallemont. *Trevoux*,

de l'imprimerie de S. A. S., 1706. *in* 12. *v. à filet d'or.*

877. Le même livre. *v.*

878. Le même livre. *br.*

879. Le même livre. *br.*

880. Duodenorum numismatum ante hac ineditorum brevis expositio P. de Venutis, selegit ex gazophylacio A. Lefroy. *apud Labronis Portum. (Liburni), in officina Fontechiana, anno periodi Julianae* MMMMMMCCCCLXXIII *et urbis Romae Varroniano* MMDXIII. (1764.) *in* 4. *fig. demi v.*

881. Selecta quaedam numismata graeca inedita hactenus, nunc vero explicata a F. S. Witzleben. *Lipsiae, B. C. Breitkopf*, 1754. *in* 4. *vignet. br.*

882. Electa rei numariae sive selectae dissertationes de rarioribus numis antiquis tam graecis quam latinis, (diversorum auctorum, scilicet Grosei de Boze, Morellii, Gallandi, Grainvillii, Moissonierii, Graverolii et aliorum) ex gallico maximam partem-latine translatae et junctim editae (ab Woltereck.) *Hamb., Schultz, in* 4 *vél.*

883. Sopra una medaglia di Attalo Filadelfo e sopra una parimente d'Annia Faustina, altre due dissertazioni composte dal Padre G. L. Zuzzeri, con la traduzione francese della ultima.) *In Venezia, M. Tenzo*, 1747. *in* 4. *br.*

884. A dissertation upon Oriuna, said to be empress or queen of England, the supposed wife of Carausius, monarch aud emperor of Britain. *Lond., J. Whiston*, 1751. *in* 4. *fig. br.*

885. Nummus aereus veterum Christianorum

commentario explicatus, prodit nunc primum ex museo victorio, adjectis sacris aliquibus monumentis, *Romae, Typis Zempelianis*, 1737. *in 4. fig. vel.*

886. Recueil de 104 dissertations, lettres et autres pièces particulieres, pour la plupart sur les médailles antiques.

Histoire numismatique moderne.

Recueils de medailles et monnoyes de divers païs.

887 Sylloge numismatum elegantiorum, quae diversi Impp., reges, principes, comites, respublicae diversas ob causas, ab anno 1500. ad annum usque 1600, cudi fecerunt, concinnata et historica narratione illustrata, opera ac studio J. J. Luckii. *Argent. Typis Reppianis*, 1620. *in fol. fig. vel cord.*

Livre fort rare, imprimé aux dépens de l'auteur, qui par cette entreprise a accéléré sa ruine. Voyez *Pars, Index Batavicus. p.* 368. *Kohlers, Munt belustiging* 1er *th*. *vorrede*, ainsi que *Vogt., Cat. libr. rar. et Gerdes, florilegium libr. rar. art. J. J. Luckius.*

888. Thesaurus numismatum modernorum hujus seculi, sive numismata mnemonica et iconica quibus praecipui eventus et res gestae ab anno MDCC. illustrantur, addita latina et germanica explicatione. *Norimb., J. A. Endterus*, (1700 - 1709.) *in fol fig. v.*

889. Numismata historica anni 1705. et anni 1710. (illustrata addita latina et Germanica explicatione. *Norimb., J. A. Endterus*, 1705. *et* 1710.) *in fol. fig. demi v.*

890. Oeuvre du chevalier Hedlinger, ou recueil des médailles de ce célèbre artiste, gravées en

taille douce, accompagnées d'une explication historique et critique, et précedées de la vie de l'auteur, par C. de Mechel. *à Basle, (J. Schweighauser)* 1776 *et* 1778. *in fol fig. et vignet, encart.*

Ouvrage d'une exécution magnifique.

891. Recueil general de pieces obsidionales et de necessité, gravées dans l'ordre Chronologique des évenemens, avec l'explication des faits historiques qui ont donné lieu à leur fabrication, par Tobiesen Duby. *Paris, de Bure l'ainé,* 1786. *in* 4. *fig. gr. pap. v.*

892. Das neu eröfneten groschen cabinet (von Teutschen, Ruszischen, Spanischen, Portugiesischen, Franszösischen, Englischen, Scotlandischen, Dänischen, Schwedischen, Polonischen und Preuszischen groschen.) *Leipzig, in der Groszischen handlung,* 1739-1752. 12 *vol. in* 8. *fig. v. doré sur pl.*

893. Volstandiges Thaler-cabinet, aus neue ansehnlich vermehret, von D. S. Madai. *Köningsberg, Erben J. H. Hartungs. und J. D. Zisse,* 1765-1767. 3 *vol.* — Des volstandigen Thaler-cabinet erste Fortsetzung von D. S. Madai. *Konigsberg, witwe Zeisens und erben Hartungs,* 1768. — Zweyte fortsetzung. *Konigsberg, witwe Zeisens und erben Hartungs,* 1769. —— Dritte fortsetzung. *Konigsberg, G. L. Hartung,* 1774. *en* 1 *vol.; ensemble* 4 *vol. in* 8. *fig. v.*

894. Le même livre, avec les suppléments. *br. en* 5 *vol.*

895. A view of the coins at this time current throughout Europe, by T. Snelling. *Lond. T. Snelling.* 1766. *in* 12. *fig. encart.*

896. Le même livre. *br.*

897. J. D. Kohlers historischer munz-belustigungen, (mit zwey registern von J. G. Bernhold.) *Nurnberg, L. und A. Bieling, C. Weigel und A. G. Schneider*, 1729-1788. 24 *vol. in* 4. *fig. v.*

898. Samlung merkwürdiger medaillen durch J. H. Lochner. *Nurmb., P. C. Monath*, 1737-1744. 8 *vol. in* 4 *fig. v.*

899. Samlung rarer und merkwürdiger gold und silbermunzen. *Leipz. A. H. Holle*, 1751 *und* 1752. 3 *vol. in* 4. *fig. br.*

900. Das neue erofnete munz-cabinet von J. F. Joachim. *Nurnb., G. Bauer*, 1761. 2. *vol. in* 4. *fig. br.*

901. Kleine beyträge zur aufname und ausbreitung der munswissenschaft, von J. J. Spiesz, erster band, I. bis IV. Th. *Anspach, J. C. Fosch*, 1768. *fig.* — F. Heusingers versuch einer abhandlung von dem nutzen der teutschen munzwissenschafft mittelerzeiten. *Nurnberg, J. G. Lochner*, 1750. *fig. v.*

La continuation du premier ouvrage n'a point paru. Voyez *Lipsius bibl. num. t.* 2. *p.* 379

902. G. Bauers auserlesene und nutzliche neuigkeiten fur alle munz-liebhaber. *Nurnb. J. E. Seh.*, 1772. *in* 4. *fig. vél.*

903. Le même livre. *br.*

Medailles et Monnoyes des Païs-bas.

904. Medalische historie der Republyk van Holland, in 't fransch beschreeven door den heer Bizot, en uit die taal in 't nederduitsch gebracht, en wel twee derden vermeerderd, (door J. Oudaan Fr. z.,) met een byvoegsel van de grafsteden ter eere der dappere helden

opgerecht. *Amst. P. Mortier*, 1690. *in* 4. *fig. gr. pap. vél cord.*

905. G. van Loons aloude Hollandsche historie der keizeren, koningen, hertogen en graaven, welke sedert de komst der Batavieren in het thans genaamde Holland, tot de herstelling van 'sgraaven Florents den eerstens zoon, aldaar het hoog gebied gehad hebben, versierd en opgehelderd met de noodige landkaarten, geslachtlysten, keizer- en koninglyke penningen en veelvuldige andere gedenkstukken, in die overoude tijden gemaakt. *'s Graavenhaage, P. de Hondt*, 1734. 2 *vol. in fol. fig. cart. et fig, vél. cord.*

906. Beschryving der Nederlandsche Historiepenningen, of beknopt verhaal van 't gene sedert de overdracht der heerschappye van keizer Karel den vyfden op koning Philips zynen zoon, tot het sluyten van den Utrechtschen vreede, in de zeventien Nederlandsche gewesten is voorgevallen: gedaan en opgesteld door G. van Loon. *'s Graavenhaage, C. van Lom*, 1723-1731. 4 *vol. in fol. fig. vél. cord.*

907. Hedendaagsche penningkunde, zynde een verhandeling van den oorspronk van 't geld, de opkomst en 't onderscheyd der gedenkpenningen etc. door G. van Loon. *'s Gravenhage, P. van Tol*, 1734. *in fol. fig. vél. cord.*

908. Histori der Nederlandsche vorsten uit de huizen van Beyeren, Borgondien en Oostenryk, welken sedert de regeering van Albert, graaf van Holland, tot den dood van keizer Karel den vijfden, het hoog gezag aldaar gevoerd hebben: met meer dan duizend historipenningen gesterkt en opgehelderd, door F. van

Mieris. *'s Graavenhaage, P. de Hondt*, 1732-1735. 3 *vol. in fol. fig. vél. cord.*

Les 4 Nros. précedents se vendront ensemble.

909. G. van Loons aloude Hollandsche historie. *'s Graavenhaage, P. de Hondt*, 1734. 2 *vol. in fol. cart. et fig., gr. pap. Impérial, mar. rouge doré sur pl.*

910. Beschryving der Nederlandsche Historiepenningen, door G. van Loon. *'s Graavenhaage, C. van Lom*, 1723-1731. 4 *vol. in fol. fig., gr. pap. Impérial, mar. rouge doré sur pl.*

911. Hedendaagsche Penningkunde, door G. van Loon. *'s Gravenhage, P. van Tol*, 1734. *in fol. fig., pap. Impérial, mar. rouge doré sur pl.*

912. Historie der Nederlandsche vorsten, door F. van Mieris. *'s Graavenhaage, P. de Hondt*, 1732-1735. 3 *vol. in fol. fig., gr. pap. Impérial, mar. rouge doré sur pl.*

Ces 4 articles, également réliés, et formant ensemble un exemplaire magnifique des Oeuvres de van Loon et van Mieris, seront vendus conjointement.

913. Histoire metallique des XVII provinces des Pais-bas, depuis l'abdication de Charles quint qu'à la Paix de Bade en MDCCXVI, traduite du Hollandais de G. van Loon. *La Haye, P. Gosse*, 1732-1737. 5. *vol. in fol. fig. gr. pap. demi v. non rogné.*

914. Les gravures détachées de l'Edition Hollandaise de l'histoire metallique de XVII Provinces des Pays-bas, par G. van Loon; *montées sur des feuilles et reliées en 2 vol. in fol. demi rel. non rogné.*

915. Afbeelding der Nederlandsche Historiepenningen, door G. van Loon. *'s Graavenhaage,*

C. van

G. van Loon, 1723-1731. 4 *vol. in fol. demi v. non rogné.*

Cet ouvrage contient les gravures de l'histoire metallique de van Loon, imprimées successivément sans le texte.

916. Schouburg der Nederlandsche Gedenk- en Legpenningen, mitsgaders de Noodmunten, beginnende met de trouw van Philips van Burgondien, (1430,) tot op de overdragt der Landen door Karel de vyfde aan zyn zoon Philippus, voorgevallen in den Jaare 1555. door A. Schoemaker. — Historis verhaal der Nederlandsche gedenk- en legpenningen, mischgaders de noodmunten, beginnende met de afstant van Kyser Karel de vyfde van alle zijne ryken tot zijne zoon Philips de twêde tot de dood van Willem Prince van Oranje, (1584.) voorts van de dood van Willem de eerste tot het twaalfjaarig bestand, (1609.) — van het bestand tot de generale vrede, gesloten tot Munster, (1648.) van de Munstersche vrede tot de vrede gesloten te Nimwegen, (1678.) en van de Nimweegsche vrede tot die van Utrecht 1714. beschreven door G. van Loon, en de penningen by een verzameld door A. Schoemaker. 6 *tom. in* 4. *rel. en* 3 *vol. rél.*

Manuscrit autographe et inédit de A. Schoemaker, sur papier, et rempli de médailles plaquées ou dessinées à la plume.

917. Kort en beknopt verhaal van de Graaven en Graaflykheid van Holland, verzierd met derzelver gedenk en legpenningen, (van Diederik den eersten tot den jaare 1554.) byeen verzameld door A. Schoemaker. *in* 4. *demi rel. non rogné.*

Manuscrit autographe et inédit, sur papier, orné de plusieurs gravures de médailles plaquées.

918. Schouburg der Nederlandsche gedenkpenningen, (van den jaare 1555 tot 1666.) (door A. Schoemaker.) 2 *vol. in fol. demi rel. non rogné.*

Collection des gravures de l'histoire metallique de van Loon, montées sur des feuilles, et que A. Schoemaker etait d'intention d'accompagner de ses notes, comme il paraît par les intitulés et quelques lignes de sa main, qui s'y trouvent.

919. Schouburg der Nederlandsche gedenk-en rekenpenningen, mitsgaders de noodmunten, beginnende met de afstand van de regeering van keizer Carel de vyfde, in den jare 1555, opgedragen aan zyn zoon Philippus de twede koning van Spanje, en eindigende met het sluiten der algemene vrede tot Uytregt, in den jare 1714. byeen verzameld door A. Schoemaker. *in fol. demi rel. non rogné.*

Collection dans le même genre que la précedente mais augmentée des gravures de médailles de quelques autres ouvrages, et pourvue de la description autographe de A. Schoemaker.

920. Schouburg van Nederlandsch leg-geld of rekenpenningen, beginnende met de regering van Philippus de goede, (en eindigende met den jaare 1599.) (door A. Schoemaker.) *in* 8. *demi vél. non rogné.*

Manuscrit autographe et inédit, rempli de jettons dessinés à la plume, et enrichi de quelques gravures etc.

921. Nederlandsch leg-geld of rekenpenningen, in afteekeningen vertoont, (beginnende met Philips van Bourgondie, en eindigende met den jaare 1700.) (door A. Schoemaker.) *in* 4. *vél.*

Suite de desseins plaqués, et accompagnés d'un titre et de quelques notes de la main de A. Schoemaker

922. Nederlandsche legpenningen, (beginnende met Philips van Bourgondien en eindigende

met den jaare 1705, door A. Schoemaker.) *in* 4. *demi rel. non rogné.*

Recueil des jetons dessinés à la plume, par A. Schoemaker, avec des explications historiques de sa main.

923. Verzameling van Gilde penningen, (door A. Schoemaker) *in* 8. *demi rel. non rogné.*

Collection de gravures plaquées, avec des intitulés de la main du compilateur.

924. Beschryving van 't nood-geld, veltmunten en dankpenningen, (door A. Schoemaker.) *in* 8. *demi rel. non rogné.*

Manuscrit autographe et inédit sur papier, orné d'un grand nombre de Médailles et monnoyes plaquées.

925. Gedenkpenningen voor 't grootste gedeelte de Nederlandsche historien rakende, (eindigende met den jaare 1703.) *in* 4. *vél.*

Série d'environ 1880. gravures de médailles plaquées.

926. Explication historique des principales medailles frapées pour servir à l'histoire des Provinces unies des Pais-bas, depuis la fin du 15ème Siecle jusqu'au traité de barriere con u en 1716. *Amst.*, *l'Honoré*, 1723. *in fol. fig. demi rel. non rogné.*

927. Chronologie Numismatique courte et briefve tirée de plusieurs et diverses sortes de piéces d'or, d'argent, de cuivre et de papier, forgées en tous les Païs Bas par diverses Princes, seigneurs et republiques, recueillées et exposées, par J. F. le Petit, servant d'une succinte description de l'histoire des dicts païs pour les cent ans. *Escript a Londres* 1604., *copié à Mariendyck* 1640. *in* 8. *v. à filet d'or.*

Manuscrit sur papier, orné de plusieurs médailles plaquées et de quelques unes dessinées à la main.

928. Histoire de Guillaume III, Roi d'Angleterre, d'Ecosse, de France et d'Irlande, Prince

d'Orange etc. par médailles, inscriptions, arcs de triomphe et autres monumens publics, recueillis par N. Chevalier. *Amst.*, 1692. *in fol. v.*

Manuscrit sur papier réglé, avec un titre gravé, un intitulé imprimé, un frontispice lavé à l'encre de la Chine, et plusieurs gravûres plaquées ou insérées; mais j'ignore si c'est l'autographe, et l'ouvrage a été édité.

929. Kleyne leg off reekenpenninghen, (van den jaare 1573 tot 1609.) *et à la fin; Finis Anno* 1633$\frac{12}{24}$. *in* 4. *br.*

Manuscrit sur papier.

930. Calculi rationum XVII Provinc. Belg, (ab an 1490. usque ad an. 1697,) à C. et J. Schagen depicti, *in* 4. *demi rel.*

Recueil de jetons, dessinés à la plume, et montés sur des feuillets.

931. Afbeeldinge der nootmunten geslagen in de voornaamste belegeringen der Nederlandsche en andere nabuurige steden, (door C. van Alkemade.) *in fol. vel.*

Collection, fort précieuse, dessinée avec soin, à l'encre de la Chine, et précédée d'un avis, touchant la monnoye obsidionale, en général, il parait par cette introduction manuscrite, que l'auteur de ce récueil est le même que celui du tableau de la monnoye des comtes d'Hollande; ainsi on peut l'attribuer, (non sans fondement,) à Charles van Alkemade.

932. Beschryving der Bisschoppelyke munten en zegelen, van Utrecht in 't byzonder, door F. van Mieris. *Leyden*, *S. Luchtmans*, 1726. *in* 8. *fig. br.*

933. Penninck-bouk, inhoudende alle figuren van silvere ende goude penningen, gheslaeghen by de graven van Hollandt, van Diederick de 7e van dien naam tot Philippus van Bourgondien toe: met het leven in 't cort van de selve graeven, (door E. van Houwelinghen.)

Tot Leyden by F. van Ravelingen, 1597. *in* 4. *fig. vél.*

Édition originale d'un livre peu commun, et le premier qui a paru sur la monnoye des Comtes d'Hollande. Voyez *Pars, Index Batavicus p.* 363. *et Vogt, Cat. lib. rar. art. E. van Houwelingen.*

934. Le même livre. *vel.*

935. Le même livre. *br.*

936. Le même livre — *et* — Kort verhael en aan-teeckeningh van het op-klimmen en verloop van de gelden, ofte munt, 't sedert koninck Maximiliaen, tot het eynde van de regeeringh van keyzer Karel de V. en dan voort van Anno 1610. tot op huyden, (door A. W. V. B.) *Amst.*, *N. van Ravesteyn*, 1645. *in* 4. *vél.*

937. Le même livre. — Verhandeling over het omloop off klimmen van den gelde – *et* – vervolg van de munte van de Graaven van Holland enz. in de Nederlandsche Provincien haarer heerschappye zynde geslaagen, (beginnende met Philips van Borgondien, en eindigende met Koning Philips de II.) *in* 4. *demi rel. non rogné.*

La 2de piece de ce volume est un traité manuscrit sur papier, et la 3ème un recueil de gravures de monnoyes, plaquées sur des feuilles, et accompagnées des étiquettes necessaires, écrites à la main ou imprimées.

938. Penningh-boeck ofte wech-wyzer der Chroniken van Diederick den VII van dien naem, tot hertoch Philips van Bourgondien toe, en het leven in 't korte, van dezelve graven; met eene korte Chronike tot op desen teghenwoordighen tydt: (door E. van Houwelinghen,) *Rotterdam*, *P. Jacobsz.*, 1627. *in* 4. *fig. v.*

Seconde édition. Voyez *Pars, Index Batavicus. p.* 363. *et Vogt, Cat. lib. rar. art. E. van Houwelingen.*

939. Le même livre. *br.*

940. Le même livre. *demi rel.*

Avec un frontispice colorié.

941. De goude en zilvere gangbaare penningen der Graaven en Graavinnen van Holland, in 'er egte stand en waare weezens vertoond en behandeld, en med een korter beschryving der Princelyke levensbedryven opgehelderd, door K. van Alkemade. *Delft, A. Voorstad,* 1700. *in fol. fig. vél cord.*

942. Le même livre. *vél. cord.*

943. Recueil der Evaluatien van Nederlandsche munten, in Braband, Vlaandren, Holland enz.; getrokken uit de oude origineele stukken, en loopende van den jaare 1419. tot 1593. *in fol. vél.*

Manuscrit sur papier, du commencement du 17ème siècle.

944. Copie van de mandamente en de ordonnantie van den Keyzer op 't stuck van der munten ghepubliceert 1539. *et à la fin: gheprint t'Antwerpen by W. Vorsterman en C. de Grave, in* 8. *fig. br.*

945. Ordonnantie, statut, en permissie der Keyzerlicker M. van den gauden en zilveren penninghen, ghepubliceert 1548. *Ghedruckt te Ghent by Joost Lambrecht. fig.* -- d'ongheva-lueerde gauden ende zilveren munte, *Ghedruckt te Ghent by Joos Lambrecht,* 1551. *in* 8. *rel. anc. à fermoirs.*

946. Evaluacibouexkin, waarin men figurelie vindt al de gauden en zilveren penninghen, metgaders d'ordinantië, statuut en permissie der K. M. van den gauden ende zilveren penninghen, ghepubliceerd 1548. *Ghedruckt te Ghent by Joos Lambrecht. fig.* - d'ongheva-luëerde gauden ende zilveren munte etc. *Ghe-*

druckt te Ghend by Joos Lambrecht, 1551. *fig. in 8. vél. garni d'un fermoir.*

947. Ordonatie, statuyt en permissie der K. M. van den goude en zilvere penningen ghepubliceert 1548. *Gheprint t'Hantwerpen by S. Cock. fig.* —— Die Billionuhe en ongevalueerde gaude en silvere munte. *Ghedruckt zu Nurnberg durch J. vom Berg, und u Newber,* (1551.) *fig. in 12. vél.*

948. Ordonnancie ende Placcaete van de Coninclycke Majesteit, beroerende van de gouden ende silveren munte, ghepubliceert 1556. *Ghedrukt tot Leyden by Jan Mathyszoen.* – Ordonnancie ende Placcaete van de Coninclycke Majesteit, beroerende van de gouden en silveren munte, ghepubliceert 1559. *Gheprent tot Delft by Simon Jansz.* – Placcaet ende ordonnancie der Co. Ma. beroerende de continuatie van der munten van den voirgaende jare LXIIII, tot Sint Jans misse. Anno LXV. *Ghedruckt tot Delft by H. Schinckel.* – Ordinancie en ghebot, beroerende den prys ende weerde van de gouden-gulden ende daelder van Bourgoingen van nieuws ghemunt. *t'Antw. by W. Silvius,* 1567. *fig. in 4. br.*

Le titre de la 1ère ordonnance est écrit à la main.

949. Die valuwacye van den gouden en silveren penningen. *et à la fin; Gheprent tot Aemstelredam by Jan Ewoutzoon,* 1557. *fig.* – Ordonnantie, statuyt, ende Permissie der K. M. van den gouden en silveren penninghen, ghepubliceert 1548. *et à la fin; Gheprent tot Aemstelredam by Jan Ewoutzoon,* (1557.) *fig. in 8. vél.*

950. Ordonnantie, statuyt, ende permissie der K. M. van den ghouden en silveren penninghen

etc. *et à la fin; Gheprent tot Aemstelredam by Jan Ewoutzoon*, (1558.) *fig.* - Die Valuwacie van den gouden en silveren penningen. *et à la fin; Gheprent tot Aemstelredam by Jan Ewoutzoon*, (1559.) *fig. in* 8. *vél.*

951. Ordonnantie ende placcaete van dye Conincclicke Mayesteyt, beroerende van den gouden en silveren munten, gepubliceert 1559. *et à la fin; Gheprent tot Aemstelredam by Jan Ewoutzoon*, (1559.) *fig.* - Die ongvaluweerde gouden ende silveren munten. *et à la fin; Gheprent in Aemstelredam by Jan Ewoutzoon*, (1560.) *fig. in* 8. *vél.*

952. Ordonnantie statuyt, ende permissie de K. M. van den gouden ende silveren penninghen, gepubliceert in 1548. *et à la fin; Gheprent tot Aemstelredam by Jan Ewoutzoon*, (1560). *fig.* - Die ongevaluweerde gouden ende silveren munte. *et à la fin; Geprent in Aemstelredam by Jan Ewoutzoon*, (1560.) *fig. in* 8. *v. à filet d'or.*

953. Ordonnantie statuyt ende permissie der K. M. van den gouden ende silveren penninghen. *et à la fin; Gheprent tot Aemstelredam by Jan Ewoutzoon*, (1566.) *fig.* - Die ongevaluweerde gouden ende silveren munte. *et à la fin; Gheprent in Aemstelredam by de Wed. van Jan Ewoutzoon*, (1568.) *fig.* - Copi der Kayserliche Mayestat mandats, die muntzordnung betreffende. (*sans nom de lieu ni d'imprimeur*,) 1571. *fig.* - Hierim werden verzaychent und abgerissen befunden der inn und ausserhalb des Reichs gemuntzte taler, groschen etc. (*sans date, nom de lieu et d'imprimeur.*) *fig. in* 8. *vél.*

954. Ordonnantie provisionael ons Heeren des Coninex op 't stuck ende tolerantie van den

prys

prys ende loop van de gouden ende silvere munte. *Antw. C. Plantin*, 1575. *fig.* – D'onghevalueerde gouden ende silveren munte. *Antw.*, *C. Plantyn*, 1575. *fig. in* 8. *demi v.*

955. Les mêmes ordonnances. *vél.*

956. d'Onghevalueerde gouden ende silveren munte. *Antw.*, *C. Plantyn*, 1575. *fig.* — Ordonnantie provisionael ons Heeren des Coninex op 't stuk ende tolerantie van den prys ende loop van de goude en silvere munten. *Antw.* *C. Plantyn*, 1576. *fig. in* 8. *vél.*

957. Les mêmes ordonnances – *et* – De figueren van de verboden goude ende silvere munten. *Hantw.*, *Guil. van Parys* 1580. *fig. in* 8. *cuir noir.*

958. De figueren van alle goude ende silvere penninghen. *Hantwerpen*, *Guil. van Parys*, 1580. *fig.* – Het thresoor oft schat van alle de specien, figuren en sorten van gouden ende silveren munten. *Antw.*, *Guil. van Parys*, 1580. *in* 8. *cuir noir.*

959. Het thresoor oft schat van alle de specien, figueren en sorten van gouden ende silveren munten. *Antw.*, *Guil. van Parys*, 1580. *in* 8. *fig. vél.*

960. Le même livre. *rel. anc.*

961. Le même livre. *vél.*

962. Instructie voor alle wisseleers, volghende placaet ghepubliceert 1580. *Antw.*, *Guil. van Parys*, 1580. *in fol. fig. vél.*

963. De figueren van de permissie ende tollerantie op den loop ende ganck van de goude ende silvere penninghen; ghestatueert 1581. *Antw.*, *Guil. van Parys*, 1581. *in* 12. *fig. br.*

964. Placart ende ordonantie generale, so op den

çours van den gelde, als op de policië ende discipline betreffende d'exercitie van den munte ende muntslach, ghegheven by zyne Excellentie (Rob. gr. van Leicester) 1586. *Amst.*, *Cornelis Claesz.*, (1586.) — Beeldenaer ofte figuerboeck, dienende op de nieuwe ordonnantie van de munte, by zyne Excell. (Rob. gr. van Leicester) ghearresteerd ende uitghegheven 1586. *Amst.*, *Cornelis Claesz.*, (1586.) *fig. in 4. demi rel.*

965. Manuael ofte Handt-boeck, dienende de Wisselaers, van de Provincie van Hollant en West-Vrieslant, voor instructie op d'Ordonnantie van der munte, van den jaere 1603. *'s Gravenhaghe*, *Aelbrecht Heyndricxsz*, 1603.

966. Placcaet ende ordonnantie van de staten generaal der vereenichde nederlanden op den cours van den ghelde, so goude als silvere specien. *'s Gravenhage*, *Hillebrant Jacobsz.* (*van Wouw*,) 1610. - Beeldenaer ofte figuerboeck, dienende op de nieuwe ordonnantie van der munte gearresteerd ende uitgegeven by de staten generaal der vereenichde nederlanden 1610. *'s Gravenhage*, *Hillebrant Jacobsz.* (*van Wouw*.) 1613. *fig. in 4. br.*

967. Placcaet ende ordonnantie van de staten generael der vereenighde nederlanden op den cours van den ghelde, so goude als silvere specien. *'s Gravenhage*, *de wed. en erfgenamen van Hillebrant Jacobsz. van Wouw*, 1622. *fig. in 4. demi vél.*

968. Beeldenaer ofte figuer-boeck, dienende op de nieuwe ordonnantie van der munte, gearresteerd ende uyt-gegeven by de staten generaal der vereenighde nederlanden 1622, met de ampliatie van dien, van 1626. *'s Graven-haghe*, *de wed. en erfgenamen van Hillebrant Ja-*

cobsz. van Wouw, 1626. *fig. in 4. br.*

969. Placcaet van de Staten Generael der vereenighde Provincien, jegens het uytgeven en de ontfangen, midtsgaders het inbrenghen van alle uitheemsche goudt-guldens etc. *s'Graven-haghe, de wed. en de erfghenamen van Hillebrandt Jacobsz. van Wouw*, 1630. *fig.* —— Manuael of lyste naer de welcke de Wissel-bancken en de gheswooren wisselaers hen sullen hebben te reguleren in 't opwisselen van uitheemsche goutguldens etc. by het placcaet van de Staten Generael van 1630. verboden. *'s Graven-haghe, de wed en erfgenamen van Hillebrant Jacobsz. van Wouw*, 1630. *fig. br.*

970. Ordonnance et instruction selon la quelle se doibvent conduire et regler doresnavant les changeurs ou collectcurs des pièces d'or et d'argent. *Anvers, H. Verdussen*, 1633. *in fol. fig. vél.*

971. Ordonnancie ende instructie naer de welcke voort-aen hen moeten reguleren die gheswooren wisselaers ofte collecteurs van goude ende silvere penningen. *Antw., H. Verdussen*, 1633. *in fol. fig. v.*

972. Een zeer hüerbuerlic registre ofte handbouck voor alle man. Waerinne men vind eenen Calender, met dyversche proffytelicke tafelen. Item de gauden ende zilveren pennynghen cours ende ganchebbende in de landen van haerwaerts over etc. *ghedrucht te Ghend by Joos Lambrecht*, 1544. *in fol. fig. vél.*

973. Der Cooplieden handbouxkin, (met de valuwacye van den gauden ende zilvere pennynghen.) *ghedrukt te Ghend by Joos Lambrecht*, 1544. *in 8. fig. vél.*

974. Le même Ouvrage. *Ghend, Joos Lambrecht*, 1545. *in* 8. *fig. vél.*

Les Nros. 944 jusqu'a 974 forment ensemble une très belle collection des Ordonnances, édits, placards etc. touchant la monnoye, émanés par les differents souverains des Païs-Bas, depuis 1539. jusqu'en 1633; parmi les quels il y en a plusieurs fort rares.

975. Memoires sur trois points interessants de l'histoire monetaire des Pays-bas, par Mr. l'abbé Ghesquiere. *Bruxelles, Le maire*, 1786. *in* 8. *fig. gr. pap. br.*

Médailles et Monnoyes d'Angleterre, de France, d'Allemague et des autres nations modernes.

976. The medallie history of England, (from William the conqueror) to the revolution, (1688.) *London, Edwards and Sons*, 1790. *gr. in* 4. *fig gr. pap. vél. mar. citron doré sur tr et à dentelle.*

Exemplaire superbe.

977. Nummi Britannici historia: or an historical account of English money, from the conquest to the uniting of the two kingdoms by king James I. and of Great-Britain to the present time. *Lond.*, *W. Meadows*, 1626. (1726.) *in* 8. *fig. v.*

978. Le même livre — *et* — J. F. Leopold relatio epistolica, de itinere suo suecio ad J. Woodward, *Lond.*, *T. Childe*, 1720. *fig. in* 8 *vél.*

979. Twelve plates of English Silver coins from the Norman conquest to Henry the eighth inclusive. (by J. White.) *Lond.*, *R. Withy*, 1756. *in* 4 *br.*

Accompagnées d'une explication manuscrite en français.

980. A. Series of above two-hunderd Anglo-Gallie or Norman and Aquitain coins of the ancient kings of England, exhibited in sixteen copper-plates, and illustrated in twelve letters, by A. Coltee du Carel. *Lond., E. Withes,* 1757. *in* 4. *cart. et fig. v. écail à filet d'or.*

981. A view of the silver coin and coinage of England, from the Norman conquest to the present time, (by T. Snelling.) *Lond., Snelling,* 1762. *fig.* —— A. view of the gold coin and coinage of England from Henry the third to the present time, (by the same.) *Lond., T. Snelling,* 1763. *fig.* — A view of the copper coin and coinage of England, (by the same) *Lond., T. Snelling,* 1766. *fig.* — Micellaneous views of the coins struck by English Princes in France, counter feit sterlings etc. by T. Snelling. *Lond., T. Snelling,* 1769. *fig.* — A view of the origin, nature and use of Jettons or counters, by T. Snelling; *Lond., T. Snelling,* 1796. *fig. in fol. v. fauve à filet d'or*

982. Tables of Englisch silver and gold-coins, first published by M. Folkes and now reprinted, with plates and explanations, by the society of antiquaries, (in particular by J. Ward and .... Giffard.) *London,* 1763. *in* 4. *fig. v. fauve.*

983. An Essay towards and historical account of Irish coins, and of the curreney of foreign monies in Ireland by J. Simon. *Dublin, S. Pawell,* 1749. *in* 4. *fig. br.*

984. Le même livre. *v.*

985. Medailles sur les principaux événémens de l'empire de Russie, depuis le Règne de Pierre

le grand, jusqu'à celui de Catharine II, avec des explications historiques par P. Ricaud de Tiregale. *Potsdam, Sommer*, 1772. *in fol. in fig br.*

986. La France métallique, contenant les actions celebres tant publiques, que privees des Rois et des Reines, remarquées en leurs médailles d'or, d'argent et de bronze, par J. de Bie. *Paris, J. Camusat*, 1636. *fig.* —— Les familles de la France, illustrees par les monuments des medailles anciennes et modernes, par le même. *Paris, J. Camusat*, 1636. *fig. in fol. vél.*

987. Médailles sur les principaux Evénements du Regne de Louis Le Grand, avec des Explications historiques (par M. M. de L'academie Royale.) *Paris, de L'imprimerie Royale*, 1702. *in fol. fig. mar. rouge, doré sur tr. et sur pl. à filet et aux armes du Roi de France.*

Edition originale, exécutée par les ordres du monarque même, qui s'en est reservé tous les exemplaires pour en faire des présens.

Exemplaire magnifique, des Jesuites de la maison Professe à Paris, avec la préface imprimée, qui, à ce que l'on dit, ne se trouve que dans les 65 premiers distribués, et fut ensuite supprimée avec soin. Voyez de *Bure, bibl. N°.* 5298. *Vogt*, et le *Dict. Bibl. art. Medailles de Louis* XIV. mais surtout le *Cat de la bibl. de M. de Selle, éclairissement du N°.* 2226. où l'on donne une description détaillée de cette édition.

988. Le même livre. *mar. verd. doré sur tr. et sur pl. à filet et aux armes du Roi de France.*

Avec la préface imprimée, en feuilles.

989 Le titre, le frontespice, la table et les figures des médailles de l'ouvrage précédent, *montés sur grand pap. impérial de forme atlantique, br. et doré sur tr.*

990. Médailles sur les principaux evenements du Regne entier de Louis le Grand, avec des explications historiques (par Fr. Charpentier, P. Tallement, J. Racine, N. Boileau, J. du Toureil, C. Renaudot et A. Dacier.) *Paris, de l'Imprimerie Royale*, 1723. *in fol. fig. mar. rouge doré sur tr. et sur. pl. à filet et aux armes du Roi de France.*

Superbe exemplaire de l'édition la plus complète et la plus belle. Voyez le *Cat de Crevenna.*, *N.* 6593. et le *Dict. Bibl.*, *art. Med. de Louis* XIV.

991. Le même livre. *veau fauve, doré sur tr. et sur pl à filet et aux armes du Roi de France.*

De la Bibl. de J. E. A. de St. Simon, comte de Mortomer.

992. Le même livre. *v. doré sur tr. et pl.*

Les 286 premières feuilles, qui contiennent toutes les médailles comprises dans l'édition originale de 1702, sont de cette impression, dans cet exemplaire, auquel on a d'ailleurs ajouté la planche avec les portraits de Louis XIV, selon les différens ages, ainsi que la préface en manuscrit; mais l'explication de quelques médailles est écrite à la main au lieu d'imprimée.

993. Médailles du regne de Louis XV, (par G. R. Fleurimont.) *gr. in* 4. *v.*

Quelques exemplaires de cet ouvrage ont, sous la dédicace, le nom de Godonesche, au lieu de celui de Fleurimont, et c'est ce qui a induit quelques bibliographes, à les considérer comme deux recueils différents.

994. Figures des Monnoies de France, (par Jean-Bapt-Haultin.) *(sans nom de Lieu ni d'Imprimeur.)* 1619. *in* 4. *vél.*

Du. Carel, *letters. pag.* 7. *De Bure*, *Bibl.* N°. 5453* et le redacteur du *Dict. Bibl.*, *art. J. B. Haultin*, s'accordent au sujet de la grande rareté de ce livre; mais que M. Haultin ayant acheté lesplanches en bois, qu'un général de la Cour des monnoyes avait fait graver, n'en fit tirer que 50 exemplaires, est une particularité que nous apprend une observation manuscrite à la tête de cet exemplaire, qui est un don de l'auteur au célébre J. J. Chifflet, et qui passa ensuite dans la bibl. du Prince Charles à Bruxelles; selon une note du defunt, le bibliothécaire du Duc en découpa quelques gravures, pour en orner ses oeuvres, et c'est ce qui l'a rendu defectueux : il est enrichi de plusieurs remarques écrites à la main.

Vendu 361 livres à la vente de la bibl. du Duc de la Valiere en 1784.

995. Recherches curieuses des monnoyes de France, depuis le commencement de la monarchie, par C. Bouteroue. *Paris, E. Martin*, 1666. *in fol. fig. gr. pap. mar. rouge doré sur pl.*

Ouvrage fort recherché, dont les exemplaires sont rares, surtout en grand papier. Voyez *Simon, bibl. choisie. t.* II. *p.* 133. *Clement, bibl. cur. t.* 5. *p.* 167. *Vogt, Cat. lib. Rar.* et le *Dict. Bibl. art.* C. *Bouteroue*, de même que *de Bure, bibl.* N°. 5454*.

Exemplaire magnifique et conforme à la description de ce dernier auteur.

996. Le même ouvrage. *Paris, S. Cramoisy*, 1666. *in fol. fig. v.*

997. Le même livre. *v.*

998. Traité historique des monnoies de France, depuis le commencement de la monarchie jusques à present, par M. Le Blanc. *Paris, C. Robustel*, 1690. *fig.* - Dissertation historique sur quelques monnoyes de Charlemagne, de Louis le Debonnaire, de Lothaire et de leurs Successeurs, frapées dans Rome, (par le même.) *Paris, J. B. Coignard*, 1689. *fig.* 2 *vol. in* 4. *gr. pap. mar. rouge doré sur tr. et à filet.*

Edition originale d'un ouvrage très estimé, dont les exemplaires en grand papier, sont fort rares, et furent portés jusqu'à 225. l. chez Goutard en 1780 et 216 l. chez la Valière en 1784. celui-ci est de la plus belle conservation, le titre imprimé et la planche intitulée *Charles Empereur*, qui manquent souvent, s'y trouvent.

Voyez *de Bure, bibl.* N°. 5459* et le *Dict. Bibl.*, *art. F. le Blanc.*

999. La dissertation précédente, séparement; de la même Edition. *v.*

1000.

1000. Le même livre - *et* - Explication d'un ancien monument trouvée en Guienne dans le Diocese D'Ausch. *Paris*, *D. Horthemels*, 1689. *fig. in* 4. *v.*

1001. Traité historique des monnoyes de France, par M. Le Blanc, (avec la dissertation historique sur quelques monnoyes de Charlemagne etc. par le même.) *Amst. P. Mortier*, 1692. *in* 4. *fig. v.*

Réimpression inférieure à la première édition, mais cependant assez considerée.

1002. Le même livre. *v.*

1003. Le même livre. *gr. pap. v. doré sur tr.*

Peu commun de ce format.

1004. Monnoyes de Barons de France recueillies par M. de Boze, (en 45 planches.) *in* 4. *mar. verd doré sur tr. à filet.*

Ce recueil, inconnu à *Hirsch* et *Lipsius Bibl. numm.*, est de la dernière rareté, au point que *du Cavel, lett.*, *p.* 7., assure, d'apres Mr. de Boze lui même, qu'il n'en existe que trois exemplaires complets; celui que possedait ce savant, et les deux autres, dont il fit de cadeau, à M. du Cavel et au Docteur Mead.

1005. Traité des monnoies des barons, ou representation et explication de toutes les monnoies d'or, d'argent, de billon et de cuivre qu'ont fait frapper les possesseurs des grands fiefs, pairs, evêques, abbés, chapitres, villes et autres seigneurs de France, par feu M. P. A. Tobiésen Duby. *Paris*, *de l'imprimerie royale*, 1790. 2 *vol. in* 4. *fig. gr. pap. demi v. non rogné.*

1006. Les planches de l'ouvrage précédent, séparement *en portefeuille.*

1007. Recueil des ordonnances, edicts, declarations, lettres, pantentes, arrests et reglemens des monnoyes d'or et d'argent, et autres especes, tant de France qu'estrangers ; depuis Henry II. jusqu'à present. *Paris, P. Charpentier et S. Cramoisy*, 1633-1641. 2 *vol. in* 8. *fig. v.*

1008. Der Nürnbergischen munz-belustigungen in welchem so seltne als merkwürdige schau- und geld-munzen sauber in kupfer gestochen, beschrieben und aus der geschichte erlautert worden; herausgegeben von G. A. Will. *Altdorf*, 1764-1767. 4 *vol. in* 4. *fig. v. à filet d'or.*

1009. Vollstandieges Bremisches munz- (und medaillen) cabinet, mit historischen erklarungen, aus licht gestellet von J. P. Cassel. *Bremen*, 1772. 2. *vol. in* 8. *br.*

1010. F. C. Leszers besondere müntzen, welche so wohl auf gelehrte gesellschaften als auch auf gelehrte leute gepräget worden. *Franckf. M. Blochberger*, 1739. *in* 8. *fig. demi-v.*

1011. Academiae et Scholae Germaniae praecipue Ducatus Silesiae, cum Bibliothecis, in nummis; oder die hohen und niedern schulen Teutschlandes, insonderheit des Hertzogthums Schlesiens, mit ihren Bücher-vorräthen, in muntzen; dem druck uberlassen von J. C. Kundmann. *Bresslau, J. J. Korn*, 1741. *in* 4. *fig demi vél.*

1012. De goude en zilvere eergedagtenis van Dr. M. Luther, of Medalische historie der Lutersche reformatie, door G. B. *'s Gravenhage*, 1734. *in fol. fig. vél cord.*

1013. J. C. Oleari, Isagoge ad numophylacium bracteatorum. *Jenae, J. Bielcken*, 1694. *fig.* — Ad G. W. Wendelium, de nummo contorniato M. Aurelii Antonini ex musaeo Wendeliano, J. C. Olearii epistola. *Ibid.* 1696. —

Epistola ad J. H. à Timaes, quae nummum L. Sept. Severi rarissimum, in qua Mars cum Scalis conspicitur, è thesauro Arnstadio — Schwartzburgico prodit et illustrat J. C. Olearius. *Ibid.* 1696. — P. Tenzelli selecta numismata ex nummophylacio A. G. Com. Schwarzburgi et Hohnsteinii. *Ibid.* 1693 *fig.* — Pietas ex nummis antiquioribus delineata à J. Weidnero. *Ibid.* 1694. *fig.* — De Constantini magni duobis nummis, epistolae duae autore J. F Hekelio. *Francof. et Lipsiae, J. Bielckius, Jen.* 1693. *fig. in* 4. *vél.*

1014. O. Sperlingii, de nummorum bracteatorum et cavorum origine progressu, ad J. a Mellen epistola. *Lubecae, P. Bockmann,* 1700. *fig.* — C. Schlegelii, de nummis antiquis Gothanis et cygneis, dissertatio. *Arnstadii, N. Bachmann,* (*sans date.*) *fig.* — Idem, Schediasma de nummis antiquis Salfeldensibus, Arnstadiensibus et Jenensibus, autore M. C. Schlegelio. *Dresdae, Schroetel,* (1697.) — Cygneae dulcissimae veleot alteri patriae inque ea. (*sans nom de lieu ni d'imprimeur,* 1701.) — N. Seelanders zehen schriften von Teutschen muntzen mitlerer zeiten. *Hannover erben Forsters und sohns,* 1743. *fig.* — Specimen geographiae medii aevi diplomaticae; hoc est descriptio Diocesis Hildesheimensis par antiquos suos pagos, collegit, divisit, recensuit, posuit et publici juris fecit J. B. Lavenstein. *Bennopoli,* 1746. *cart. in* 4. *vél.*

1015. J. A. Doederlini commentatio historica de numis germaniae mediae, quos vulgo bracteatos et cavos, vernacule Blech- und Hohlmunzen adpellant. *Norimb., J. A. Engelbrecht,* 1729. *in* 4 *fig.*

1016. N. Seelandus, zehen schriften von Teutschen Muntzen mitlerer zeiten. *Hannover, Erben Forsters und Sohns*, 1743. *in* 4. *fig. br.*

1017. C. Schlegelii, de nummis Altenburgensibus, ad W. E. Tentzelium epistola, *Dresdae, J. F. Schrötel*, 1696. *fig.* — Idem, Schediasma de Nummis antiquis Salfeldensibus, Arnstadiensibus et Jenensibus. *Ibid*, (1679.) *fig.* — Idem, de nummis antiquis Gothanis et cygneis dissertatio. *Arnstadii*, *J. J. Winckler*, (1701.) *fig.* — Idem, ad J. A. Schmidium de nummo comitis Blanckenburgensis Epistola, *Jenae*, *J. Bielckius*, (*sans date.*) *fig.* — Idem, de nummis antiquis Isenacenbus, Mulsiusinis, Northusinis et Weissenschensibus exercitatio historica. *Jenae*, *J. Bielckius*. 1703. *fig.* — Idem de cella veteri, Ditionis ac Dioeceseos Misnensis inclyto quondam Cisterciensis ordinis monasterio, ac illustri marchionum Misnensiam conditorio ἀποςπασματίον. (*Arnstadii*,) *J. J. Winckler*, (1703.) *fig. in* 4. *encartonné.*

1018. C. Schlegelii, de nummis antiquis Isenacensibus, Mulhusinis, Northusinis et Weissenscensibus exercitatio historica. *Jenae*, *J. Bielckius*, 1703. *fig.* — Idem, ad J. A. Smidium, de nummo comitis Blanckenburgensis epistola. *Jenae*, *J. Bielckius*, (*sans date.*) *fig* — Idem, de nummis antiquis gothanis, cygneis, coburgensibus, vinariensibus et merseburgensibus dissertio. *Gothae*, *Typis Reyherianis*, 1717. *fig.* — Runae in nummis vetustis diu quaesitae tandemque ibidem feliciter inventae, seu de nummis Runicis commentatio N. Kederi. *Lipsiae*, *J. F. Gleditsch*, 1704. *fig.* — M. S. Behlike, dissertatio historica de nummo consulari aureo, Theodosii II. et Valentiniani III. *Sedini, J. F. Spiegelius*, (1727.) *in* 4. *vel.*

1019. Historische nachricht von Schwarzburgische muntzen, F. C. Lessen. *Leipz.*, *M. Blechberger*, 1741. *fig.* — Sammlung Preuszischer und Polnischer Medaillen, wie auch thaler welche auf allerhand begebenheiten geschlagen und H. Lubeck colligiret, beschrieben von G. B. Casseburg. *Konigsberg*, *C. G. Eckardt*, 1737. — Historische cretisches verzeignisz aller bisher bekannt gewordenen Graflich-Reuszischen gedachtnis-müntzen. *Regensb.*, *C. G. Seiffart*, 1742. *fig.* — J. J. Mosers anmerckungen uber J. P. von Ludewig, einleitung zu dem Teutsen Muntzwesen mitlerer zeiten. *Stuttgart*, *C. Thiem*, 1722. — J. Addisons gespräche von dem nutzen und den vorzügen des alten Munzen, aus dem Englischen übersetzt von G. W. Potzinger. *Bayreuth, im verlage des Waysenhauses*, 1740. — Kurtzer entwurf eines munz lexici, oder eine kurtz verfaszte beschreibung des gangbahrhesten muntz-sorten in und ausserhalb Europa. *Francfurt am Main*, *W. C. Multzen*, 1748. *fig.* — Suverläszige nachricht von allen Römische Kaysern von Julius Caesar bis auf Carl den Siebenden. *Franckfurt am Main*, 1742. —— Notwendige einleitung in das von C. G. Lauffern, neuafgerichtete Pabstliche Muntz-Cabinet, afgefasset von F. Holbling. (*sans date. nom de lieu et d'imprimeur*) *in* 8. *demi vel.*

1020. Keysers Ferdinandi neue muntz-ordnung, sampt valuiring der gülden und silberen müntzen, und dar auf erfolgten Keyzerlichen Aedict. zu Augspurg; alles im Jahr MDLIX. auffgericht und beschlossen. *Gedruckt in der Churfürstli-*

chen stadt Maynz, durch F. Behem 1559. — Römischer Kayzerlicher newe muntz-ordnung, sampt valuierung der gulden und sylbern müntzen; zu Prag, alles im jahr MDLXI auffgericht und auszgangen. *Gedruckt zu Breslaw, durch C. Scharffenberg*, 1561. *fig.* — G. H. Rivius, vom rechten grund und verstand wag und gewichts. (*sans date, nom de lieu et d'imprimeur.*) *fig. in fol. vél.*

La fin de la 2de ordonnance et le titre du traité de Rivius manquent.

1021. Neu Muntz-buch, mit der Romischen Kayserlichen Majestät genädigisten vorwissen und bewilligung auch derselbig auszgangnen ins Reich publicierten Proclamata genus, in druck gegeben, *München, A. Berg*, 1597. *fig.* — Ein dialogus oder gespräch zwisthen dem gelt und der armut. *Munchen, A. Berg*, 1598. — Ein kurtzer extract der muntzsorten deren im alten und neuen Testaments gedacht wirdt. *Munchen, A. Berg*, 1596. *in fol. demi v.*

1022. Les mêmes livres. *vel.*

1023. Les mêmes ouvrages. *Munchen, A. Berg*, 1604. *in fol. fig. vel. anc.*

1024. Recueil de Medailles, pour servir à l'histoire de Frederic le grand, par Fromery et fils, (*Berlin*, 1764.) *in 4. fig. encartonné.*

1025. Congeturas sobre las medallas de los Reyes Godos y Suevos de Espana, par L. J. Velazquez. *En Mallaga, F. Martinez de Aguilar*, 1759. *in 4. fig. mar. rouge doré sur tr. et pl.*

1026. Le même livre *vél.*

1027. Tratado de la moneda, Jaquesa y de otras de oro y plata, del Reyno de Aragon, por Vincenzo Juan de Lastanoza. *En Zarragoca*,

1681. *in 4. fig. v. fauve doré sur tr. et à filet.*

Petit ouvrage aussi rare et recherché que celui du même auteur, intitulé *Museo de las medallas des conocidas*, annoncé dans ce Catalogue sous les Nros. 744 à 746. Voyez *Vogt* et le *Dict. bibl.*, *art. V. J. Lastanosa*, de même que *de Bure bibl. N.* 5863.

Cet exemplaire s'accorde en tout avec la description, que le dernier bibliographe fait de ce volume.

1028. Declaracion de la Plata, ley, y peso de las monedas antiguas de plata ligada de Castilla, y Aragon, por S. Gonzalez de Castro. *En Madrid, D. D. de la Carrera*, 1658. *in 4. fig. vél.*

Recherché et peu commun, selon le redacteur du *Dict. bibl.*, *art. S. Gonzales de castro.*

Exemplaire du Colbert.

1029. Historia summorum pontificum a Martino V. ad Innocentium X, per eorum numismata A. R. P. Cl. du Molinet. *Lutet, L. Billaine*, 1679. *in fol. fig. v.*

1030 Numismata Pontificum Romanorum, quae a tempore Martini V. usque ad annum 1699. vel authoritate publica vel privato genio in lucem prodiere, et explicata illustrata a P. Bonanni. *Romae, D. A. Hercules*, 1699. 2 *vol. in fol. fig. gr. pap. vel. cord. à dos doré.*

1031. Numismata summorum Pontificum templi vaicani fabricam indicantia, chronologica ejusdem fabricae, naratione ac multiplici erudi-tione explicata a P. Bonanni. *Romae, D. A. Hercules*, 1700. *in fol. fig. gr. pap. vel. cord. à dos doré.*

1032. Numismata virorum illustrium ex Barbadica gente, (auctore J. F. Barbadico, latine redd. a J. X. Valcario.) *Patav. ex typographia Seminarii* 1732. *in fol. fig. et vignet. v. doré sur pl.*

1033. De monetis Italiae variorum illustrium virorum dissertationes, quarum pars nunc primum in lucem prodit. P. Argelatus collegit, recensuit, auxit nec non indicibus locupletissimis exornavit. *Mediol., in aedibus Palatinis*, 1750. 3 *vol. gr. in* 4. *fig. demi rel.*

Le 4ème tome manque.

1034. Delle monete e dell' instituzione delle zecche d'Italia dell' antico e presente sistema d'essé: dalla decadenza dell' impero sino al secola XVII dissertazioni del conte D.. G. Carli-Rubbi. *t. s. Mantoua*, 1754. *t.* 2. *Pisa. G. P. Giovannelli*, 1757. *e. t.* 3. *Lucca J. Giusii*, 1759. 3 *vol. in* 4. *br.*

1035. Nuova raccolta delle monete e zecche d'Italia di G. A. Zanetti. *In Bologna, L. dalla Volpe*, 1775-1789. 5 *tom. in fol. fig. Les* 4 *premiers vol. en demi v. non rogné. et le* 5ème *broché.*

1036. Dell' origine e della antichita della moneta Viniziana ragionamento (di G. Zanetti). *In Venezia, Albrizzi*, 1750. *fig.* - de nummis Regum Mysiae seu Rasciae ad Venetos Typos percussis commentariolum (di G. Zanetti). *Venetiis, ex Typogr. Albritiana*, 1750. *fig. in* 8. *br.*

1037. Notizie della zecca e delle monete di Brescia, dissertazione di un cittadino Bresciano (G. Rezzardi); con una picciola latina cronica della stessa citta nel fine. *In Brescia, G. M. Rizzardi*, 1755. *in* 8. *encartonné.*

1038. Breue notizia delle monete Pontificie antiche e moderne sino alle ultime dell' anno XV del Regnante Pontifice Clemente XI, raccolte e poste in indice distinto, con annotazioni, ed osservazioni, da S. Scilla. *In Roma, F. Gonzaga*, 1715. *in* 4. *demi v.*

1039.

1039. Antiquiores Pontificum Romanorum denarii, olim editi notisque illustrati a J. a Vignolio, aucti et illustrati studio et cura B. Floravantis. *Romae, R. Bernabo*, 1734. *in* 4. *fig. br.*

1040. Dell' origine ed antichita' della Zecca Pontificia dissertazione de conte G. Acami. *In Roma, A. Rotili*, 1752. *in* 4. *fig. br.*

1041. Storia della monete della Repubblica Florentina, da J. Orsini. *Firenze, P. G. Viriaznes*, 1760, *in* 4. *fig. demi v.*

1042. Storia delle monete de Granduchi di Toscana, della casa de Medici e di quelle dell' Augustissimo Imperatore Francesco di Lorena come granduca di Toscana, di J. Orsini. *Firenze, G. P. Giovanelli*, 1756. *in* 4. *fig. demi v.*

1043. Tratado y discurso sobre la moneda de el regno de Napoles, por L. E. de Fonsseca. *En Napoles, S. Castaldo*, 1681. - Discurso en orden a que a la moneda de vellon se disponga modo de uso, por el qual sea mejor para los commercios, que la moneda de plata, por L. E. de Fonsseca. *En Napoles, S. Castaldo*, 1681. *in* 4. *vél.*

1044. Monete del regno di Napoli, da Roggiero primo, Re, sino Carlo VI Imperadore, e III Re cattolico, raccolte e spiegate da C. A. Vergara. *In Roma, F. Gonzaga*, 1715. *in* 4. *fig. vél.*

1045. Le même ouvrage. *Roma, F. Gonzaga*, 1716. *in fol. fig. gr. pap. v.*

Vogt, cat. libr. var. art. Marco Mayer, rapporte qu'on débite au sujet de cet édition, qu'on n'en a tiré qu'environ 100 exemplaires, qui, à cause de leur rareté, sont ordinairement portés à un prix assez considérable.

1046. Al. Makrizi historia monetae Arabicae e codice Escorialensi, cum variis lectionibus et excerptis anecdotis, edita versa et illustrata ab O. G. Tychsen. (Arab. et Lat.) *Rostoch, ex officina stilleriana*, 1797. *in* 8. *br.*

Traités, dissertations et autres pièces particulieres, sur des médailles ou monnoyes modernes curieuses.

1047. Monarchiae Asiatico Saracenicae status, qualis VIII. et IX post Christum natum saeculo fuit, ex nummis argentis a monarchis arabicis Al-mansor, Harun Raschid, Al-mamon aliisque cusis, illustratus a G. J. Kehr. *Lipsiae, J. Schusterus*, 1724. *in* 4. *fig. br.*

1048. Monarchae Mogolo-Indici vel Mogolis magni Aurenk Szeb numisma Indo-Persicum argenteum rarissimum, latine recensitum, explicatum, examinatum et contra dubia quorundam vindicatum et variis notis illustratum a G. J. Kehr. *Lipsiae, H. C. Takke*, 1725. *in* 4. *fig. br.*

1049. C. A. Klotzii, historia numorum contumeliosorum et satyricorum. *Altenb., Richter*, 1765. *in* 8. *fig. br.*

1050. C. A. Klotzii, historia numorum obsidionalium. *Altenb., Richter*, 1765. *in* 8. *fig. br.*

1051. C. A. Klotzii, opuscula nummaria, quibus juris antiqui historiaeque nonnulla capita explicantur. *Halae Magdeburg, J. J. Curtius*, 1772. *in* 8. *encart.*

1052. J. D. Koeleri, Schediasma historicum de numismate Jacobi Grandis de Carraria domini Patavii, inter recentiora forte vetustissimo. *Altorfi Noric., J. G. Kohlesius*, 1717. *in* 4. *fig. br.*

1053. A. Series of dissertations on some elegant and very valuable anglo-saxon remains, (consisting in coins,) by S. Pegge. *London, J. Whiston*, 1756. *in* 4. *fig. br.*

Traités sur les monnoyes poids et mesures tant des anciens que des modernes.

1054. G. Budaei de asse et partibus ejus, libri quinque; (antecessit J. Seldeni liber de nummis et P. Labbe Bibliotheca nummaria.) *(sans date, nom de lieu et d'imprimeur.)* *in* 4. *v. doré sur tr. et pl.*

1055. Trattato delle monete et valutà loro, ridotto del costume antico, all uso moderno di G. Budeo, tradotto per G. B. Gualandi. *In Fiorenza, apresso i Giunti*, 1562. *in* 8. *br.*

Production très rare d'une imprimerie célèbre. Voyez le *Cat. de la Bibl. de Crevenna*, N°. 6599.

Exemplaire avec quelques notes marginales écrites à la main.

1056. A. Alciati, libellus de ponderibus et mensuris etc. *Haganoae apud Johan Secerit, Anno* 1530. *Mense Octobri. in* 8. *br.*

Première édition de ce traité séparement.

1057. Priscorum numismatum ad Nurenburgensis monetae valorem facta aestimatio, B. Pirckeymhero authore. *Tubingae, per H. Morhardum, anno Dni* 1533. *in* 8. *br.*

Édition originale.

1058. De monetarum potestate simul et utilitate libellus aureus, autore G. Biel etc. *et à la fin: Impressum Norimbergae apud Johan Petreum, Anno* 1542. *in* 4. *br.*

Première édition.

1059. G. Agricolae, de mensuris et ponderibus Romanorum atque Graecorum Lib. V. — De externis mensuris et ponderibus Lib. II.

Ad ea, quae Andreas Alciatus denuo disputavit de mensuris et ponderibus brevis defensio Lib. I. — De mensuris, quibus intervalla metimur Lib I. — De restituendis ponderibus atque mensuris Lib. I. — De precis metallorum et monetis Lib. III. *et à la fin ; Basileae apud H. Frobenium et N. Episcopium, Anno* MDL., *mense Martio. in fol. demi v.*

Édition rare, selon *Clement, Bibl. cur. t. 1. p.* 76. Exemplaire avec des notes manuscrites.

1060. A. Sardi, liber de nummis : in quo antiqua pecunia Romana et Graeca metitur precio ejus quae nunc est in usu. *Mogunt., C. Behem*, 1597. *in* 4. *br.*

Première édition.

1061. Le même ouvrage. *Patav., P. Frambotti*, 1648 - *et* - Justi Lipsii, de re nummaria, breviarum, cura J. Rhodii. *Ibid*, 1648. *in* 8. *v.*

1062. J. Seldeni, liber de nummis, in quo antiqua pecunia Romana et Graeca metitur precio ejus quae hunc est in usu ; huic accedit bibliotheca nummaria, auctore P. Labbe.) *Lond., M. Pitt*, 1675. *in* 4. *v.*

Ce traité, que l'espoir du lucre a fait orner du beau nom de Selden, n'est point de cet auteur, mais rien autre qu'une réimpression de l'ouvrage précedent d'Alex. Sardus, au quel on a ajouté la Bibl. de Labbe : *Pinkerton* nous l'apprend *pag.* 9. *de la préface de son essay on medals*, et je m'en suis convaincu par une confrontation exacte.

1063. Les mêmes ouvrages. *Lugd. Bat., J. Moukee*, 1682. *in* 8. *vél.*

1064. De monetis et re numaria libri duo, quorum primus artem cudendae monetae, secundus vero quaestionum monetariarum decisiones continet, his accesserunt tractatus varii atque utiles, nec non consilia, singularisque additione tam neotericorum authorum, qui de monetis earundemque valore etc. scripserunt, authore et collectore R. Budelio. *Col. Agrip. J. Gymnicus*. 1591. *in* 4. *fig. v.*

Livre rare. Voyez *Clement, bibl. cur. t.* 3. *p.* 394.

1065. Le même livre. *vél.*

1066. Memoires et recueil des nombres, poids, mesures, et monnoyes anciennes et modernes des nations plus renommées; rapport et conference des unes aux autres: avec une reduction aux royales de la France, qui sont en la ville de Paris, par F. Garrault. *Paris, J. Metayer*, 1595. *in* 8. *v.*

1067. J. Marianae de ponderibus et mensuris. *Toleti, T. Gusmanius*, 1599. *in* 4. *mar. rouge, à filet d'or.*

Édition originale, trés recherchée et rare, parce que le ministère Espagnol, mécontent de ce traité, le fit supprimer. Voyez *de Bure, bibl. N.* 5857. et le *Dict. bibl., art. J. Mariana.*

Exemplaire parfaitement complet et de la bibl. du docteur Mead.

1068. De monetarum augmento variatione et diminutione, tractatus varii ex Bibliotheca G. A. Thesauri, in hoc volumen redacti, (a J. D. Tarino.) *Augustae Taurinor*, 1609. *in* 4. *vél.*

1069. W. Snellii R. F. de re nummaria, liber singularis. *(Lugd. Bat.,) ex officina Plantiniana Raphelingii*, 1613. *in* 8. *vél.*

1070. J. Scaligeri Jul. Caes. F. de re nummaria dissertatio. *(Lugd. Bat.), ex officina Plantiniana Raphelingii*, 1616 - *et* - W. Snellii. R. F. de re nummaria, liber singularis, *ibid*, 1613. *in* 8. *vél.*

1071. Les mêmes livres. *vél.*

Exemplaire de l'illustre Cl. Saumaise, avec beaucoup de notes qui paraissent être de la main de ce savant.

1072. Tractatus de re nummaria prisci aevi, quae collata ad aestimationem monetae presentis, auctore J. a Chokier. *Leod.*, *C. Cuwerx Jun.*, 1619. - *et* - G. Budaei, breviarium de asse et partibus ejus. *Antverpiae*, *apud J. Grapheum*, *Anno* 1527. *in* 8. *vél.*

1073. El a justamiento i proporcion de las monedas de oro, plata i cobre, i la reduccion destos metales a su debida estimacion, por A. Carranza. *En Madrid, F. Martinez*, 1629. *in fol. mar. rouge*, *doré sur tr. et à filet.*

Superbe exemplaire d'un ouvrage curieux, recherché et peu commun. Voyez *de Bure*, *bibl. instr. N.* 5864. et le *Dict. bibl. instr. art. A. Carranza.*

1074. Le même livre. *vél.*

1075. J. T. Gronovii de sesteriis seu subsecivorum pecuniae veteris Graecae et Romanae Libri IV. accesserunt L. Volusius Maecianus et Balbus Mensor de asse, item Pascasii Grosippi tabulae nummariae. *Amst.*, *apud L. et D. Elzevirios*, 1656. *in* 8. *vél.*

1076. Le même livre. *vél.*

1077. J. F. Gronovii de Sestertiis etc. accesserunt L. Volusius Maecianus et Balbus Mensor de asse, Pascasii Grosippi tabula nummariae, mantissa et tres *αντεσημήσεις* de foenore unciario et centesimis usuris, item de Hyperpyro, Salmasii epistola, et ad eam responsio *λογαρικη παλαια και νεα* Graece et Latine. *Lugd. Bat.*, *J. du Vivié*, 1691. *in* 4. *vél.*

1078. Uitgerekende tafelen in 't gout en silver; gereduceert uit marken troys, in marken feyns, mitsgaders den prys ende waerdy van 't selve, in guldens, stuyvers ende myten, na de cours en ordre in de respective munte van de Nederlanden gebruyckelyck, door S.

Jansz. Out. *Amst.*, *M. W. Doornick*, 1681. *in 4. vél.*

1079. La Zecca in Consulta di stato del dottore Dominiano Montanari. Trattato politico mercantile. Ove si mostrano, e con ragioni et exempi antichi e moderni si spiegano le vere cagioni dell' aumentarsi giornal mente di valuta le monete; d'anni si del Prencipe come de sudditi che ne succedono, e modi di preseruarne gli stati. 1683. 14 *Laglio. in fol. v. à dentelle.*

Manuscrit sur papier, avec cette note au bas du titre; *The kind present of my honourd and worthy friend Nicl. Brown Esqr. consul at Venice* 1733. *M. Holkes.*

1080. E. Bernardi de mensuris et ponderibus antiquis, libri tres, editio altera purior et locupletior, (acced. Epistola N. F. D. de mari aeneo Salomonis et epistola T. Hyde de mensuris et ponderibus sinensium.) *Oxon.*, *e theatro Sheldonio*, 1688. *in 8. fig. v.*

Cet exemplaire est un présent de l'auteur a M^{r}. N. Witsen à Amsterdam.

1081. (E. G. Rink) De veteris numismatis potentia et qualitate lucubratio, accessit dissertatio Juridica de numo unico. *Lipsiae et Francof.*, *J. W. Kohlesius*, 1701. *fig.* – C. Schlegelii de numis antiquis Gothanis et cygneis dissertatio. *Arnstadii*, *N. Bachmann*, (*sans date.*) *fig.* – Ad J. A. Schmidium de nummo comitis Blanckenburgensis epistola perscripta à C. Schlegelio. *Ibid.*, (*sans date.*) *fig. in 4. vél.*

Voyez à l'égard du premier ouvrage *Eckhel*, *Doctrina Num. vet. t.* 1. *prolegomena p.* 156.

1082. Traité de monoyes, de leurs circonstances et dépendances par J. Boizard, nouvelle édition augmentée. *Paris*, *A. U. Coustelier*, 1711. 2 *tom.* 1 *vol. in* 12. *fig. vél.*

Edition recherchée, dont les exemplaires sont devenus assez rares, selon de *Bure*, *Bibl.* N°. 1368. et le redacteur du *Dict. Bibl.*, *art. Boizard.*

1083. Le même livre. 2 *vol* *v.*

1084. Le même livre. 2 *vol.* *v.*

Le frontespice gravé manque.

1085. J. Perizonii dissertatio de aere gravi, ut et responsio ad epistolas A. Morellii de variis familiarum Romanar. Nummis. *Lugd. Bat.*, *J. van der Linden*, 1713. *in* 12. *vél.*

1086. L. W. Hoffmanns alter und neuer munzschlüssel. *Nurnberg*, *J. E. Adelbulnern*, 1715. 3 *tom.* 2 *vol.* *in* 4 *fig.* *vel.*

1087. Valuatie van de meeste en voornaamste munten, die volgens de cours in geheel Europa bekent zijn, door D. Ambueren. *Amst.*, *J. Loots*, 1716. — geredresseerde ordre op de exercitie van de militie. *'s Gravenhage*, *J. Scheltus*, 1688. — Ordre en woorden van Commando op de handelinge van de Snaphaen. *'s Gravenhage*, *J. Scheltus*, 1701. *in* 8. *vél.*

1088. Tables of ancient coins, weights and measures explaind and exemplify'd in several dissertations, (by C. Arbuthnot.) *London*, *J. Fonson*, 1727. *in* 4. *v.*

1089. C. Arbuthnotii tabulae antiquorum nummorum mensurarum et ponderum, pretiique rerum venalium variis dissertationibus explicatae et exemplis illustratae ex anglica in linguam latinam conversae opera D. Königii. *Lugd. Bat.*, *S. et J. Luchtmans*, 1764. *in* 4. *demi vél.*

1090. Litterae de re nummaria; in opposition to the common opinion that the denarii Romani were never larger than seven in an ounce: with some remarks on Arbuthnot's book, and tables etc. by the author of the annals of univerversity College. (W. Smith.) *Newcastle upon Fyne, J. White,* 1729. *in* 8. *v. à filet d'or.*

1091. J. C. Eisenschmidii, de ponderibus et mensuris veterum romanorum graecorum, hebraeorum, nec non de valore pecuniae veteris, disquisitio. Editio altera, auctior. *Argent, H. L. Steinius,* 1737. *in* 8. *fig. v.*

1092. Chronicon preciosum; or an account of English gold and silver money the price of corn, and other commoditees and of stipends salaries, wages, jointures, portions, daylabour, etc. in England for six hundred years last past; by Fleetwood, to which is added, an historical account of coins. *Lond., F. Osborne,* 1745. *in* 8. *fig. v. à filet d'or.*

1093. Essai sur les monnoies ou reflections sur le rapport entre l'argent et les denrées, (par M. de Richebourg.) *Paris, J. B. Coignard,* 1746. *in* 4. *br.*

1094. C. Crusii commentarius de originibus pecuniae a pecore, ante nummum signatum. *Petrop., (Typis Academiae scientiarum,)* 1748. *in* 8 *br.*

1095. J. C. Novisadi, dissertatio Juris publici de jure rei monetariae apud Batavos. *Traj. ad Rhen., J. Broedelet,* 1754. *in* 4. *br.*

1096. Traité historique et methodique sur l'usage et la nature des anciennes monnoyes d'or et d'argent, et rehausse des capitaux; par P. Simonon. *Liege, A. Bronckart,* 1758. *in* 4. *v. doré sur tr et à filet.*

1097. Eröfnetes geheimnus der practischen munzwissenschafft, samt beygefugter tariffa uber gold und silber. *Nurnb., erben A. J. Filtzeckers,* 1762. *in* 4. *fig. demi vél.*

1098. Kurzgefaszte abhandlung von den munzen, und deren verwechselung in Hamburg ausgefertiget von J. C. Kruse. *Hamb., auf kosten des verfassers*, 1762. *in* 8. *br.*

1099. S. Haasens, völstandiger müntz-meister und müntzwardein. *Francf. am Mayn, in der Andreaischen büchhandlung*, 1765. *in* 4. *en cartonné.*

1100. The Doctrine of gold and silver computations, by T. Snelling. *Lond., T. Snelling*, 1766. *in* 8. *fig. br.*

1101. De nummis aliquot aeneis, uncialibus, (é collectione Zeladae,) epistola, (auctore P. Burghesio.) *Romae, G. Salomonius*, 1778. *in* 4. *fig. gr. pap. v.*

1102. Valuacien van munten van Anno XIIIIe LXXIIII (1474.) tot XVe. XXXIX (1539). *in* 4. *br.*

Manuscrit sur papier, et qui parait dater du 16ème siècle.

Monumens publics d'antiquité, édifices, sépulcres, obélisques, statues etc.

1103. Vera monumenta in quibus praecipue musiva opera sacrarum profanarumque aedium structura, ac non nulli antiqui ritus, dissertationibus inconibusque illustrantur, J. Ciampini. *Romae, J. J. Komarck*, 1690. *et Bernabus*, 1699. *fig.* — *et* — De sacris aedificiis a Constantino magno constructis synopsis historica J. Ciampini. *Romae J. J. Komarok*, 1693. *fig.* 3 *vol. in fol demi v.*

Ouvrages rares selon *l'Englet du Fresnoy, Suppl. au Cat. des Hist. t.* 3. *p.* 42. *Clement Bibl. cur. t.* 7. *pag.* 117 *et* 119. et *Vogt, Cat. lib. rar. art. J. Ciampini.*

1104. Historical inquiries, concerning the Roman monuments and antiquities, in the northpart of Britain, called Scotland, by R. Sibbald. *Edinb. J. Watson*, 1707. *in fol. vél. cord.*

1105. Miscellania quadam eruditae antiquitatis quae ad borealem Brittanniae majoris partem pertinent, cura R. Sibbaldi. *Edinb. A. Symeon*, 1710. — Vindiciae Scotiae illustratae, sive prodromi naturalis historiae Scotiae contrae prodromomastiges, (auctore R. Sibbaldo.) *Ibid*, 1710. *in fol vél. cord.*

1106. Antiquitates Rutupinae, authore J. Battely, *Oxon.*, *e theatro sheldoniano*, 1711. *in 8. fig. v.*

1107. Les monumens de la monarchie Francoise, avec les figures de chaque regne, que l'injure des tems a êpargnées, par Dom Bernard de Montfaucon. *Paris, J. M. Gandouin*, 1729-1733. 5 *vol. in fol. fig. demi rel. non rogné.*

1108. Thresor des antiquitez de la couronne de France, representées en figures d'après leurs originaux. *La Haye, P. de Hondt*, 2 *vol. in fol. v. à filet d'or.*

Ce Recueil est une suite des planches de l'ouvrage précédent de Montfaucon.

1109. Galliae antiquitates quaedam selectae, atque in plures epistolae destributae, (auctore S. Maffeio.) *Paris, C. Osmont*, 1733. *in 4. fig. vél.*

1110. Galliae antiquitates etc. ; auctore S. Maffeio,) iterum editae ; accedunt epistolae duae, altera sorbonicorum doctorum ad auctorem hujus operis, altera J. Polenii de Olympico theatro. *Veronae, J. Vallarsius*, 1734. *in 4. fig. vél.*

1111. Portus Iccius Julii Caesaris demonstratus, per J. J. Chiffletium : editio secunda aucta et recensita. *Antv.*, *ex officina Plantiniana*, 1627. — Acia C. Celsi, propriae significationi restituta. A. Nunez regius archiater defensus a J. J. Chiffletio *Ibid*, 1633. — Geminiae matris sacrorum titulus sepulcralis explicatus vetus exequiarum ritus una detectus a J. J. Chiffletio. *Ibid*, 1634. *in* 4. *vél.*

1112. Julius Caesaris Portus Iccius illustratus; sive I. G. Somneri Chiffletii librum de portu Iccio responsio, et II. C. du Fresne, dissertatio de porta Iccio. tractatum utrumque latine vertit et nova dissertatione auxit E. Gibson. *Oxon.*, *e theatro sheldoniano*, 1694. *in* 8. *avec le portrait de Somnerus et une carte. vél.*

1113. Dissertation sur les grands chemins de Lorraine. *Nancy*, *J. B. Cusson*, 1727. *in* 4. *v.*

1114. J. J. Chiffletii Vesontio, plurimis nec vulgaribus historiae monumentis illustrata et in duas partes distincta : editio novissima. *Lugd.*, *M. Duhan*, 1650. *in* 4. *vél.*

1115. Description de la Limagne d'Auvergne, en forme de dialogue, traduit du livre Italien de G. Symeon en langue Francoyse par A. Chappuys. *Lyon*, *G. Rouille*, 1561. *in* 4. *fig. grav. en bois. v.*

Curieux, recherché et rare. Voyez. *de Bure*, *bibl.* N°. 5392. et *Cat. libr. rar. art. G. Simeon.*

1116. Antiquitez de la ville de Lyon, par D. de Colonia. *Lyon*, *Amaulzy*, 1701. *fig.* — Dissertation sur un monument antique decouvert à Lyon, (par le même.) *Lyon*, *T. Amaulzy*, 1705. *fig. in* 12. *v.*

1117. Dissertations sur les anciens monumens de la ville de Bourdeaux, sur les Gahets, les antiquités, et les ducs d'Aquitaine, avec un traité historique sur les monoyes que les anglais ont frappées dans cette province etc. par l'abbé Venuti, *Bourdeaux*, *J. C. Chappuis*, 1754. *in* 4. *fig. br.*

1118. Discours historial de l'antique et illustre cité de Nismes en la Gaule Narbonoise, avec les portraitz des plus antiques et insignes bastimens du dit lieu, reduitz a leur vraye mesure et proportion, ensemble de l'antique et moderne ville, par J. Poldo d'Albenas. *Lyon*, *G. Rouille*, 1559. *in fol. fig. grav. en bois. v.*

Première édition d'un ouvrage curieux et recherché. Voyez de *Bure*, *bibl.* *N°.* 5419. et le *Dict. bibl. art. J. Poldo d'Albenas.*

1119. Le même livre. *v.*

Exemplaire de P. Burman sec.

1120. Le même ouvrage. *Lyon*, *G. Rouille*, 1560. *in fol. fig. grav. en bois. v.*

De la bibl. de J. C. Wolfen.

1121. Le même livre. *v. à filet. d'or.*

Exemplaire de Woogh et de C. J. Feuerlein.

1122. Discription des antiquités de la ville de Nismes, par Deyron. *Nismes*, *J. Plasses*, 1663. *in* 4. *vél.*

1123. Histoire de la ville de Nismes et de ses antiquitez, par H. Gautier. *Paris*, *A. Cailleau*, 1724. *in* 8. *fig. br.*

1124. Eclaircissemens sur les antiquités de la ville de Nismes, par M***. *Nismes*, *veuve Belle*, 1725. *in* 8. *fig. br.*

1125. Les antiquitez d'Arles, traitées en maniere d'entretien et d'itineraire, par M. J. Seguin. *Arles*, *C. Mesnier*, 1687. 2 *part.* 1 *vol. in* 4. *fig. v.*

Livre rare. Vozez le *Cat. de van Goens. N°.* 12237.

1126. Recueil des antiquités et monumens Marseillois, par M. J. B. R. Grosson. *Marseille, J. Mossy*, 1773. *in* 4. *fig. demi v. non rogné.*

1127. 's Graavenhage in de dertiende eeuw, volgends eene oude aftekening, met historische ophelderingen, door W. H. J. van Westreenen. *'s Graavenhage, P. van Daalen Wetters* 1804. *in* 8 *fig. br.*

1128. H. Cannegieteri dissertatio de Brittenburgo, accedunt ejusdem notae atque observationes ad A. Muntingii dissertationem historico-medicam de vera antiquorum herba Britannica ad G. van Loon. *Hagae Comit. P. de Hondt*, 1734. *in* 4. *fig. demi vél.*

1129. A. Doederlini Schediasma historicum Impp. P. Ael. Adriani et M. Aur. Probi vallum et murum in agris Nordgaviensibus, Bavaria citeriore etc. historiae antiquae et novae amatoribus perlustrandum exhibens. *Norimb., J. E. Adelbulnerus*, 1723. — Idem, commentatio historica de numis Germaniae mediae, quos vulgo Bracteatos et cavos adpellant. *Ibid*, 1729. *fig.* — C. Sehlegelii, de nummis abbatum Hersfeldensium, apotelesma. *Gothae, Reyher*, 1724. *fig in* 4. *vél.*

1130. Rerum augustarum vindelicarum commentarii per M. Welserum conscripti-antiqua item monumenta, quae partim intra, partim extra urbem exstant: eodem auctore, accessit index qui in priori editione desiderabatur. *Francof. ad Moenum, Egenolphus*, 1594. *fig. gravé en bois.* — Exegesis genealogica sive explicatio arboris gentilitiae Galliarum Regis Henrici ejus nominis IIII, studio et opera J. Texerae. *Lugd. Bat. ex officina Plantiniana apud F. Raphelengium*, 1592. *avec l'arbre genealogique in 4. vél.*

Le second ouvrage est fort singulier, l'auteur, impregné de l'opinion bizare, que les Français sont originaires des Troyens, ne donne rien moins qu'une généalogie suivie depuis Antenor jusqu'à Henri IV.

1131. Memoires critiques, pour servir d'éclaircissement sur divers points de l'histoire ancienne de la suisse, et sur les monumens d'antiquité qui la concernent; par L. de Bochat. *Lausanne, M. M. Bosquet*, 1747-1749. 3. *vol. in 4. cart. et vignet. br.*

1132. Varios antiguedades de Espana, Africa y otras provincias, por B. Aldrete. *En Amberes*, (*G. Wolschatius*,) 1614. *in 4. vel. doré sur pl.*

Ouvrage savant, recherché et rare. Voyez *Bure*, *de bibl.* N°. 5513. *Clement*, *bibl. cur. t.* 1. *p.* 159. *Goetzens*, *merckwurdigkeiten der Bibl. zu Dresden p.* 401. *Vogt*, *Cat. libr. rar. et le dict. bibl.*, *art. B. Aldrette.*

1133. Description breve del monasterio de S. Lorenzo el real del Escorial, por F. F. de los Santos. *En Madrid*, *J. F. de Buendia*, 1667. *in fol. fig. v. doré sur pl.*

1134. Historia, antiguedades des y grandezas de la muy noble y muy leal cuidad de Sevilla, compuesta por Don Fr. de Espinosa. *En Sevilla*, *M. Clavyo*, 1627. *y J. de Cabrera*, 1630. 2 *vol. in fol.*

1135. Antiguedades y principado de la illustrissima ciudad de Sevilla, y chorographia de su convento juridico, o antigua chancillaria autor el D. R. Caro. *En Sevilla*, *A. Grande*, 1634. *in fol. fig. grav. en bois. vel.*

Fort rare et estimé, selon le *Cat. de van Goens N.* 1115.

1136. Le même livre. *vél.*

1137. Le même livre. *br.*

1138. Gallorum insubrum antiquae sedes, (authore B. Castillioneo) *Mediolani*, (*J. A. Castillioneus*,) VII *idib. April* 1541. *in* 4. *v.*

Edition originale d'un ouvrage singulier, intéressant et rare. Voyez *de Bure*, *bibl. N°.* 5124. *et Clement*, *Bibl. cur. t.* 6. *p.* 391.

1139. Le memorie Bresciane, di O. Rossi, riveduta da F. Vinaecesi. *In Brescia, D. Gromi*, 1693. *in* 4. *fig. grav. en bois. v. marbré.*

1140. B. Scardeonii de antiquitate urbis Patavii et claris civibus Patavinis, libri tres, ejusdem appendix de sepulchris insignibus exterorum Patavii jacentium. *Basile*, *N. Episcopius*, *Jun.*, 1560. *in fol. v.*

Très rare. Voyez *Vogt*, *Cat. libr. rar.* et *Gerdes*, *Florilegium libr. rar. art. B. Scardionius.*

1141. Alticchiero, par Mad. J. W. C. D. R. *Padoue*, 1787. *in* 4. *fig. br.*

Ce Volume porte le nom, et renferme la description de la belle campagne du senateur Venetien Quirini, située à une lieue de Padoue, et remarquable par le grand nombre de monumens antiques dont elle est ornée.

1142. O. Panvinii antiquitatum Veronensium libri VIII. *Patav.*, *P. Frambottus*, 1648. *in fol. fig. vél.*

1143. Verona illustrata, (da S. Maffei.) *In Verona*, *J. Villarsi*, 1732. 4. *part.* 1 *vol. in fol. fig. gr. pap. vél. cord.*

Ouvrage fort estimé, et qui, ainsi que tous les autres de son auteur, est devenu rare, même en Italie.

1144. Le même ouvrage. *In Verona*, *J. Vallarsi*, 1732. 4 *vol. in* 8. *fig. gr. pap. br.*

1145. La Verona illustrata, (da S. Maffei) ridotta in compendio con varie aggiunte, premessa in ristretto la vita del marchese S. Maffei. *In Verona*, *nella stamperia Moroni*, 1771. 2 *vol. in* 8. *fig. gr. pap. encart.*

1146. De gli anfiteatri e singolarmente del Veronese libri due, (di S. Maffei.) *Verona, G. A. Tumermanus*, 1728. *in* 12 *fig. v.*

1147. Le même livre *vél.*

1148. S. Maffei, origines Etruscae et Latinae, sive de priscis ac primis ante urbem conditam Italiae incolis commentatio, ex Italico sermone in latinum convertit. J. G. Lotterus. *Lipsiae, J. F. Gleditsch, B. fil.*, 1731. *in* 4. *fig. br.*

1149. Vetus Latium profanum et sacrum, auctore P. M. Corradino et J. R. Vulpio. *tom.* I *et* II. *Romae, F. Gonzaga*, 1704 *et* 1705. *tom.* III-VIII. *Patavii, J. Cominus*, 1726-1736. *tom.* VIII-X. *Romae, Bernabo*, 1742-1745. *in* 4. *fig.* 10 *tom.* 11 *part.*, *dont les* 7 *premières en* 3 *vol. en v. et les* 4 *autres en* 4 *vol. en demi v.*

1150. Veteres Latii antiqua vestigia urbis moenia, pontes, templa, piscinae, balnea, villae; aliaque rudera, aeneis tabulis (59 in numero) eleganter incisa atque in lucem edita. *Romae, J. G. Salomonius*, 1751. in 4. *oblongo demi v. non rogné.*

1151. Urbis Romae topographia, B. Marliani. (*Roma, Dorici fratres, mense Septembris* 1544.) *in fol. fig. grav. en bois, gr. pap. v. écail à filet d'or.*

Voyez le *Cat. de bibl. de Crevenna. N°.* 6656.

1152. O. Panvinii, B. Marliani, P. Victoris, J. J. Boissardi, topographia Romae. *Francof., F. de Bry, tom.* I *et* II. 1627 *et* 1628. *tom.* III-VI. 1597-1602. 6 *part.* 2 *vol. in fol. cart. et fig vél. cord.*

Ouvrage très estimé et dont les exemplaires sont difficiles à trouver. Les deux premières parties sont de la réimpression. Voyez *de Bure, bibl.* N°. 5370. *Clement, bibl. cur. t.* 5. *p.* 26. *Freitag, analecta Litteraria* et *le Dict. bibl. art. J. J. Boissard.*

1153. A. Donati, Roma Vetus ac recens utriusque aedificiis, illustrata, editio ultima. *Amst.*, (*Campis*, *C. Cotius*,) 1694. *in* 4 *cart. et fig. v.*

1154. Les restes de l'ancienne Rome, recherchez avec soin, mesurez, dessinez sur les lieux et gravez par B. D'overbeke, (avec des explications,) publié par M. D'overbeke, et imprimé à ses depens. *Amst.*, *J. Crellius*, 1709. 3 *vol. format d'atlas, gr. pap. v. marbre doré sur tr. et sur pl. aux armes de la maison d'Orange.*

1155. Nouveau recueil de vues des principales eglises, places, vues et palais de Rome moderne, et des plus beaux monumens de Rome ancienne, dessinées par J. Barbault, et gravées par des habiles maitres, (en 52 planches.) *Rome, Bouchard*, 1763. *forme atlantique, demi v. non rogné.*

1156. Les plus beaux edifices de Rome moderne, ou recueil des plus belles vues des principales eglises, places, palais, fontaines etc., qui sont dans Rome, dessinées par J. Barbauld, et gravées, en 45 grandes planches et plusieurs vignettes, par d'habiles maitres, avec la description historique de chaque edifice. *Rome, Bouchard*, 1763. *forme atlantique, demi v. non rogné.*

1157. Descrizione del palazzo Apostolico vaticano, opera d'A. Taja Senese, revista ed accresciuta all Card. F. G. Porto Carrero. *In Roma, N. e M. Pagliarini*, 1750. *in* 12. *br.*

1158. Memorie istoriche dell' antico Tuscolo

oggi frascati, raccolte da D. B. Mattei. *Roma, G. F. Buagni*, 1711. *in* 4. *fig. vél.*

1159. Della fondazione di Pesaro, dissertazione di A. Abati Olivieri si aggiunge una littera del medesimo al S. Abate Barthelemy, sopra le medaglie greche di Pesaro. *Pesaro, nella stamperia Gavelliana*, 1757. *in fol. fig br.*

1160. Descrizione dell' Imperiale giardino di Boboli, fatta da G. Cambiagi. *In Firenze, nella stamperia Imperiale*, 1757. *in* 8. *br.*

1161. Le Memorie retrovate nel torritorio della prima e seconda citta di Labico, ei loro giusti siti, descritti da F. de Ficoroni. *Roma, G. Mainardi*, 1745. *in* 4. *fig. demi v. non rogné.*

1162. Le même livre. *br.*

1163. Recueil general historique et critique de tout ce qui a été publié de plus rare sur la ville d'Herculane, par M. R. *Paris, du Chesne*, 1754. *in* 12 *br.*

1164. Prodromo delle antichita d'Ercolano di O. A. Bayardi. *In Napoli, nella Regale Stamperia Palatina*, 1752. 5 *vol. in* 4 *fig. v. écaille à filet d'or.*

Ouvrage peu commun, et qui n'est que l'avant coureur d'un plus grand que l'auteur était d'intention de publier, mais qui n'a point paru: on peut juger de l'étendue qu'il voulait lui donner, lorsqu'on considére que cette introduction seule occupe 5 bons volumes in 4.

1165. Catalogo de gli antichi monumenti della citta di Ercolano, composta da O. A. Bayardi. *In Napoli, nella Regia Stamperia di S. M.*, 1754. *gr. in fol. v.*

1166. Le antichita di Ercolano esposte, continente: Catalogo de gli antichi monumenti della citta di Ercolano, composte da O. A. Bayardi. *In Napoli, nella Regia stamperia di S.*

M. 1755. 1 *vol.* — Le pitture antiche d'Ercolano e contorni incise, con qualche spiegazione. 1757-1779. 5. *vol fig.* — Di bronzi di Ercolano e contorni incisi, con qualche spiegazione. *Ibid*, 1767 *et* 1771. 2 *vol. fig.* — Le lucerne ed i candelari d'Ercolano e contorni incise, con qualche spiegazione. *Ibid*, 1792. *fig.* — *Ensemble 9 vol. gr. in fol., dont les 8 premiers en v. écail à filet d'or, et le dernier encartonné.*

Superbe Exemplaire, avec de belles épreuves, et parfaitement complêt, d'un ouvrage magnifique et de très grand prix, que le Roi des deux Siciles a fait exécuter à ses dépens, s'en reservant tous les exemplaires, pour gratifier ceux qu'il en voulait honnorer.

Voyez le *Supplement au Dict. Bibl., art. Antichita di Ercolano.*

1167. Thesaurus antiquitatum Beneventanarum, per J. de Vita. *Romae, ex typographia Palladis*, 1754. *in fol. fig. vél.*

1168. Le Forche caudine illustrate, (per F. D...) *Caserta, G. Campo*, 1778. *forme atlantique, fig. demi rel.*

1169. Antichita Siciliane spiegate, opera del padre G. M. Pancrazi. *In Napoli, nella stamperia di Allessio Pellerchia*, 1751 *e* 1752. *in fol. cart. fig. et vign. vél.*

1170. J. P. d'Orville, Sicula, quibus Siciliae veteris rudera, adstitis antiquitatum tabulis illustrantur; edidit et commentarium etc. adjecit P. Burmannus. *Amst., G. Tielenburg*, 1764. 2 *tom.* 1 *vol. in fol. fig. gr. pap. v.*

Ouvrage posthume de Mr. d'Orville, rempli d'érudition et fort estimé.

Cet exemplaire est un présent de l'editeur, Mr. P. Burman sec. au défunt.

1171. Stato presente de gli antichi monumenti Siciliani, (en 51 tav.) *Anno* 1767. *in fol. encart.*

d'une exécution magnifique.

1172. Dichiarazione della pianta delle antiche Siracuse, e di alcune scelte medaglie di esse e di principi che quella possedetero, da Vicenzo Mirabella. *In Napoli, p. Lazzaro Scorriggio, (1613.) in fol. fig. mar. bleu, doré sur tr. et à filet.*

Ouvrage curieux et recherché, surtout de cette édition originale, dont les exemplaires complets sont devenus fort rares. Voyez *de Bure, bibl. N°.* 5076. *Haym, notizia de libri rari. p.* 69. *L'Englet de Fresnoy, Cat. des Hist. v.* 1776. *Freytag, analecta litteraria. Vogt, Cat. libr. rar.* et *le Dict. bibl. art. V. Mirabella.*

Exemplaire magnifique et de la bibliothéque de Colbert.

1173. Le même livre *v.*

1174. Le même livre. *v.*

Le portrait de l'auteur et les 9 grandes planches, de la 1ère partie manquent.

1175. Dell' antica Siracusa, illustrata di G. Bonanni, libri due. *In Messina, P. Brea,* 1624. *in 4 v. fauve.*

Ouvrage recherché.

Edition originale et fort rare, selon *Clement, bibl. cur. t.* 5. *pag.* 44.

1176. Delle antiche Siracuse da G. Bonnanni e V. Mirabella. *In Palermo, G. B. Aiccardo,* 1717. 2 *tom.* 1 *vol. in fol. cart. et fig. v. fauve.*

1177. Delle memorie istoriche dell' antica citta di Gela nella Sicilia, libri IV, opera del P. M. C. F. Pizolanti. *Palermo, F. Valenza,* 1753. *in fol. fig. vél.*

1178. Delle discritione di Malta con le sue antichita ed altre notitie, libri quattro del commendatore F. Abele. *In Malta, P. Bonacota,* 1647. *in fol. fig. v. doré sur tr. et pl.*

Ouvrage intéressant, dont les exemplaires sont difficiles à trouver. Voyez *de Bure, bibl. n.* 5115. *Clement, bibl. cur.*

t. 1. *p.* 12. *Vogt. Cat. libr. rar.* et *le Dict. bibl., art. F. Abele.*

1179. Le même livre. *v. doré sur pl.*

1180. Le même livre. *v.*

1181. De thermis Herculanis nuper in Dacia detectis, P. Cariophili dissertatio epistolaris; editio secunda aucta et emendata. *Mantua, Haeres A. Pazzoni*, 1739. *fig.* — De usu et praestantia thermarum Herculanarum quae nuper in Dacia Trajani detectae sunt, P. Cariophili dissertatio epistolaris altera. *Ibid.* 1739. *in* 4. *vel.*

1182. J. D. Crophius, antiquitates Macedonicae, sive de regio Macedonum principata, moribus atque militia dissertatio. *Jenae, J. J. Baeshofer*, (1682.) *in* 4. *fig. br.*

1183. E. Rous, Griieksche oudheden of de byzonderheden van Attica; uit het Engelsch vertaalt door H. van Rheenen. *Amst. P. Verbeek*, 1711. *in* 8. *vél.*

1184. Eenige gezighten in de Archipel en andere, na 't leeve geteekend door Feiler. *In fol. vél.*

Recueil de 65 desseins à la plume.

1185. G. Wernsdorffii, de republica Galatarum liber singularis. *Norimb. J. J. Cremer*, 1743. *in* 4. *cart. br.*

1186. H. Relandi, Palestina ex monumentis veteribus illustrata. *Traj. Bat.*, *G. Broedelet*, 1714. 2 *vol. in* 4. *cart. et fig. gr. pap. vel. cord.*

1187. Memoires sur diverses antiquités de la Perse et les médailles des rois de la race des Sassanides; suivis de l'histoire de cette dynastie, traduite du persan de Mirkhond, par A. I.

Silvestre de Sacy. *Paris. impr. Nationale*, 1793. *in* 4. *fig. br.*

1188. Ancient funerall monuments within the united monarchie of great Britaine, Ireland and the Ilands adjacent, with the dissolved monasteries there in contained, their founders and what eminent persons have been in the same interred, by J. Weever. *Lond.*, *T. Harper*, 1631. *in fol. fig. grav. en bois. vél.*

1189. Dissertation sur deux tombeaux antiques qui se voyent dans l'eglise de l'abbaye de notre Dame de Soissons, par S. Poupart. *Paris*, *P. Cot*, 1710. *fig.* – *et* – Reponse à un écrit intitulé, remarque de M. le Hay sur la maniere de graver et d'expliquer les pierres antiques. (*sans dâte*, *nom de lieu et d'imprimeur.*) *in* 12 *v.*

1190. Le reveil de Chyndonax prince des Vacies, Druydes, Celtiques Dyonois, avec la fainctete, religion, et diversité des ceremonies observées aux anciennes sepultures, par J. G. D. M. D. (J. Guenebauld.) *Dyon*, *C. Guyot*, 1621. *in* 4. *fig. mar. rouge doré sur tr. et à dentelle.*

Petit ouvrage curieux et peu commun.
Exemplaire magnifique, orné, de même que les deux suivants, de la figure du tombeau et de l'urne, qui manque dans plusieurs. Voyez *de Bure*, *bibl.* Nº. 5758. *Clement*, *bibl. cur. t.* 6. *p.* 100. *Freitag*, *analecta Litteraria et le Dict. bibl.*, *art. J. Guenebauld.*

1191. Le même livre. *v.*

1192. Le même livre. *vél.*

1193. Explication d'un ancien monument (sepulcral, trouvé en Guienne dans le Diocese d'Ausch, (par Nicaise.) *Paris*, *D. Horthemels*, 1689. *in* 4. *fig. gr. pap. v.*

1194. Le même livre. *gr. pap.* — Commentarius C. Patini in antiquum cenotaphium Marci Artorii. *Patav., ex typographia Seminarii*, 1689. *fig. gr. pap.* — N. Toisardi interpretatio numi Rabinici, edit altera. *Paris, A. Cramoisy*, 1685. — Idem, Trajani et Caracallae Alexandrina duo numismata, cum interpretatione; et de Galbae numismate aegyptiaco responsio F. Dronio. *Ibid*, 1689. — Idem, de Commodi Imperatoris aetate in nummis inscripta, dissertatio. *Ibid*, 1690. *in* 4. *vel.*

Exemplaire de la bibl. de Roukens.

1195. Anastasis Childerici, Francorum regis, sive thesaurus sepulchralis Tornaci Nerviorum effossus et commentario illustratus auctore J. J. Chiffletio. *Antv., ex officina Plantiniana*, 1655. *fig.* — J. J. Chiffletii, de linteis sepulchralibus Christi Servatoris, crisis historica. *Ibid*, 1688. *fig.* — Unitas fortis ab March. de Leganés provinciis Belgicis fidelibus Philippi IV nomine proposita anno MDCXXVII, politicis sapientum dictis illustravit J. J. Chiffletius. *Ibid*, 1628. —— Dissertatio militaris de vexilli regali in casteletensi pugna Francis erepto, armis Philippi IV. Regis Catholici, auctore J. J. Chiffletio. *Ibid*, 1642. *fig.* — Acia Cornelii Celsi propriae significatione restituta A. Nunez Regius archiater defensus: a J. J. Chiffletio. *Ibid.* 1633. — Geminiae matris sacrorum titulus sepulcralis explicatus; vetus exequiarum ritus una detectus a J. J. Chiffletio. *Ibid*, 1634. *in* 4. *vél. cord.*

1196. Gli antichi sepolcri, overo mausolei Romani, et Etruschi trovati in Roma et in altri luoghi celebri; nelli quali si contengono molte erudite memorie: raccolti, disegnati et intagligliati da Santi Bartoli, (in 110 Tab.) *Roma*, *A. de Rossi*, 1697. *fol. v.*

1197. Camera ed inscrizioni sepulcrali de liberti, servi, ed ufficiali della casa di Augusto, scoperte nella via Appia, ed illustrate con le annotazioni di F. Bianchini, l'anno MDCCXXVI. *In Roma*, *G. M. Salvioni*, 1727 *in fol. fig. vél.*

1198. Le même livre gr. pap. *demi vel.*

1199. Osservazione sopra i cimeteri dé santi martiri ed antichi Cristiani di Roma, da M. A. Baldetti. *In Roma*, *G. M. Salvioni*, 1720. 2. *part.* 1 *vol. in fol. fig. v.*

1200. Depositi e medaglie d'alcune sommi Pontefici, delineati ed incisi da diversi intagliatori che ora per la prima volta si danno in luce, (in 36 tav.) *Roma*, *V. Monaldini*, 1780. *in fol. encart.*

1201. R. Fabretti Gasp. F., de columna Trajani Syntagma, accesserunt explicatio veteris tabellae anaglyphae Homeri Iliadem atque ex Stesichoro, Aretino et Lesche Illi excidium continentis, et Emissarii lacus Fucini descriptio, (una cum Historia belli Dacici a Trajano Caes. gesti, auctore A. Ciacono.) *Romae*, *N. A. Tinassius*, 1683. *in fol. fig. v.*

1202. Le même ouvrage. *Romae*, *J. F. de Buagnis*, 1690. *in fol. fig. vél. cord.*

1203. J. Vignoli, de columna imperatoris Antonini Pii dissertatio, accedunt antiquae inscriptiones ex quam plurimis, quae apud auctorem exstant selectae. *Romae*, *F. Gonzaga*, 1705. *in* 4. *fig. vél.*

1204. Traité de Statues, (par F. Lemée.) *Paris*, *A. Seneuze*, 1688. *in* 12. *v.*

1205. Dissertation sur une figure de bronze, trouvée dans un tombeau, (près d'Arras,) et qui represente une divinité des anciens, par Moreau de Mautour. *Paris*, *P. Cot*, (1706.) *in* 8. *fig. v.*

1206. G. Cuperi, Harpocrates explicatio imagunculae argenteae antiquissimae, (in museo H. Borch ter Noviomagi adservata.) *Amst.*, *T. Pluymer*, 1676. *in* 8. *fig. br.*

Exemplaire enrichi de quelques notes manuscrites.

1207. Le même livre - Remarques sur une pièce antique de bronze, trouvée aux environs de Rome, avec une description de la Chambre de raretez de l'auteur, par N. Chevalier, *Amst.*, *A. Wolfgang*, 1694. *fig.* - Discours sur une pièce antique du Cabinet de J. Spon. *Lyon*, *J. Faeton*, 1674. *fig.* - A. Relandi dissertatio de inscriptione nummorum quorundam samaritanorum. *Amst.*, *F. Halma*, 1702. *fig.* — Lettre au Comte de Kniphuizen sur une pièce d'or trouvée dans ses terres, (par H. Reland. 1713. *sans nom du lieu d'impression et de l'imprimeur*) *fig. in* 8. *vél.*

1208. G. Cuperi, Harpocrates etc. ejusdem monumenta antiqua inedita: accedit S. le Moine epistola de Melanophoris. *Traj. ad Rhen.*, *F. Halma*, 1687. *in* 4. *fig. vel.*

1209. Le même ouvrage. *Traj. ad Rhen.*, *G. Broedelet*, 1694. *in* 4. *fig. vel*, *cord.*

1210. Signa antiquae museo J. de Wilde; per Mariam filiam aeri inscripta. *Amst.*, *Sumtibus auctoris*, 1700. *in* 4. *v.*

1211. Le même livre. *vél.*

1212. Le même livre. *vél.*

Exemplaire dans le quel on a inseré un second portrait, gravé de Marie de Wilde, et un autre dessiné en couleurs.

1213. De serpente aeneo Ambrosianae Basilicae Mediolani micrologus, auctore P. P. Bosca. *Mediolani, ex Typographia. F. Vigoni*, 1675. *in* 8. *fig. v.*

1214. Delle antiche statue Greche e Romane, che nell' antisala delle libraria de san Marco e in altri luoghi pubblice di Venezia si trovano. *In Venezia*, 1740 e 1743. 2 *vol. gr. in fol. fig. v.*

On n'a rien négligé de ce qui pouvait contribuer à l'embellissement de cet ouvrage magnifique.

1215. Segmenta nobilium signorum et statuarum, quae Romae exstant, à Fr. Perrier, delineata atque in aere incisa; R. du Plesseis Dom. de Lioncourt dicata, an. 1638. (in 100 tab.) *Paris, veuve Perier, in fol. v.*

Edition originale.

Exemplaire complet, et pareil a celui de la bibl. Roveriane. Voyez le *Catalogue* N°. 416. *in fol.*

1216. Signorum Veterum icones, (Romae exstantes, in 100 tabulis caelatae et editae per J. Episcopium.) *(sans date et nom du lieu d'impression.)* — Paradigmata graphicis variorum artificium per J. Episcopium ex formis N. Visscher, (in 25 tab.) *Hagae-Comit.* 1671. *in fol. v. doré sur tr. et à filet.*

1217. Elegantiores statuae antiquae in variis Romanorum Palatiis asservatae, (in 42 tab. cum explicatione earum.) *Romae, N. Barbiellini*, 1776. *gr. in* 4. *encart.*

1218. Collection de sculptures antiques, Grecques et Romaines, trouvées à Rome, dans les ruines des palais de Neron et de Marius, (en 62 planches, dessinées par L. S. Adam et gravées par A. Deferht, le Mire, Tardiese et d'autres habiles maitres.) *Paris, Joullian*, 1755. *gr. in* 4. *v. écail doré sur tr. et à filet.*

1219. Galleria Giustiniana del Marchese Vincezo Giustiniani. (*Roma*, 1640) 2. *vol. de forme atlantique. v. doré sur pl.*

Ouvrage très consideré et executé par les plus habiles artistes, parmi lesquels se distinguent Ch. Bloemaert, Cl. Mellan et d'autres.

Exemplaire d'anciennes et de belles epreuves, mais montées sur papier impérial.

Cette édition originale, que la beauté des gravures rend facile à distinguer de la nouvelle réimpression, est fort rare et d'un prix considérable, au point qu'elle fut vendue 399 l. à la vente de la bibl. du Duc de la Valiere, sous le N°. 5515, voyez aussi *de Bure*, *bibl. N°.* 5931 et *le Dict. bibl.*, *art. Galeria Giustiniana.*

1220. Symbolica Dianae Ephesiae statua a Cl. Menetreio exposita. *Romae*, *Mascardus*, 1657. *fig.* - J. P. Bellorii notae in numismata tum Ephesia tum aliarum urbium apibus insignita. *Romae*, *Varesius*, 1658. *fig. in* 4. *v. fauve doré sur tr. et à dentelle.*

1221. Symbolica Dianae Ephesiae statua a Cl. Menetreio exposita, cui accessere L. Holstinii ad F. Barberinum de fulcris seu verubus Dianae Ephesiae simulacro oppositis, et J. P. Bellorii notae in numismata tum Ephesia tum aliarum urbium apibus insignita: Editio altera auctior. *Romae*, *J. J. de Rubeis*, 1688. *in fol. fig. vél.*

1222. Richerche sopra un Apolline della villa dell' Cardinale A. Albani, (Per S. Raffei.) *In Roma*, *G. Salomonus*, 1772. *fig.* - Saggio di osservazioni sopra un bassorilievo della villa dell' Cardinale A. Albani; Osservazioni sopra un altro bassorilieve della medesima villa Albani, Dissertazione sopra un singolar combattimento expresso in bassorilieve, esistente nella villa dell' Cardinale A. Albani; e Filottete addolorato, altro bassorilievo nella villa dell' Cardinale

A. Albani, (per il medesmio autore.) *In Roma, G. Salomonus*, 1773. *fig.* — Il nido, canzone didascalica sopra un antico nido di marmo esistente nella villa dell' card. A. Albani, da S. Raffei. *In Roma, nella Stamperia Salomoniana*, 1778. *fig. in fol. gr. pap. v. à filet d'or.*

1223. Liber cum imagnibus Impp. Rom. à Romulo Augusto usque ad finem Imperii Constantinopolitani ut et omnium fere ab initio Rom. Imp. augustarum, artifisiosissime manu Jac. Stradae depictarum, *gr. in fol., vél. doré sur tr. et sur pl. aux armes de l'empereur d'Autriche.*

Ce précieux volume contient, en 275 superbes desseins à l'encre de la chine, de la main du célébre Jaques Strada, les bustes de la plupart des Empereurs Romains du bas empire, ainsi que de presque toutes les Imperatrices depuis Martia, Mère de la tante paternelle de Jules Cesar, jusqu'à Zoé, épouse de Michel IV, posées sur des piedestaux, avec leurs noms, un précis de leur histoire etc. Il fut autre fois un des ornemens du Cab. de J. de Wilde, on en parle avec éloge dans la *courte description* qui en a été éditée, et dont on a joint un exemplaire à ce recueil, ainsi que dans le *Catalogue de ce musée p.* 134. Voyez d'ailleurs *Biornstahl, reizen door Europa en het Oosten. t.* 5. *p.* 439. mais cet auteur se trompe lorsque il annonce, à l'imitation du redacteur *du cat. de M. de Wilde*, que cette collection ne renferme que les bustes des Empereurs depuis Augustule jusqu'à la fin de l'Empire Byzantintandis qu'après cette Série, et avant celle des Imperatrices, on en trouve aussi un grand nombre de leurs prédecesseurs, tel que Postume etc.

1224. Description des bas-reliefs anciens trouvez depuis peu dans l'Eglise Cathedrale de Paris, (par Baudelot.) *Paris, P. Cot*, 1711. *fig.* - Observations sur des monuments d'antiquité trouvez dans l'Eglise Cathedrale de Paris par M. D. M. (Moreau de Mautour.) *Paris, P. Cot*, 1711 *fig.* - Feste d'Athenes representée sur une cornaline antique du Cabinet du Roy, (par Baudelot,) *Paris*, *P. Cot*, 1712. *fig. in 4. vél.*

1225. Les mêmes dissertations. *vél.*

1226. Explication nouvelle de l'apotheose d'Homere, representée sur un marbre ancien; de l'usage du trepied de Delphes; et de l'emploi des engastrimythes par M. Schott. *Amst.*, *J. Boom;* 1714. *in 4. fig. v.*

1227. An historical description of an ancient picture in Windsor Castle, bij J. Ayloffe. *Lond.*, 1773 *in 4. br.*

1228. Le Pitture antiche del Sepolcro de' Nasoni, disegnate ed intagliate, (in 35 tav.,) da P. Santi-Bartoli; descritte et illustrate da G. P. Bellori. *In Roma*, *G. B. Bussotti*, 1680. *in fol. fig. vél.*

Rare, selon *Clement*, *bibl. cur. t.* 3. *p.* 76.

1229. Description des bains de Titus, ou collection des peintures trouvées dans les ruines des thermes de cet Empereur, et gravées sous la direction de Mr. Ponce, (en 60 planches,) avec un avant propos et un texte explicatif des planches. *Paris*, *Ponce et Barbou*, 1786. *gr. in fol. demi v. rogné.*

ANTIQUITÉS DIVERSES.

Pierres gravées, Cachets, Sceaux, Lampes etc.

1230. Introduction à l'etude des pierres gravées, par A. L. Millin. *Paris*, *de L'Imprimerie du magasin encyclopédique*, 1796. *in 8. br.*

1231. Memorie de gli intagliatori moderni, in

pietre dure, cammei, e gioje, dal secolo XV fino al secolo XVIII; (da A. P. Guilianelli.) *In Livorno*, *G. P. Fantechi*, 1753, *in* 4. *demi v.*

1232. Le Gemme antiche figurate di L. Agostini, seconda impressione. *In Roma*, *G. B. Bussotti*, 1686. 2 *vol. in* 4. *fig. gr. pap. vél.*

Les planches de cet ouvrage sont du burin de J. B. Galestruzzi Florentin. *Vogt*, *Cat. libr. rar. art. L. Agostino*, à l'imitation de *Haym*, *notizia de libr. rar. p.* 182. le taxe de rare, surtout de cette edition, à qui ils accordent le mérite de primauté; mais *Clement* a relevé leur erreur, à cet égard, en produisant une anterieure de 1657, dans sa *bibl. cur. t.* 2. *p.* 283.

1233. Gemmae et sculpturae antiquae, depictae ab L. Augustino, addita earum enarratione, in latinum versa ab J. Gronovio, cujus accedit praefatio. *Amst.*, *A. Blooteling*, 1685. 2 *tom.* 1 *vol. fig. vél.*

Premiere edition de cet ouvrage tradnit en latin, peu commune selon *Clement*, *bibl. cur. t.* 2. *p.* 283.

Exemplaire enrichi de notes manuscrites de l'editeur, J. Gronovius, et de son fils A. Gronovius.

1234. A. Gorlaei, dactyliothecae, seu annularum sigillarium quorum apud priscos, tam Graecos quam Romanos usus, ex ferro, aere, argento et auro promptuarii; cum explicationibus J. Gronovii, *Lugd. Bat.*, *P. van der Aa*, 1695. 2 *vol. in* 4 *fig. vél. cordé.*

Edition originale, avec les explications de J. Gronovius. Voyez *Foppens*, *bibl. Belg. t.* 1. *p.* 2.

1235. Pierres antiques gravées, sur les quelles les graveurs ont mis leurs noms, dessinées et gravées par B. Picart, tirées des principaux Cabinets de l'Europe, expliquées par P. de Stosch, et traduits en François par M. de Limiers,

Amst., *B. Picart*, 1724. *in fol.* (Lat. et Franc.) *fig. gr. pap. demi vél.*

Ouvrage d'une exécution magnifique et dont les exemplaires sur gr. pap. sont fort recherchés : un d'eux fut porté jusqu'a 136 l. chez Mr. La Leu. Voyez *de Bure, bibl.* *No.* 5913. et *le Dict. bibl., art. P. de Stosch.*

1236. Thesaurus Gemmarum antiquarum astriferarum quae e compluribus dactyliothecis selectae, aeris tabulis CC. insculptae observationibus illustrantur, (interprete J. B. Passerio, cura et studio A. F. Gori.) *Florentiae, ex offic. typogr. Albiziniani*, 1750. 3. *vol. in fol. fig. demi v. non rogné.*

1237. F. Ficornii, gemmae antiquae litteratae, aliaeque rariores, accesserunt vetera monumenta ejusdem aetate reperta, omnia, collecta, adnotationibus et declarationibus illustrata A. N. Galiotti. *Romae, J. Zempel*, 1757. *in* 4. *fig. demi v. non rogné.*

1238. Le même livre. *br.*

1239. Novus thesaurus gemmarum veterum ex insignioribus dactyliothecis selectarum, (in CC tab.) cum explicationibus, (auctore J. B. Passeri.) *Romae, V. Monoldinius* 1781 *et* 1783. 2 *vol. gr. in fol. demi v. non rogné.*

Le 3ème. vol. de ce bel Ouvrage manque.

1240. Monumens de la vie privée des douze Césars, gravées d'après une suite de pierres et medailles. *Rome*, 1785. *petit in* 4. *fig. mar. verd, d'oré sur tr. et pl.*

1241. Monumens du culte secret des dames Romaines, pour servir de suite aux monumens de la vie privée de XII Césars. *A Rome*, 1787. *petit in* 4. *fig. mar. verd doré sur tr. et pl.*

1242. A. Collection of fifty prints from antique gems, in the collections of Earl Percy, C. F. Gre-

Greville and F. M. Slade, engraved by John Spilsbury. *London, J. Boydell,* 1785. *in* 4. *v. à filet d'or.*

1243. Achates Tiberius, sive gemma Caesarea, D. Augusti apotheosin etc. repraesentans, quae in sacro Regis Christianissimi gazophylacio asservatur, explicata et illustrata, auctore J. le Roy, *Amst., F. Foppens,* 1683. *in fol. fig. demi vel. non rogné.*

1244. Feste d'Athenes, representée sur une cornaline antique du Cabinet du Roy. (par Baudelot.) *Paris, P. Cot,* 1712. *in* 4. *fig. v.*

1245. Le même livre. *vél.*

1246. Description sommaire des pierres gravées, et des medailles d'or antiques du Cabinet de feue Madame. *Paris, d'Houry,* 1727. *in* 8. *monté sur pap. in Folio.* — Pierres gravées du Cabinet de Monseigneur le Duc d'Orleans, 1741, après l'acquisition du Cabinet de Mr. Crozat. *M. S. in fol., avec le portrait de M. de Boze, peint par Bouys et gravé par Simoneau l'ainé, in fol. v. fauve.*

1247. Histoire de Ptolomée Aulete; dissertation sur une pierre gravée antique du Cabinet de Madame, (par Baudelot de Dairval.) *Paris, P. Aubouin,* 1698. *in* 12. *fig. v. à filet d'or.*

1248. Explication d'une pierre gravée dont l'Empreinte a été envoyé à l'academie des inscriptions et medailles au mois de Fevrier 1708. (*sans date, nom de lieu et d'imprimeur.*) *fig.* — Reflexions sur les deux plus anciennes medailles d'or Romaines qui se trouvent dans le Cabinet de S. A. R. Madame, (par Baudelot.) *Paris, J. B. Lamesle,* 1720. *fig.* - Dissertatio Epistolaris de Diana ΛΥΣΙΖΩΝΩΙ, auctore J. C. Schlaegero. *Hamb., J. G. Piscator,* 1735.

fig. - J. C. Schlaegeri, commentatio de numo Alexandri Magni singulari conspicuo et thesauri Fredericiani ornamento maximo, accedit de thesauro supellectilis antiquariae consilium. *Ibid*, 1736. *fig.* - Lettre du R. P. Panel, touchant les medailles de feu M. le Bret. *Lond.* 1737. - De nummis Vespasiani fortunum et felicitatem reduces exprimentibus, (auctore R. P. Panel.) (*Lugduni*, *A. de la Roche*, 1742.) *vignet.* - Dissertation du P. Panel sur une ancienne medaille frappée à Lyon, (*sans date*, *nom de lieu et d'imprimeur.*) - Dissertation sur le grand pontificat des Empereurs romains, par M. Bouhier. (*sans nom de lieu et d'imprimeur.*) 1742. - La maniere de discerner les medailles antiques de celles qui sont contrefaites, par M. Beauvais. *Paris*, *Briasson*, 1739. - La Religion de gentili nel morire, ricavato da un basso rilievo antico, che si conserva in Parige, (per S. Maffei.) *Parigi*, *C. Osmont*, 1736. *in* 4. *fig. in* 4. *mar. rouge doré sur tr. et à filet.*

1249. Suite d'Estampes gravées par mad. la marquise de Pompadour, d'après les pierres gravées de Guay, graveur du Roy, en 70 planches, avec leur explication et le portrait de mad. de Pompadour, peint par Boucher. *Paris*, *Prault.* 1782.) *in* 4. *demi v.*

Recueil très rare, parce qu'il a été tiré à fort petit nombres, et qu'il ne s'est jamais vendu; Me de Pompadour s'en réservant tous les exemplaires pour en faire des présens. Poussé jusqu'à 175 livres à la vente de la Bibl. du Duc de la Vallière en 1784. Voyez ce *Catalogue No.* 5524. de même que *le Dict. Bibl.*, *art. de Pompadour.*

1250. Descriptio brevis gemmarum quae in museo G. Bar. de Crassier asservantur. *Leodii*, *E. Kints*, 1740. *in* 4. *fig. br.*

1251. Gemmae Selectae antiquae e Museo J. de Wilde, sive L tabulae (Schoonebeeckii) Diis Deabusque gentilium ornatae, per possessorem conjecturis veterumque poetarum carminibus illustratae. *Amst.*, *sumptibus auctoris*, 1703. *in* 4. *fig. v.*

1252. Le même livre. *vél.*

1253. Le même livre. *vél.*

1254. Le même livre. *vél.*

Exemplaire au quel on a joint le dessein original du portrait de Mr. de Wilde, craijoné en couleurs par P. van den Berge.

1255. Empreintes en cire d'Espagne des pierres gravées du Cabinet de M. J. de Wilde, sur papier *in* 4.. accompagnées de leur description manuscrite, de la main du possesseur, et *relié en vél.*

1256. Catalogue du Cabinet de pierres gravées antiques et modernes de Mr. H. Tersmitten. *Amst.*, *P. Yver*, 1756. *in* 8. *demi vél.*

Ce Cabinet ayant été achetté en masse, en 1789, pour 45000 fl., par des négocians de Paris, y fut ensuite vendu en détail; suivant une note manuscrite, à la tête de cet exemplaire

1257. Le même livre *br.*

1258. H. Cannegieter de gemma Bentinckiana; item de Iside ad Turnacum inventa, nec non de dea Burorina. *Traj. ad. Rhen.*, *G. H. Kroon*, 1764. *in* 8. *fig. br.*

1259. Le même livre. *v. doré sur tr. et pl.*

1260. Choix des pierres gravées du Cabinet imperial des antiques, representées en XL planches, décrites et expliquées par M. Labbé

Eckhel. *Vienne*, *J. Noble de Kurzbek*, 1788. *in fol. gr. pap. mar. rouge sur tr. et pl.*

Exemplaire magnifique d'un ouvrage de toute beauté; vendu, de ce format, 72 livres chez M. Logendre en 1797.

1261. Gemmarum affabre sculptarum thesaurus, quem collegit J. M. ab Ebermayer, digessit et recensuit J. J. Baierus. *Norimb.*, *Ebermayer*, 1720. *fig.* – Capita deorum et illustrium hominum in gemmis affabre incisa, quae collegit J. M. ab Ebermayer, enarravit et illustravit E. Reusch. *Francof.*, 1721. *fig.* – Imperatorum a Julio Caesare ad Carolum VI in gemmis affabre incisorum series. (*sans nom de lieu et d'imprimeur.*) 1722 *fig.* — Effigies Regum Franciae, a Pharamundo usque ad Ludovicum XV, in gemmis incisae. (*sans nom de lieu et d'imprimeur*,) 1722. *fig.* — Jcones Ducum Venetorum, ab origine urbis et reipublicae Venetae ad haec usque tempora, in gemmis affabrae caelatae (*sans nom de lieu et d'imprimeur*,) 1722. *fig. in fol. vél. cordé doré sur pl.*

1262. Dactyliotheca Smithiana, cum enarratione et historia glyptographiae H. F. Gorii. *Venet.*, *J. B. Pasqualius*, 1767. 2. *vol. in* 4 *fig. gr. pap. demi v. non rogné.*

1263. Navis ecclesiam referentis symbolum in veteri gemma annulari, (in collect. Lud. com paguij. asservata,) insculptum, H. Alexandri Junioris explicatione illustratum. *Romae*, *F. Corbellettus*, 1626 *in* 8. *v.*

1264. Le même livre. *vél.*

1265. Le meme livre. *cncart.*

1266. Description des pierres gravées du baron de Stosch, par l'abbé Winckelman. *Florence*, *A. Bonducci*, 1760. *in* 4. *demi v. non rogné.*

1267. J. Macarii Abraxas sue Apistopistus; quae est Antiquaria de gemmis Basilidianis disquisitio; accedit Abraxas Proteus, seu multiformis gemmae Basilidianae portentosa varietas exhibita et commentario illustrata à J. Chiffletio. *Antv.*, *ex officina Plantiniana*, 1657. *fig.* — Aula sacra principum Belgii; sive commentarius historicus de capellae regiae in Belgio principiis, ministris, ritibus atque universo apparatu, auctore J. Chiffletio; accedunt pro eadem capella sacrae constitutiones et diarium officio divini Alberto et Isabella principibus, edente J. Chiffletio. *Ibid*, 1650. — J. Chiffletii Socrates, sive de gemmis ejus imagine coelatis judicium. (*Ibid*, 1661.) *fig.* — Idem, aqua virgo pone Romae celeberrimus et prisca religione sacer, opus aedilitatis M. Agrippae in vetere annulari gemmae. (*Ibid*, 1662.) fig. — Idem Judicium de fabula Joannae Papissae. (*Ibid*, 1666.) *fig.* — Annulus pontificius Pio Papae II. assertus a J. Chifletio. (*Ibid*, 1658.) — Vetus imago Sanctissimae dei parae in Jaspide viridi, operis anaglyphi inscripta N. Botaniatae Graecorum imperatori, nunc primum edita atque illustrata a J. Chiffletio. (*Ibid*, 1661.) — Dissertatio de Othonibus aereis, auctore H. F. Chiffletio. J. J. F., subjunctus est C. Chiffletii de antiquo numismate. *Ibid*, 1656. *fig.* — Apologetica dissertatio de Juris utriusque architectis Justiniano, Triboniano, Gratiano et S. Raymundo, auctore J. Chiffletio. *Ibid*, 1651. — Series chronologica Imperatorum Romanorum a C. Julio Caesare ad Ferdinandum III. aug. *Ibid*, 1655. *in* 4. *vel. cord.*

1268. Lettre sur le pretendu Solon des pierres gravées, et explication d'une medaille d'or de la famille Cornuficia, (par Baudelot.) *Paris*, *J. B. Lamesle*, 1717. *in* 4. *fig. v.*

1269. Le même livre. *v.*

1270. Sigilla Comitum Flandriae et inscriptiones diplomatum ab iis editorum, cum expositione historica O. Vredi. *Brugis Flandrorum, J. B. Kerchovius*, 1639. *in fol. fig. v.*

1271. De lucernis antiquorum reconditis libb. Sex, autore F. Liceto. *Utine, N. Schiratti*, 1652 *in fol. fig. vél.*

Les écrits de cet auteur sont rares et celui-ci en est le plus recherché. Voyez *Freitag, analecta litteratria* et *Vogt, Cat. libr. rar.*, *art. F. Licetus*, de même que le *Cat. de van Goens N°.* 15452.

1272. Leantiche lucerne sepolcrali figurate, racolte dalle cave sotterranee e grotte di Roma nelle quali si contingono molte erudite memorie, designate, ed intagliate nelle loro forme da P. Santi Bartoli (in 114 tab.) divise in tre parte con l'osservazioni di G. P. Bellori. *In Roma, G. F. Buagni*, 1691. *in fol. fig. vél.*

Rare, selon *Clement, bibl. cur. t. 3. p.* 75.

1273. Lucernae veterum sepulchrales iconicae, a P. Santi Bartoli cum observationibus J. P. Bellorii editae, nunc recusae studio et impensis L. Begeri. *Col. March., U. Liebpertus*, 1702. *fig.* — Examen dubiorum quorundam, accedit conjectura in locum Lycophronis, hactenus nonsatis dilucidatum, parergon, L. Begeri. *Berol, U. Liebpertus*, 1604. (1704.) — Poena infernales Ixionis, Sisyphi, Oeni et Danaidum, ex delineatione Pighiani desumtae, et dialogo illustratae à L. Begero. *Col. March., U. Liebpertus*, 1703. *fig.* - Ulysses sirenes praetervectus, ex delineatione Pighiana, subjectis aliis quibusdam de Ulysse antiquitatibus, dialogo illustratus à L. Begero. *Col. Brand.. U. Liebpertus*, 1703. *fig.* - Alcestis pro marito moriens, et vitae ab Hercule restituta, ex manuscripto Pighiano, publici juris fecit et dialogo illustravit L. Beger. *Ibid*, 1703. *fig.* - De nummis cretensium serpentiferes, disquisitio antiquaria, opera L. Begeri. *Col. March.*, *U. Liebpertus*, 1702. *fig.* - Colloquii quorundam de tribus primis thesauri antiquitatum Graecarum, (J. Gronovii,) Voluminibus ad eorem authorem relatio, (auctore L. Begero.) *sans nom de lieu et d'imprimeur*, 1702. *fig. in fol. vél. cord.*

1274. Osservazioni sopra alcuni frammenti di vasi antichi di vetro, ornati di figure trovati ne cimiteri di Roma, (da F. Buonaruoti.) *In Firenze, nella stamperia di S. A. R.*, 1716. *pet. in fol. fig. v.*

1275. Le même livre. *v.*

1276. Le même livre, *demi rel. non rogné.*

1277. De annulo Pronubo deïparae virginis qui Perusiae religiosissime adservatur, J. B. Laceri commentarius. *Col. Agripp.*, *J. Kinckius*, 1626. *in* 8. *v.*

1278. De Ampulla Remensi disquisitio, accessit parergon de unctione regum, auctore J. J. Chiffletio. *Antv. ex officina Plantiniana* 1651. *fig.* - *et* - Lylium Francicum illustratum, auctore J. J. Chiffletio. *Ibid*, 1658. *fig. in fol. vél.*

1279. Sacro historica disquisitio de duobus emblematibus, quae in cimelio Gasp. Card. Carpinei asservantur, auctore J. Ciampino. *Romae, J. J. Komarck*, 1691. *in* 4. *v.*

Livre rare. *Voyez Clement, bibl. cur. t.* 6. *p.* 117. et *L'Englet du Fresnoy, supplement à la methode pour etudier l'histoire. t.* 3. *p.* 42.

1280. Remarques sur une piece antique de bronze, trouvée aux environs de Rome, par N. Chevalier. *Amst.*, *A. Wolfgang*, 1694. *in* 12. *fig. vél.*

1281. J. G. Boehmii de augustino Olomucensi et patera ejus aurea, in nummophylacio S. P. R. E. Dresdae asservata, commentariolus, accedit ejusd. paterae delineatio adornata a G. E. Tenzelio. *Dresd. et Lips.*, *G. C. Valtherus*, 1758. *in* 8. *fig. br.*

1282. Lettres sur quelques monumens d'antiquité. *Paris*, *Barrois*, 1758. *in* 8. *fig. br.*

1283. Dissertation sur un monument singulier des utriculaires de Cavaillon, par Calvet. *Avignon*, *J. J. Nicl*, 1766. *fig. demi v.*

1284. Kurze beschreibung zwoer von gebakner erde sehr raren Schilder aus dem zweiten Jahr hundert, nebst einer der allerältesten kolonien münze von gros erz etc., durch S. G. Guse. *Dessau und Leipzig*, *in der buchhandling der gelehrten*, 1784. *in* 8. *fig. demi v.*

1285. Le même livre. *br.*

Recueils et Cabinets mêlés d'Antiquités.

1286. De nummis Graecorum Romanorum et Judaeorum, Tractatus de Monetis ; Catalogi rerum antiquarum. — Nummi Gallici, Gotthici, Italici, Brittanici, Arabici et Turci - *ou* - Recueil de Catalogues, notices et dissertations sur toutes sortes de medailles et autres antiquités, pièces composées ou rassemblées par M. de Peiresc, et presque toutes écrites de sa main. 2 *vol. in fol. v.*

Collection fort précieuse ; citée dans *Lipsius*, *Bibl. Num.* *t.* 2. *p.* 310. Comme un ornement de la bibl. de M. de Boze ; cotée dans le Cat. de ce Cabinet sous le N°. 2193. et dans celui des livres du Pres. de Cotte sous le N°. 2258. le défunt l'acquit à cette vente, en 1804, aux prix de 410 francs.

1287.

1287. Liber continens varias observationes, antiquitates et numismata spectantes, cum fig. delineatis. *in 8. oblongo. vel. doré sur tr. et pl.*

Manuscrit d'environ la moitié du 17ème Siècle, orné d'un grand nombre de vues, d'antiquités, de médailles, d'inscriptions etc. dessinées à la plume. C'est le *N°*. 357. *in* 12 du Catalogue de la Bibl. de M. Arckel, et il parait par une note manuscrite de J. R. Huydecoper, au commencement du volume, que ce savant en fit l'achat à cette vente.

1288. (L. Smids,) Pinacotheca sive nomenclator picturae iconisque omnis numismatum, gemmarum, marmorum, quae exstant apud antiquitatum, rituum ac historiarum enarratores recentiores — (L. Smids,) Schedae Saturnales, sive excerptiones rerum elegantium et rarius occurrentium ex numismatum antiquorum enarratoribus et illustratoribus praestantissimis atque celeberrimis. MDCLXXXIX. *in fol vél.*

Manuscrit autographe sur papier.

1289. Les illustres observations antiques de G. Symeon. *à Lyon, J. de Tournes*, 1558. *in 4 fig. grav. en bois. vel.*

Les exemplaires de cet ouvrage, et de la traduction suivante, sont difficiles à trouver. Voyez *Vogt, Cat. libr. rar. art. G. Simeon.*

1290. Illustratione de gli epitafei et medaglie antiche di G. Symeoni. *In Lione, G. de Tournes*, 1558. *in 4 fig. grav. en bois. vél.*

1291. Antiquitez, memoires et observations remarquables, d'epitaphes, tombeaux, colones etc. par P. le Mounier. *Lille, E. Beys*, 1614. *in 8. v. fauve.*

1292 Recherches curieuses d'antiquité, par M. Spon. *Lyon, F. Amaulry*, 1683. *in 4. fig. vél.*

Exemplaire de Roukens.

1293. Miscellanea eruditae antiquitatis, cura et studio J. Sponii. *Lugduni, Sumptibus auctoris, (J. Facton,)* 1685. *in fol. fig. vel. cord.*

Exemplaire avec quelques notes marginales, écrites à la main.

1294. Le même livre. *vel. cord.*

Chargé de beaucoup de notes manuscrites, et entre autres de celles du savant Bimare de la Bastie, distinguées par la lettre B. et copiées sur l'exemplaire de sa bibliothéque, qui passa ensuite dans celle du Prof. Rhunkenius. Voyez la note de M. J. A. Hultman en tête de ce volume.

1295. Recueil d'antiquités Egyptiennes, Etrusques, Grecquez et Romaines, (par le Comte de Caylus.) *Paris, Dessaint, Saillant, Duchésne et Tilliard,* 1752-1767. 7 *tom fig.* — *et* — Recueil d'antiquités dans les Gaules; ouvrage qui peut servir de suite aux antiquités de M. le Comte de Caylus, par M. de la Sauvagere. *Paris, Herissant le fils,* 1770. *fig. ensemble* 8 *vol. in* 4. *v.*

1296. Recueil d'antiquités Egyptiennes, Etrusques, Grecques, Romaines et Gauloises. — Item Recueil de petrifications. 2 *vol. in fol. encart.*

Collection de gravures, parmi lesqu'elles il s'en trouvent plusieurs de l'ouvrage précédent, montées sur des feuilles.

1297. Les planches détachées de l'ouvrage intitulé; *Antiquitates Romanorum explicatae, latine et francice, auctore M. A. V. N. Hagae Comit. R. C. Alberts* 1726. *in fol. en demi rel. non rogné.*

1298. Recueil d'antiquités Romaines et Gauloises, trouvés dans la Flandre proprement dite, par M. J. de Bast. *Gand, A. B. Steven, An* 12 - 1804. *in* 8. *fig. br.*

1299. Recueil des opuscules archeologiques des Mess. G. C. et J. in de Betouw, touchant les antiquités trouvées à Nimegue etc. contenant: De Lucernis veterum reconditis in agro Neomagensium effossis, J. F. Gronovii, N. Heinsii et J. Smetii epistolae ex autographis editae, *Neom.*, *A. van Goor*, 1783. — de Fibulis antiquorum vestiariis in agro Neomagensium erutis C. Salmasii, J. F. Gronovii et J. Smetii epistola ex autographis editae. *Ibid*, 1783. — De columna milliaria Imp. Trajani supra Neomagum efossa J. J. Pontani et J. Smetii epistolae ex autographis editae. *Ibid*, 1783. — De Castris veteribus Ulpiis sive Trajanis etc. Batavorum oppidi illustrium eruditorum epistolae ex autographis editae. *Ibid.*, 1783. *fig.* —— De aris et lapidibus votivis ad Neomagum et Sanctinum effossis G. Cuperi epistolae ex autographis editae. *Ibid.* 1783. Neomagum conditorum J. J. Pontani et J. Smetii epistolae ex autographis editae. *Ibid*, 1783. *fig.* — De Mercurii, Harpocratis aliisque Romanorum sigillis ad Neomagum erutis et inscriptionibus antiquis G. Cuperi epistolae ex autographis editae. *Ibid*, 1784. — Antiquitatum Romanarum et Batavicarum, Neomagi et in agro Neomagensium erutarum indiculus. *Ibid*, 1784. — Commentatiuncula in C. C. Taciti, Hist. Lib. V. Cap. XIX. *Ibid*, 1784. — De Sarda seu Carneola crucem et pisciculos referenti Neomagum eruta. *Ibid*, 1785. — De Operculis pyxidum Marcia Ulpii Heracletis myropolae prope Neomagum inventis. (*Ibid*, 1787.) — De Rheni divortiis Rhenique inferioris ac Isalae cura. (*Ibid*, 1787.) — Uitlegging van twee Steenen, met Romeinsche opschriften, berustende op het slot Duivenvoorde. (*sans lieu et date*) — Vertaaling en uitlegging van de opschriften op altaaren en gedenksteenen der Romeinen, binnen en omtrent Nymegen uitgegraven en op het raadhuis aldaar geplaatst. *Nymegen, A. van Goor*, 1787. — Kerken en godsdienstige gestichten te Nymegen. (*sans lieu et date.*) — Quartierlyke Academie en Apostolische of Latynsche school te Nymegen. (*sans lieu et date.*) — Lotgevallen en ondergang van den burgt binnen Nymegen. (*Nymegen, A. van Goor, sans date.*) — Byvoegsel tot de lotgevallen van den gewezen burgt te Nymegen, betreffende de aloude Capellen aldaar. *Nymegen, A. van Goor*, 1804. — Iets betreffende de gevondene oudheden op de Winseling etc. benevens eene vertaaling en uitlegging van een grafsteen van P. Cornelius Licinius. *Nymegen, A. van Goor*, 1802. 3 *vol.* 8 *demi v. non rogné.*

1300. Afbeelding van d'overoude rarieteiten aan den strandt ontrent Domburch, in den eylande van Walcheren; gevonden den 9den January 1647., en gedaen binnen Domburch; getekend, gegraveerd en uitgegeven door H. Dankerts. *In 's Graaven-Hage*, 1647. *in fol. encart.*

1301. Monumenta vetustatis Kempiana, (sive cimelium J. Kempii,) ex vetustis scriptoribus illustrata, eosque vicissim illustrantia, in duas partes divisa; quarum altera, mumia, simulacra, statuas etc. altera nummos continet. *Lond., Bridge*, 1720. *in* 8. *fig. v. doré sur pl.*

1302. Germana quaedam antiquitatis eruditae monumenta quibus Romanorum veterum ritus varii, tum Graecorum atque Aegyptiorum nonnulli illustrantur, Romae olim maxima ex parte collecta ac dissertationibus instructa à C. Middleton. His appendicis item loco adjuncta est Mumiae cantabrigiensis descriptio. *Lond.*, *R. Manby*, 1745. *in* 4. *fig. gr. pap. vél. cord.*

1303. Le même livre. *vél.*

Exemplaire de M. R. M. van Goens, c'est le *N°.* 15450 de son *Catalogue.*

1304. Pa. P. (Pauli Patavi) in Francorum curia consiliarii antiquariae suppellectilis portiuncula et veterum nummorum γνορισμα. (in 46 tab.) *Par.*, 1610. *in* 4. *à filet d'or.*

1305. Le même livre. *sur pap. in fol. vél.*

1306. Le même livre - *et* - de Nithardo Caroli magni nepote ac tota ejusdem Nithardi prosapia, breve syntagma, e Pa P. (Pauli Patavii) in Fran. curia C. Bimestrii rerum prolatarum otio. *Par.*, 1613. *fig. in* 4. *mar. rouge doré sur tr. et à filet.*

1307. Les mêmes livres. *in* 4. *v.*

Exemplaire d'Etiene de Balure et ensuite de J. C. Feuerlein.

1308. Les mêmes livres. *sur pap. in fol. v.*

1309. Explications de plusieurs antiquités, recueillies par P. Petau. *Amst.*, *J. Neaulme*, *in* 4. *fig. br.*

Cet ouvrage est une réimpression du précédent.

1310. Le Cabinet de la bibliotheque de sainte Genevieve, contenant les antiquitez de la religion des Chretiens, des Egyptiens, des Romains etc., par C. du Molinet. *Paris*, *A. Dezallier*, 1692. *in fol. fig. gr. pap. v.*

De la Bibl. de P. Burman. sec.

1311. Onuitgegeevene afbeeldingen van eenige der voornaamste antike stukken, bestaande in gesneede steenen, marmeren en metaalen beeldwerken en zeldzame penningen van het antike Cabinet van zyne Doorl. Hoogheid den Heere

Prinse van Oranje en Nassauw Willem de Ve, Erfstadhouder der Vereenigde Nederlanden etc. etc. etc. voormaals behoord hebbende aan den Graave van Thoms. (en 24 pl.) *in fol. demi v. non rogné.*

Cet ouvrage est de la plus grande rareté, au point que l'éditeur anonyme du Catalogue d'une bibliothéque, vendue à Leyden le 27 Mars 1806, prétend qu'il n'en existe que 6 Exemplaires complets. Les planches ont été gravées en 1740, au dépens du Comte de Thoms, par les meilleurs artistes, tel que P. Yver, F. van Bleiswyck, etc.

Exemplaire de M. A. Vosmaer, noté dans le *Cat. de sa bibl. sous le N°.* 355. l'intitulé, qui ne se trouve jamais imprimé, est de la main de ce savant.

1312. Le même livre. *br.*

1313. Thesaurus antiquarius Smetanus seu notitia elegantissimae suppellectilis Romanae et rarissimae pinacothecae antiquariae J. Smith a Kettenis, in veteri Batavorum oppido collectae. *Amst. R. Smetius, (sans date)* — Gaza Deynootiana, sive Catalogus veterum Graecorum Romanorum et recentiorum numismatum, quam collegit P. Deynoot. *Rott. J. D. Beman*, 1724. *in 8. vél.*

1314. Oratio de veterum inscriptionum et monumentorum usu, legatoque Papenbroekiano, ejusdemque brevis descriptio, (auctore F. Oudendorpio.) *Lugd. Bat. S. Luchtmans* 1745-1746. *in 4. fig. v.*

Cette ouvrage contient la description d'une superbe Collection de groupes, statues, bustes, urnes, candélabres et autres monumens de marbre, parmi lesquels on en distingue plusieurs du plus grand prix: elle fut leguée par M. Papenbroek à l'université de Leyden, placée dans un salon adjacent au jardin botanique de cette académie, et je ne crains point d'avancer que c'est un des plus beaux ornemens de la ville.

1315. Brevis veterum monumentorum ab G. Papenbroekio academiae Lugduno Batavae legatorum descriptio, studio et opera F. Oudendorpii. *Lugd. Bat., S. Luchtmans,*

1746. *fig.* — G. van Lom, observationes antiquario philologicae ad vetus chirographum thesauri Muratoriani mancipationis formulam continens. *Traj. ad Rhen.*, *J. Broedelet*, 1757. *in* 4. *vél.*

1316. Catalogue van alle de rariteyten, welke te zien zyn op de kamer der Stad Utrecht, in Ordre gebragt door N. Chevalier, *Utr. N. Chevalier*, 1707 *in* 4 *fig. br.*

1317. Recherche curieuse d'antiquités, contenant plusieurs basreliefs, statues de marbre et de bronze etc., que l'on voit dans la chambre de raretez de la ville d'Utrecht, avec sa description; le tout mis en ordre par N. Chevalier. *Utr.*, *N. Chevalier*, 1709. *in fol. fig. vél.*

1318. Le même livre. *v. fauve. à filet d'or.*

De la Bibl. de Bignon.

1319. Thesaurus ex thesauro Palatino Selectus, sive gemmarum et numismatum quae in Electorali cimeliarcho continentur dispositio, auctore L. Begero. *Heidelbergae*, *P. Delborn*, 1685. *in fol. fig. v. écail doré sur pl.*

Bel exemplaire d'un ouvrage annoncé comme rare, dans la *Bibl. cur. de Clement. t.* 3. *p.* 41.

1320. Le même livre. *vél. cordé.*

1321. Le même livre. *vél. cordé.*

Avec quelques notes manuscrites.

1322. Thesaurus Brandenburgicus selectus, sive gemmarum et numismatum Graecorum, in cimeliarcho Electorali Brandenburgico elegantiorum series, commentario illustratae à L. Begero. *Coloniae Marchicae*, *Typis et impensis Electoralibus*, 1696. 3 *vol. in fol. fig. vél cordé doré sur pl.*

1323. Monumenta Graeca ex museo J. Nanii,

Veneti, illustrata a C. Biagi. *Romae*, *A. Fulgonus*, 1785. *in* 4. *v.* *à filet d'or.*

1324. Le grand Cabinet Romain ou recueil d'antiquités Romaines, que l'on trouve à Rome, avec les explications de M. A. de la Chausse, (traduit en Francais par un gentilhomme Lorrain., *Amst.*, *F. l'Honnoré*, 1760. *in fol. fig. v.*

1325. Het Roomsch Cabinet van oudheden die men vindt te Romen, uitgelegt en verklaart door M. A. de la Chausse; uit het Latyn vertaalt door D. van Hoogstraten ; uitgegeven door P. le Clerq. *Amst. A. Wor*, 1731. *in* 8. *fig. v.*

1326. Museo capitolino o sia descrizione delle statue, busti etc. che si custodiscono in campidoglio. *Roma*, *nella stamperia del Bernabo*, 1750. *in* 4. *br.*

1327. Descrizione istorica del museo di C. Deuh, per l'abate F. M. Dolce, *In Roma*, *G. Salomonus*, 1772. 3 *tom.* 1 *vol. in* 4, *vel.*

1328. Vetera monumenta quae in hortis caelimontanis et in aedibus Matthaeiorum adservantur, nunc primum in unum collecta et adnotationibus illustrata a R. Venuti et J. C. Amadutio. *Romae*, *V. Monaldinus*, 1779. 3 *vol. in fol. gr. pap. v.*

1329. Museum Florentinum; exhibens — Insigniora vetustatis monumenta, gemmarum et statuarum,) quae Florentiae sunt, cum observationibus A. F. Gorii. *Florent.*, *ex typographia M. Nesteni et F. Moücke*, 1731-1734. 3 *vol. fig.* — Antiqua numismata maximi moduli, quae in regio Thesauro Magni Ducis Etruriae asservantur, cum observationibus A. F. Gorii. *Florent.*, *ex typographia F. Moücke*, 1740.

1740-1742. 3 *vol. fig.* — Serie di ritratti di gli eccellenti pittori, dipinti di propria mano, che esistono nell' Imperial galeria in Firenze, con le vite in compendio de medesime, discritte da F. Moücke, *In Firenze, nella Stamperia Mouckiana*, 1752-1762. 4 *vol. fig.* — *et* — Serie de rittratti di celebri pittori dipinti de propria mano, in seguito a quella gia publicata nel museo Fiorentino, esistente apresso l'Abate A. Pazzi, con breve notizie intorno a medesimi compilate dall' Abate O. Marrini *In Firenze, nella Stamperia Moückiana*, 1765 *e* 1766. 2 *vol. fig.* — *ensemble* 12 *vol. gr. in fol. v. marbré à filet d'or.*

Exemplaire magnifique d'un ouvrage très précieux et de grand prix.

1330. S. Ballarini animaversiones in museum Florentinum A. F. Gorii, Carpentoracti, C. Quenin, 1743. *in* 4. *br.*

1331. Ragguaglie delle antichità e rarita che si conservano nella Galleria Mediceo Imperiale di Firenze, opera G. Bianchi. *In Firenze, nella stamperia Imperiale*, 1759. *in* 8. *encart.*

1332. Museum cortonense, in quo vetèra monumenta complectuntur quae in academia etrusca ceterisque nobilium virorum domibus adservantur in plurimis tabulis aeneis distributum, atque à F. Valesio, A. F. Gorio et R. Venuti, notis illustratum. *Romae, J. G. Salomonus*, 1750. *in fol. gr. pap. demi v. non rogné.*

1333. Descrizione del museo d'antiquaria e del Gabinetto d'istoria naturale del principe di Biscari, J. P. Castello, Fatta dall' Abate D. Sestini. (*catanae,*) 1776. *in* 8. *fig. encart.*

Dissertations, lettres etc. sur des sujets mélangés d'Archeologie.

1334. Lettres à M. le marquis Olivieri, au sujet de quelques monuments Phéniciens par l'abbé Barthelemy. *Paris, L. F. Delatour*, 1766. *in* 4. *fig. br.*

1335. Lettere gualfondiane del Signor G. C. Bini, sopra qualche parte dell' antichità Etrusca all' Signor Drake. *In Firenze, nella stamperia della S. S. Nonziata*, 1744. *in* 12. *br.*

1336. B. Cariophili, dissertationum Miscellanearum. Pars prima. *Romae, F. Gonzaga*, 1718. *in* 4. *fig. v.*

Les autres Volumes de ce recueil, peu connu, mais rempli d'érudition, n'ont point paru. Voyez *Gerdes, Flor. libr. rar.*, *suppl. art. B. Cariophilus* et *le Cat. de van Goens*, N° 15690.
Exemplaire de Roukens.

1337. Dissertations de E. Chamillart sur plusieurs medailles et pierres gravées de son cabinet et autres monuments d'antiquité. *Paris, P. Cot*, 1711. *fig.* — J. Harduini, antirrheticus de nummis antiquis coloniarum et municipiorum ad J. Foy-Vailland. *Paris, F. Muguet*, 1689. *fig.* — R. X. Panellii, de cistophoris. *Lugd.*, (*C. Perrot*,) 1734. *fig.* — Dissertations du P. E. Souciet, t. 3. contenant l'histoire Chronologique de Pythodorus et l'histoire Chronologique des Rois du Bosphore-Cimmerien, *Paris*, *Rollin fils*, 1736. — Θεων κρισις. Judicium Paradis, de tribus deabus latum, in numismate Imp. Antonini Pii expressum: epistola C. Patini. *Patav.*, *J. B. Pasquati*, 1679. *fig.* — De numismate antiquo Horatii Coclitis per Trajanum restituto, epistola C. Patini. *Patav.*, *Cadorinus*, 1687. — De phoenice in numismate Imp. Antonini Caracallae expressa, epistola G. C. Patinae. *Venet.*, *J. F. Valuasensis*, 1683. *fig.* — Dissertatio de dea salute, auctore G. Mulgrave. *Oxon.*, *Typis L. Lichfield*, 1716. *fig.* —— Dissertations sur le culte que les Grecs et les Romains ont rendu a Antinous et à Comus, par de Riencourt. *Paris*, *E. Ganeau*, 1723. — Gemma antiqua sistens Europae raptum illustrata dissertatione epistolari J. C. Schlaegeri. *Hamb.*, *A. van den Hoek*, 1734. *fig.* — Explications de quelques marbres antiques dont les originaux sont dans le Cabinet de M*** (le Bret). *Aix*, *J. David*, 1733. *fig.* — Tabula Antiatina e ruinis veteris Antii nuper effossa, interpretatione et notis ab J. R. Vulpio illustrata. *Romae*, *J. M. Salvionus*, 1726. *fig.* — Antonini Iter Britaniarum Commentariis illustratum. Th. Gale accessit anonymi Ravennatis Britanniae chorographia. *Lond.*, *M. Atkins*, 1709. *cart. et fig in* 4. *v.*

1338. P. Ciaconii, opuscula in collumnae rostratae inscriptionem, de ponderibus, de mensuris, de nummis. *Romae*, *ex typographia vaticana*, 1608. *in* 8. *vél. noir.*

Edition rare, selon l'opinion de *Clement*, *bibl. cur. t.* 7. *p.* 113.

1339. G. Cuperi, observationum libri tres. *Ultraj.*, *P. Elzevier*, 1676. *in* 8. *fig. vél.* - *et* - Idem, Observationum, liber quatuor. *Daventriae*, *A. Fronten*, 1678. *in* 8. *br.*

Exemplaires enrichis de notes manuscrits.

1340. G. Cuperi, observationum libri quatuor; editio emendatior. *Lips.*, *G. F. Georgi*, 1772. *in* 8. *encart.*

1341. Symbolae litterariae opuscula varia philologica scientifica antiquaria, signa, lapides, numismata, gemmas et monumenta medii aevi, nunc primum edita, complectentes, (edente A. F. Gorio.) Decas I. *Florentiae*, *ex Imperiali typographio*, 1748-1753. 10 *tom.* - *et* - Decas II. *Romae*, *ex typographio Palladis*, 1751-1754. 10 *tom.* -- *reliés ensemble en* 10 *vol. in* 8 *fig. vel.*

1342. T. Gutberlethi, opuscula. I. de Saliis Martis sacerdotibus apud Romanos, liber singularis. *Franequerae*, *F. Halma*, 1704. — II. Dissertatio Philologica de mysteriis deorum Cabirorum; Ed. 2. aucta. *Ibid*, 1703. — III. Animadversiones in antiquam inscriptionem graecam Smyrnae repertam; ed. 2. aucta. *Ibid.* 1704. — IV. Conjectanea in monumentum Heriae Thisbes Monodiariae et Titi Claudii Glaphyri Choraulae. *Ibid*, 1704. *in* 8. *fig. vel.*

1343. Μηκωνοπαιγνίον, sive Papaver, ex omni antiquitate erutum et illustratum, (auctore M. F. Lochneri sub nomine Periander.) *Norib.*, *M. G. Heinius*, 1713. *in* 4 *fig. vél.*

Premier édition.

Voyez, à l'egard du véritable nom de l'auteur, la note au commencement de cet exemplaire, de même que *Lipsius*, *Bibl. num. t.* 1. *p.* 233. et *Bibl. Saxiana. N°.* 721. *in* 4.

1344. Dissertazioni e lettre filologiche antiquarie del P. A. M. Lupi. *Arezzo*, *M. Bellotti*, 1753. *in* 8. *br.*

De la bibl. de van Goens, c'est le *N°.* 16651. *de son Catalogue.*

1345. Spiegazione di alcune monumenti de gli antichi Pelasgi transporta dal Francese, con alcune osservazione socra i medesimi, (da A. Olivieri.) *In Pesaro*, *nella stamperia di N. Gavelli*, 1735. *in* 4. *fig. br.*

1346. L. Pignorii symbolarum epistolicarum liber primus, in quo nonnulla ex antiquitatis Juris Civilis et historiae penu depromuntur et illustrantur, multaque auctorum loca emendantur et explicantur. *Patavii, D. Parquardus*, 1629. *in* 8. *vél.*

Petit Ouvrage rare et recherché, dont la suite n'a point paru. Voyez le *Cat. de van Goens, N°.* 15478.

1347. Le même livre. *vel.*

1348. Lettera nella quale vengono espressi colle figure in rame e dilucidati colle annotazioni dal G. G. Scarfo. Vari antichi monumenti. *In Venezia, B. Viezzeri*, 1739. *in* 4. *fig. br.*

1349. Lettere di A. Zeno, nelle quali si contengono molte notizie attenenti all' istoria litteraria de suoi tempe etc. e d'ogni genere d'erudita antichita. *In Venezia, P. Valvasense*, 1752. 3 *vol. in* 8. *vel.*

Le la Bibl. de J. Smith, à Venise.

1350. Dissertations historiques sur divers sujets d'antiquité. *Paris, P. Cot*, 1706. *in* 12 *vél.*

1351. Bibliotheca litteraria, being a collection of inscriptions, medals, dissertations etc. *London, W. and J. Innys*, 1722. *in* 4. *demi v.*

HISTOIRE LITTÉRAIRE.

Histoire des Lettres, de l'art de l'ecriture et de la Typographie.

1352. Istoria Diplomatica che servi d'introduzione all' arte criticam in tal materia; con raccolta de' documenti non ancor divulgita, che rimangono in papyro Egizio, (de S. Maffei.) *In Mantoua, A. Tumermani*, 1727. *in* 4. *fig. v.*

1353. Uitvinding der boekdrukkunst, getrokken uit het Latynsch werk van G. Meerman, met ene voorreden en aantekeningen van H. Goekinga; hier agter is gevoegt ene lyst der boeken, in de Nederlanden gedrukt voor 't Jaar MD. opgestelt door J. Visser. *Amst.*, *P. van Damme*, 1767. *in* 4. *br.*

On a joint à cet exemplaire le pourtrait de Laurens Koster, d'après un tableau qui fut autrefois dans la possession de M. van Damme.

1354. Le même livre. *br.*

Sans l'intitulé.

Histoire des Academies, etc.

1355. Histoire de l'academie Royale des inscriptions et belles lettres, depuis son etablissement, (en 1701.) jusqu'à present, (1779;) avec les memoires de litterature, tirez de registres de cette academie, depuis son renouvellement, (en 1701,) jusqu'en 1779. *Paris*, *imprimerie royale*, 1736-1786. 43 *vol. in* 4. *fig. v.*

1356. Memoires de l'academie imperiale et royale des sciences et belles lettres de Bruxelles, depuis son erection en 1773 jusqu'en 1782. *Bruxelles*, *imprimerie academique*, 1780-1783. 4 *vol. in* 4. *fig. br.*

1357. J. G. Te Water, narratio de rebus academiae Lugduno-Batavae seculo octavo et decimo prosperis et adversis; accedunt. B. Vulcanii consilium de studio medicinae auctarium legati Papenbroekiani; series curatorum et professorum academiae Lugduno Batavae Seculo XVIII. *Lugd. Bat.*, *S. et J. Luchtmans*, 1802. *in* 8. *br.*

1358. Saggi di dissertazioni accademiche pubblicamente lette nella academia Etrusca di cortona. *In Roma*, *Bernabo e Frat. Pagliarini*, 1735-1758. 7 *tom.* 8 *vol. in* 4. *fig. br.*

BIBLIOGRAPHIE.

1359. J. D. Kohlers, anweisung fur reisende gelehrte, bibliothecken, Muntz-cabinette etc. mit nutzen zu besehen. *Frankf. und Leipzig, J. G. Eszlinger,* 1762. *in* 8. *br.*

1360. C. B. Lengnichs, neue nachrichten zur bücher und münzkunde. 1ter b. 1er und 2es th. *Danzig und Dessau, in der buchhandlung der Gelehrten,* 1782. 1 *vol. in* 8. *demi v.*

1361. Catalogus auctorum ab A. Teisserio cum P. Labbaei bibliotheca nummaria. *Genevae, S. de Tournes,* 1686. — Catalogi auctorum auctuarium ab A. Teisserio, sive ejusdem catalogi; pars altera *Ibid, Chouet,* 1705. *in* 4. *vél.*

1362. Giarnole de letterati d'Italia. *In Venezia, G. G. Ertz.* 1710-1727. 39 *tom.* 42 *vol. in* 12 *demi v.*

1363. Osservazioni letterarie, che possono servir di continuazione al giornal de letterati d'Italia. *In Verona, J. Vallarsi,* 1737-1739. 5 *vol. in* 12. *br.*

1364. (A. Bandurii) bibliotheca nummaria, sive auctorum qui de re nummaria scripserunt. *In fol. br.*

C'est sur cet exemplaire, enrichi des notes autographes de M. L. A. Fabricius, que ce savant a fait imprimer l'édition qu'il a donné de cet ouvrage.

1365. A. Bandurii, bibliotheca nummaria, sive auctorum qui de re nummaria scripserunt, curante S. A. Fabricio. *Hamb., C. Liebezeith,* 1719. — G. J. Reichartus, de re monetali veterum Romanorum dissertatio. (*Alt. Nor.,*) *J. G. Kohlesius,* 1723. — De origine et inventoribus pecuniae et numismatum, schediasma, autore H. U. a Lingen. *Jenae*, *Wertherus*, 1715. -- M. P. Tilger, dissertatio historico-politica de nummis cum usu valentibus, tum memorialibus. *Ulmae*, *G. W. Rühm*, (1710.) -- J. P. Odelem, expositio panegyrica numismatis argentei in memoriam Ducalis Palatii Saltzdahlensis. *Wolffenb.*, *G. Freytag*, 1708. -- S. Reyheri, dissertatio de nummis quibusdam ex chymico metallo factis. *Kiliae Holsat.*, *J. Reumannus*, 1692. *fig.* -- J. C. Hedlerus, diatribe historica de nummis scyphatis Nordmannorum, quod vulgo Regenbogen-Schüslein appellant, authore J. C. Hedlero. *Berol.*, *C. G. Nicolai*, 1730. *in 4. vél.*

1366. Bibliotheca numismatica oder verzeichnisz der meisten schriften, so von müntzwesen handeln etc. *Wolffenb.*, 1729. -- Thesaurus nummorum antiquorum a G. Schroedtero collectus. *Hamb.*, *Stromer*, 1729. *in 8. demi v.*

1367. Bibliotheca numismata exhibens Catalogum auctorum qui de re monetaria et nummis scripsere à J. C. Hirsch. *Norimb.*, *Hered. Felseckeri*, 1760. *in fol. v. fauve.*

1368. Le même livre *vél.*

1369. Bibliotheca Meadiana, sive catalogus librorum Mead (*Lond.*, *S. Baker*, 1754.) -- Museum Meadianum, sive catalogus nummorum, veteris aevi monumentorum ac gemmarum etc. quae R. Mead comparavat. *Ibid*, *A. A. Langford*, (1755.) *fig. in 8. v.*

Avec les prix manuscrits.

1370. Catalogue des livres du Cabinet de M. d'Ennery, *Paris*, *G. de Bure*, 1786. *in 8. br.*

1371. Catalogue des livres de la bibliotheque de A. C. Patu de Mello, suivi de la notice d'une collection précieuse d'instruments de physique etc. provenant de sa succession. *Paris*, *Veuve Tillard*, (1800.) *in* 8. *br.*

1372. Catalogue des livres de la bibliotheque de l'abbé Barthelemy. *Paris*, *Bernard*, *an* IX - 1800. *in* 8. *br.*

1373. Catalogue des livres rares et precieux, et des manuscrits, composant la bibliotheque de M*** (le president de Cotte.) *Paris*, *G. de Bure*, *an* XII - 1804. *in* 8. *br.*

1374. Catalogue des livres de M. A. H. Anquetil-Duperron. *Paris*, *veuve Tilliard*, *an* XIII - 1805. *in* 8. *br.*

1375. Catalogue des livres, estampes et planches gravées de la bibliothéque du Duc Charles-Alexandre de Lorraine et de Bar; disposé et mis en ordre par J. Ermens. *Bruxelles*, *J. Ermens*, (1781.) *in* 8. *br.*

1376. Catalogus librorum praecipue antiquitates et rem nummariam spectantium, cui accedit series antiquorum Numismatum et sylloge nummorum memorialium, quos vulgo modernos vocant, nec non variarum monetarum, (Joachimi Oudaan, ipso manu exaratus. 1656.) *in* 4. *vel.*

Manuscrit autographe sur papier, c'est le *N°*. 770. *in* 4. *de la bibl. de M. Vosmaer.*

1377. Bibliotheca Nicolaiana, in duas partes divisa, quarum prima libros continet, altera numismatum ac operis prisci thesaurum, omnia collegit C. Nicolai. *Amst.*, *sumptibus haeredum*, 1698. *in* 8. *v.*

1378. Le même Catalogue. *Amst.*, *J. Waasberge*, 1698. *in* 8. *vél.*

Avec les prix et les noms des accheteurs, écrits à la main sur des feuilles intercallées.

1379. Bibliotheca Mulliana, continens libros, quos reliquit T. Mul. *Amst.*, *ex offic. Schouteniana*, (1755.) -- Museum Mullianum, sive index Nummorum Graecorum ac Romanorum, quos collegit T. Mul. *Ibid*, (1755.) -- Catalogus van een cabinet zilvere moderne medailles, byeen vergadert en naargelaten door T. Mul. *Amst.*, *Wed. S. Schouten*, (1755.) *in* 8. *vél.*

Avec les prix manuscrits.

1380. Bibliotheca Marckiana, sive Catalogus librorum quos sibi comparavit H. H. van der Marck, *Hagae Comit.*, *P. de Hondt*, 1727. — Series numismatum antiquorum Romanorum et Graecorum, quae congessit H. A. à Marck. (*Ibid*, 1727.) *in* 8. *vél.*

Avec les prix manuscrits.

1381. Bibliotheca exquisitissima sive Catalogus librorum quos reliquit G. Croonenberg; cum appendice antiquissimorum librorum atque manuscriptorum (*Hagae Comit.*, 1744.) -- Numophylacum Kronenbergianum, sive index numorum Graecorum ac Romanorum nec non orientalium, quos possidit. G. Kronenberg. *Amst.*, *S. Schouten*, (1745.) *in* 8. *demi rel.*

Avec les prix et les noms des acquereurs des médailles en manuscrit.

1382. Catalogus partis bibliothecae Com. de Wassenaer et Obdam. *Hagae Comit.*, *P. de Hondt*, 1750. -- Catalogus statuarum, hermarum, capitum etc. etc. maximam partem antiquorum, quae comes de Wassenaer collegit,

Hagae Comit., P. de Hondt, 1750. *in* 8. *demi vél.*

Avec les prix manuscrits.

1383. Catalogue d'une bibliotheque composée de livres anciens et modernes, délaissés, par de Westphalen, Megerus, Chifflets, Butkens, le Roy, etc. etc., (et rassemblés par M. P. van Damme.) *La Haye, M. F. L. Varon et J. Gaillard*, 1764. 3 *vol. in* 8. *gr. pap. br.*

Ce Catalogue, ainsi que le suivant, renferme l'inventaire de deux très belles collections de livres, formées successivement par le défunt, des débris de plusieurs célèbres bibliothéques, et remarquables par le grand nombre de livres rares, d'anciennes éditions et de précieux manuscrits.

1384. Catalogue d'une bibliotheque contenant une collection de livres précieux, délaissés par A. Gritti, A. J. Salanova, J. F. de Voisin (et rassemblées par M. P. van Damme.) *La Haye, J. Gaillard*, 1769. 3 *vol. in* 8. *br.*

1385. Bibliotheca Goesiana, sive Catalogus librorum, numismatum, iconum, etc. musaei G. Goesii. *Lugd. Bat., J. de Vivie*, 1687. *in* 12. *demi vél.*

Avec les prix et les noms des acheteurs, en manuscrit, sur des feuilles intercallées.

1386. Bibliotheca Thomsiana, continens libros quos collegit. F. Comes de Thoms. *Lugd. Bat., S. Luchtmans et fils*. 1749. *in* 8. *br.*

Avec quelques prix manuscrits.

1387. Bibliotheca Deynootiana, sive catalogus librorum quos collegit P. Deynoot. *Rott., J. D. Beman*, 1724. — Gaza Deynootiana sive Catalogus vett. Graecorum Romanorum et recentorium numismatum, gemmarum etc., quam collegit P. Deynoot. *Ibid*, 1724. *in* 8. *demi rel. non rogné.*

VIES DES PERSONNES ILLUSTRES.

Vies des illustres personnages anciens.

1388. F. Stanley historische beschryving der Grieksche en Oostersche wysgeeren, waarby gevoegd is, B. Kennet levensbedryf der Grieksche digteren; beide uit de laatste Engelsche drukken vertaald, door P. Bor. *Leyden*, *P. van der Aa*, 1702. *in fol*, *fig*. *gr*. *pap*. *impérial v*.

1389. Illustrium imagines, *et à la fin;* Imperatorum et illustrium virorum ac mulierum vultus, ex antiquis numismatibus expressi : et brevis tituli cum inscriptionibus appositi, per diversos doctissimos viros: sed pro majori parte per A. Fulvium diligentissimum antiquarium, a quo emendatum correptumque est totum opus. *Impressum Romae*, *apud J. Mazochium Anno* MDXVII. *die* XV *mensis Novembris*. *in* 8. *fig*. *gravées en bois*, *mar*. *rouge doré sur pl*.

Première édition. Voyez *Lipsius*, *bibl. num. t.* 2. *p*. 408.

1390. Le même livre. *vél.*

1391. Le même livre - *et* - Imperatorum Romanorum libellus una cum imaginibus ad vivam effigiem expressis, (auctore J. Huttichio.) *et à la fin; W. Chephalius Argentinae suo aere et impensis excussit*, *Anno salutis* MDXXV. *in* 8. *fig*. *grav*. *en bois*. *v*.

1392. Illustrium imagines ex antiquis marmoribus, nomismatibus et gemmis expressae: quae exstant Romae, major pars apud Fulv. Ursinum. Editio altera aliquot imaginibus et J. Fabri ad singulas commentario auctior atque illustrior. F. Galbaeus delineabat Romae ex archetypis, incidebat Antv. 1598. *Antv. ex officina Plantiniana,* 1606. *in* 4. *fig. vel.*

Dernière édition. Voyez *Lipsius*, *bibl. num. t.* 2. *p.* 408.

1393. Le même livre *v.*

1394. Veterum illustrium philosophorum, poetarum, rhetorum et oratorum imagines, ex vetustis nummis, gemmis etc. desumptae; (a J. J. de Rubeis;) a J. P. Bellorio expositionibus illustratae. *Romae, J. J. de Rubeis*, 1685. *in fol fig demi vél.*

1395. Images des heros et des grands hommes de l'antiquité, dessinées sur des médailles, des pierres antiques et autres anciens monumens, par J. A. Canini, gravées par Picart le Romain etc. avec les observations de J. A. et M. A. Canini; données en Italien sur ces images, diverses remarques du traducteur (en francais, M. de Chevrieres,) et le texte original à côté de la traduction. *Amst. B. Picard,* 1731. *in* 4. *v.*

Belle édition, recommandable par la beauté des gravures. Voyez *de Bure, bibl. N.* 6096. et *le Dict. bibl.*, *art. J. A. Canini.*

1396. Recueil des portraits de plusieurs grands hommes de l'antiquité. *in* 8. *demi rel.*

Vies des personnages illustres parmi les modernes.

1397. N. C. Fabricii de Peiresc vita per P. Gassendum. *Par. S. Cramoisy*, 1641. *in* 4. *vél.*

Exemplaire de la bibl. de P. Maridat.

1398. Vita et memoria C. A. Klotzii, scripta a C. E. Mangelsdorfio. *Halae, sumt. et lit. Curtianis*, 1772. *in* 8. *avec le portrait de C. A. Klotz. br.*

1399. A. Gritte principis Venetiarum vita, N. Barbadico auctore, A. Albritio primum edita. *Venet.*, *C. Palesius*, 1793. *in* 4. *fig. gr. pap. encart.*

1400. Collection de gravures de médailles, de portraits d'antiquaires etc. *dans un portefeuille de demi rel.*

E R R A T A.

Page 1. ligne 15. sexcentas, lisez sexcenta.
— 4. — 13. collectis, lisez collectarum.
— 5. — 25. *d'oré*, lisez *doré*.
— 7. — 21. thurnus, lisez thürns.
— 9. — 17. ipsi auctori, lisez ipso auctore.
— 10. — 16. Versa, lisez Versu.
— — — 25. museum nummarum carmen, lisez museum nummarium, carmen.
— 15. — 14. 1995, lisez 1695.
— 16. — 14. Francois, lisez François.
— 17. — 3. du, lisez de.
— — — 27. 2 *tom.* 1 *vol.*, ajoutez *in* 4.
— — — 30. 2 *part.* 1 *vol.*, ajoutez in 4.
— 20. — 8. *d'oré*, lisez *doré*.
— 21. — 15. aliorumque, lisez aliosque.
— 22. — 13. Bellum excidium, lisez Bellum et excidium.
— 24. — 8. le Vaillière, lisez la Valière.
— 24. — 21. l'hotel de Ballon, lisez l'hôtel de Bullion.
— 27. — 17. commentariis, lisez commentarius.
— 28. — 13. 22 *vol.*, lisez 2 *vol.*
— 31. — 12. *d'oré*, lisez *doré*.
— — — 28. livre peu commune, lisez livre peu commun.
— 38. — 31. annalis, lisez annulis.
— 41. — 19. dei, lisez de i.
— 48. — 14. de circonstances, lisez des circonstances.
— 51. — 11. A. Magliabel, lisez A. Magliabce.
— — — 28. graecae, lisez graecas.
— 52. — 18. Inscriptis sigae, lisez Inscriptio Sigea.
— 53. — 9. inedita, lisez ineditas.
— — — 28. Oderixi, lisez Oderici.
— 54. — 7. Velutris, lisez Veletris.
— — — 29. Discorii, lisez Discorsi.
— 55. — 4. un date, lisez une date.
— 56. — 27. des discours, lisez du discours.

ERRATA.

Page 57. ligne 24. N°. 5461, ajoutez 160 l.
—— 58. —— 9. inscrittoni, lisez inscrittioni.
—— 61. —— .. les exemplaire, lisez les exemplaires.
—— — —— 5. de la Bastée, lisez de la Bastie.
—— — —— 28. kenntnisse, lisez kenntnisz.
—— 63. —— 25. anfangsgründ zu, lisez anfangsgründe zur.
—— 65. —— 16. indici, lisez incidi.
—— 66. —— 12. Daanes, lisez Duane's.
—— 67. —— 17. Selectis, lisez Selecta.
—— 68. —— 22. cura et, effacez et.
—— — —— 33. à velours, lisez à rebours.
—— — —— 35. une titre, lisez un titre.
—— 69. —— 23. Mapelaar, lisez Mespelaar.
—— — —— 24. qui, lisez que.
—— — —— 37. fournées, lisez fournies.
—— 70. —— 22. J. Biace, lisez J. Biaci.
—— 73. —— 4. Anninii, lisez Arminii.
—— — —— 7. d'un copiiste, lisez d'un copiste.
—— — —— 13. contenants, lisez contenant.
—— — —— 16. ou, lisez où.
—— 74. —— 36. argenti, lisez argentei.
—— — —— 38. commates, lisez commatis.
—— 75. —— 17. achetté, lisez acheté.
—— 76. —— 23. Francois, lisez François.
—— — —— 37. suprimer, lisez supprimer.
—— — —— 38. qu'on pouvait en trouver, lisez qu'on en pouvait trouver.
—— 77. —— 20. *en cartonné*, lisez *encartonné*.
—— — —— 29. *en cartonné*, lisez *encartonné*.
—— 78. —— 10. est l'adresse, lisez et l'adresse.
—— 87. —— 32. d'un abrége, lisez d'un abrégé.
—— 89. —— 36. récédents, lisez précédents.
—— 91. —— 24. de Corte, lisez de Cotte.
—— 92. —— 8. *en cartonné*, lisez *encartonné*.
—— — —— 11. frontespices, lisez frontispices.
—— — —— 14. de Rois, lisez des rois.

E R R A T A.

Page		ligne	
Page	95.	ligne	8. *suplement*, lisez *supplément*.
——	—	——	10. *d'ore*, lisez *doré*.
——	—	——	38. frontespice, lisez frontispice.
——	103.	——	23. Frontespice, lisez frontispice.
——	104.	——	22. quoi que, lisez quoique.
——	—	——	32. dirame, lisez di rame.
——	105.	——	18. averré, lisez averé.
——	106.	——	4. *à fermures*, lisez *à fermoirs*.
——	—	——	18. d'originalite, lisez d'originalité.
——	111.	——	3. difficile, lisez difficiles.
——	—	——	26. de 1641, lisez effacez de.
——	—	——	30. pourait, lisez pourrait.
——	[illegible]	——	1. nême, lisez même.
——	116.	——	23. Trajano Decio, lisez a Trajano Decio.
——	117.	——	36. 3 *vol.*, lisez 2 *vol.*
——	118.	——	24. aut ore, lisez autore.
——	—	——	35. aussi leurs différents grades, lisez mais aussi leurs différents grades.
——	119.	——	11. des conocidas, lisez desconocidas.
——	—	——	12. Heusea, lisez Huesca.
——	—	——	28. des conocidas, lisez desconocidas.
——	121.	——	29. antecedentis, lisez antecedentes.
——	123.	——	31. Bayri, lisez Bayeri.
——	134.	——	24. Patrilli, lisez Pratilli.
——	137.	——	26. Baysio, lisez Bayfio.
——	139.	——	28. con la traduzione etc., lisez (con la traduzione etc.
——	145.	——	25. *rél.*, lisez *vél.*
——	158.	——	4. *in fig. br.*, effacez *in*.
——	—	——	35. le frontespice, lisez le frontispice.
——	159.	——	35. achetté, lisez acheté.
——	161.	——	10. prémière, lisez première.
——	—	——	19. *du Cavel*, lisez *du Carel*.
——	—	——	22 de cadeau, lisez des cadeaux.
——	—	——	— du Cavel, lisez du Carel.
——	166.	——	15. genus, lisez gemesz.

ERRATA.

Page 166. ligne 34. moneda, Jaquesa, lisez moneda jaquesa.
— 167. — 17. du Colbert, lisez de Colbert.
— — — 27. *dora*, lisez *doré*.
— — — 36. J. X. Valcario, lisez J. X. Valcavio.
— 169. — 32. cet édition, lisez cette édition.
— 174. — 16. sesteriis, lisez sestertiis.
— 175. — 7. giornal mente, lisez giornalmente.
— — — 12. an bas, lisez au bas.
— 176. — 6. frontespice, lisez frontispice.
— 177. — 16. reflections, lisez reflexions.
— 178. — 16. Anno XIIII^c IXXIIII, lisez Anno XIIII^c LXXIIII.
— 183. — 4. bizare, lisez bizarre.
— 18'. — 14. honnorer, lisez honorer.
— 190. — 22. Feiler, lisez Teiler.
— 195. — 34. A. Deferht, lisez A. Defehrt.
— 197. — 1. medesmio, lisez medesimo.
— 200. — 14. Ficornii, lisez Ficoronii.
— 203. — 11. crayoné, lisez crayonné.
— — — 21. achetté, lisez acheté.
— 206. — 13. Leantiche, lisez Le antiche.
— 210. — 13. grecquez, lisez grecques.
— — — 33. trouvés, lisez trouvées.
— 214. — 16. Smetanus, lisez Smetianus.
— 219. — 31. manuscrit, lisez manuscrites.
— 220. — 21. premier edition, lisez première édition.
— — — 32. socra, lisez sovra.
— 221. — 16. Le la Bibl. lisez De la bibl.
— 223. — 17. giarnole, lisez giornale.
— 228. — 34. Galbacus, lisez Gallaeus.
— 230. — 1. A. Gritte, lisez A. Gritti.

www.ingramcontent.com/pod-product-compliance
Ingram Content Group UK Ltd.
Pitfield, Milton Keynes, MK11 3LW, UK
UKHW021045220726
13924UKWH00005B/2027

9 782019 945756